U0631556

全媒体时代大学生思想政治教育创新研究

潘 磊 熊慧慧 孙 有◎著

中国出版集团 | 全国百佳图书
中国民主法制出版社 | 出版单位

图书在版编目（CIP）数据

全媒体时代大学生思想政治教育创新研究 / 潘磊，熊慧慧，
孙有著 . —北京：中国民主法制出版社，2023.9

ISBN 978-7-5162-3414-3

Ⅰ . ①全… Ⅱ . ①潘… ②熊… ③孙… Ⅲ . ①大学生
—思想政治教育—研究—中国 Ⅳ . ① G641

中国国家版本馆 CIP 数据核字（2023）第 186216 号

图书出品人：刘海涛
出 版 统 筹：石 松
责 任 编 辑：刘险涛

书 名 / 全媒体时代大学生思想政治教育创新研究
作 者 / 潘 磊 熊慧慧 孙 有 著

出版·发行 / 中国民主法制出版社
地址 / 北京市丰台区右安门外玉林里 7 号（100069）
电话 / （010）63055259（总编室） 63058068 63057714（营销中心）
传真 / （010）63055259
http: // www.npcpub.com
E-mail: mzfz@npcpub.com
经销 / 新华书店
开本 / 16 开 787 毫米 ×1092 毫米
印张 / 14.75 字数 / 200 千字
版本 / 2024 年 5 月第 1 版 2024 年 5 月第 1 次印刷
印刷 / 廊坊市源鹏印务有限公司

书号 / 978-7-5162-3414-3
定价 / 68.00 元
出版声明 / 版权所有，侵权必究。

（如有缺页或倒装，本社负责退换）

《 前　言 》

随着互联网信息技术、数字技术、移动通信技术的快速发展，全媒体的应用愈加广泛。由于全媒体技术在信息收集、信息内容与形式、信息传播渠道等方面的重大变革，社会大众在获取和交流信息时的思维模式、行为方式和心理意识等方面也发生了极大改变。大学生是使用全媒体技术最为广泛、最为活跃的群体，分析全媒体应用对大学生的影响，探索全媒体技术环境下的大学生思政教育新途径、新方法，是全面提升高校思政教育的有效性，促进大学生实现自我发展的必然要求。

作为高校思政教育工作的对象，在校大学生具有敏感性、多发性的特点。因此，在全媒体环境下如何创新思政教育模式，成为摆在每一名教育工作者面前的课题。本书综合分析当前形势以及高校思政工作的新要求，从全媒体对高校思想政治教育的影响、思想政治教育的资源整合、思政教师队伍建设和思想政治教育机制创新等方面入手，尝试探讨了如何开展新时代全媒体环境下的高校思政教育工作。在思政全媒体未来的发展过程中，高校必然要根据实践的具体情况，在原有基础上进行调整和总结，不断完善作机制，以保障大学生健康成长成才。

在编写过程中，笔者参阅了大量的相关专著及论文等，对相关文献的作者，表示谢忱。由于编写时间仓促，书中难免存在不妥之处，敬请各位专家、学者、读者批评指正。

作者

2023 年 5 月

目录

第一章

思想政治教育概述

第一节　思想政治教育的内涵

一、思想政治教育的历史渊源

我国自古以来便是礼仪之邦，对于思想政治教育的重视一直是有目共睹的。我国与西方各国在历史、文化、意识形态、政治体制等方面虽有较大差别，但是对于思想政治教育为主的政治教育却有很多共同之处，比如，注重培养学生礼貌、诚实、正义感、具有社会责任。我国对于思想政治教学的历史渊源可以一直追溯到原始社会。

（一）原始社会中朴素原始的德育内容

在原始社会条件中，人从自然界开始区别于动物便是从开始使用工具进行劳动开始。伴随着集体生活中意识、情感、智慧的觉醒，人所独有的德行的萌芽也得以生长。其中，包括天生具备的集体生活的意识，以及相互依存的集体精神。这种原始朴素的德育内容被北京师范大学黄济教授称为"生活式的德育"。

（二）古代中国思想政治教育

我国古代对于道德教育内容已渐趋繁荣，先秦及之后的"百家争鸣"现象都展现了非常丰富的道德教育内容。很多思想对如今发展也有极大的研究意义，比如，法家的"法制"教育、道家"寻道"思想等，为我国思想政治教育史留下了非常灿烂的色彩。

（三）近现代中国的思想政治教育

近代以来，我国思想政治教学开始呈现学科化特点。清末时期民主思想得以不断吸收

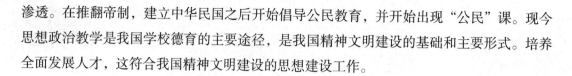

渗透。在推翻帝制，建立中华民国之后开始倡导公民教育，并开始出现"公民"课。现今思想政治教学是我国学校德育的主要途径，是我国精神文明建设的基础和主要形式。培养全面发展人才，这符合我国精神文明建设的思想建设工作。

二、不同时期的思想政治教育的概念

（一）早期的思想政治教育

早期对于思想政治教育的概念，不同的专家学者有不同的论述，普遍认为这是一种教育实践活动和社会实践活动。思想政治教育受到社会经济发展、政治制度、文化的制约和影响，是一定的阶级、政党或政治集团为了实现其不同的政治目的，用其政治思想、理论和观点，对人民群众有目的地施加影响，从而转变人们的思想，培养和塑造思想道德素质的工程，这些思想教育、政治教育和道德教育是随着不同的社会发展和时代及人类自身发展要求而不断地发展与进步，从而对人们的行动和社会行为有一定的指导作用。不同社会形成的不同的思想道德素质，提高了人们认识世界和改造世界的能力，动员人们为了当前的目标和长远的发展规划而奋斗。

（二）新时期的思想政治教育

1. 概念

关于新时期思想政治教育的定义虽然有细微的差别，但基本理解都是一致的，他们都承认思想政治教育中教育者和受教育者的关系，都是统治阶级有目的地进行的政治性教育，只是表述方式稍有不同，语气强烈时则将之称为灌输，语气平缓时则将之称为引导。也有学者持受政治制约的思想教育和侧重于思想理论方面的政治教育的"交叉论"观点，由此延伸一点的也只是强调要遵循人们思想品德形成发展规律。还有些人认为思想政治教育就是政治教育。

2. 根本任务

在传统语汇中，"立德"和"树人"是分称的，各有其意。党的十八大将"立德树人"正式确立为教育的根本任务。很长一段时间，学界基本达成这样一种共识：立德树人是一个德育命题，强调育人必须坚持德育为先。这虽有一定道理，但也值得商榷。立德树人强调德育，但是强调德育并不等于立德树人，前者充其量只对应"立德"的概念，而无法囊括"树人"之意涵。所谓"立德树人"，"立德"是树立德业；"树人"指培养人才。前者强调的是人之为人的根本；后者强调的是人才培养目标的全面性。"立德树人"思想中的"强调德育"是与全面树人理念相联系的，是在德育为先前提下的全面树人，以及全面树人基础上的德育为先。从"立德""树人"的原意（尤其后者）中不难看出"立德树人"的意蕴之广——不仅关乎德育，还包括体、智、劳、美等诸育，力求培养德才兼备、和谐发展之人，这也正是课程思想政治的根本旨归所在。统而观之，人才培养是一个育人育才协同并进、不可偏废的过程。其中，育人是育才的前提条件和必要基础，有德无才至多培养"半成品""残次品"，有才无德却可能造就"危险品"；育才是育人的继续深化和必然要求，有德而无才者虽不能造福一方，但总能行走于世，但若只求成人不求成才，国家建设、社会发展和民族复兴也就无从谈起。因此，必须实现育人育才的"共赢"，使我们的社会主义大学所培养的是真正的"人才"——既非钱理群教授所评判的"精致的利己主义者"，也非梁思成先生口中的"半面人"或"半个人"，即"只懂技术而灵魂苍白的空心人"或"不懂技术而侈谈人文的边缘人"。一方面，这就要求课程思想政治应当实现对于专业课、综合素养课等非思想政治课程的思想政治价值引领；另一方面，也要使专业课、综合素养课等非思想政治课程积极为思想政治理论课提供学术资源和学科支撑，尽可能地让所有课程都能达到教书育人的统一，使学生都能结合自身条件实现德才兼备、和谐发展的终极愿景。

以立德树人的目标引导课程思想政治育人共同体，统一思想认识，形成育人意识，达成价值认同。以协同的体制机制构建课程思想政治育人共同体，坚持党的领导，形成各部门齐抓共管的育人格局。以系统的制度体系固化课程思想政治育人共同体，通过建立健全责任制度，把各项任务落实到个人，形成严格的责任链条；激励全体教职工积极主动承担育人职责；完善各项保障制度，以推动课程思想政治工作深远持久地进行，强化课程思想政治育人工作效应和意识，保障课程思想政治工作行稳致远。

课程思想政治以思想政治课程的天然价值引领为起点，与高等院校开设的专业课程相互协同，聚焦时代新人培养目标，形成系统性合力。在立德树人培养过程中，课程思想政治建设具有多元功能，这是因为课程思想政治与时代新人的天然特质具有内在契合性，在时代新人培养和课程思想政治建设的实践中，通过动态耦合可以促进二者同向同行、协同发展。有鉴于此，把价值引领贯穿于教育教学始终，切实构建全员、全过程、全方位的育人格局，才能培养出个人思想与国家理想同心同向，个人本领与社会发展高度一致，个人担当与历史进步同频共振的时代新人。

马克思主义认为，人的本质在其现实性上是一切社会关系的总和，人是教育的目的而非手段。课程思想政治日益成为新时代高等教育理念的新共识，新时代的高等教育不仅应当重视知识传输，更应当注重价值引领。结合我国实际，新时代高校立德树人使命的达成与时代新人培养目标的实现可以被视为同义表述，因此，高校需要注重系统性、目的性、方法适用性，科学遵循人的成长规律和教育事业的发展规律。中国特色课程思想政治体系建设必须矢志不渝地坚持习近平新时代中国特色社会主义思想，以立德树人为出发点和落脚点，坚持立德树人方向，为中华民族伟大复兴培养德才兼备的时代新生力量，所以，课程思想政治体系建设与立德树人培养的理论与实践在逻辑上存在必然的契合性。

三、思想政治教育的目标

（一）思想素质目标

要坚定贯彻马克思列宁主义、毛泽东思想、邓小平理论、"三个代表"重要思想、科学发展观、习近平新时代中国特色社会主义思想，明确辩证唯物主义的思想，树立正确的"三观"，在生活中不断锻炼自己，尝试运用马克思主义的方式方法进行思考和判断；培养集体至上的"三观"，批判"享乐主义"和"拜金主义"，明确个人利益要奉献于国家利益的思想，对建设富强祖国充满信心和力量，为祖国燃烧才是青春最好的正途。

（二）道德素质目标

以集体利益为最高荣誉，个人利益要服从于集体利益，坚信团队合作的重要性和必要性；吃苦耐劳、勤俭节约，在生活学习工作中做到艰苦朴素，享乐在后；遵守法律，热爱国家，懂礼貌，讲诚信，团结和睦；积极进取，思想要具有正能量，用乐观豁达的心态面对生活，对于事业和学习要充满干劲，秉持着严肃认真的态度，能听取各方的意见和建议，吸取批评中的精华，努力完善自己的道德修养。

（三）政治素质目标

对于我国的国史和国情要了然于胸，对于我国传统文化的优秀之处要加以发扬和继承，不忘初心，坚持共产党领导，继承先辈的革命斗争精神和传统，坚决维护祖国统一和团结，将祖国的利益和荣誉放在心中首位。具有献身祖国、报效人民的思想觉悟，坚定拥护党的领导和国家的政策方针，做忠诚的爱国主义者。

（四）法纪素质目标

要致力于弘扬全民民主法治的风气，自发学习我国宪法，能够做到正确行使公民权利，维护公民利益，履行公民义务。要从根本上培养高校大学生的法律意识，教导学生做到自我约束、自我管理，能够运用法律武器做出正确的判断和决策。培养学生的勇气和承担挫折的能力，在内遵守校规校纪，在外遵守社会公德和法律法规，自觉主动帮助维护学校和社会的正常公共秩序，深刻领悟法治社会的建成需要每个人来努力，要让法治变为信仰融入高校大学生的思想政治教育中去，才能让思想转化为实际行动，让法纪素质教育贯穿始终。

（五）心理素质目标

心理素质是一个人心理过程和心理特征的体现，是衡量每个人在情感、意志、性格、行为等方面的综合标准体系。要培养高校大学生形成坚强、自爱的性格，增强他们的抗打击和受压能力，使其具有比较好的自我调节能力，这将有利于高校大学生未来的事业和家庭等，保证他们在遇到挫折时可以不丧失勇气和信心，不断努力去改善困境，拥有良好的心态，从而拥有良好的人生。

四、思想政治教育的功能

高校思想政治教育不仅能保障中国特色社会主义思想政治教育教学实践活动的开展，同时，它对培育高校学生马克思主义价值观点、立场、方法、形成社会主义核心价值观，对践行中国理想信念、价值、精神的入脑入心的教学活动都有着重要的意义。

（一）解决高校学生成长过程中各种思想困惑

思想政治教育教学不是简单地对学生进行正面灌输和传播思想理论知识的过程，重点是要在学生的成长成才过程中给予一个正向的引导和进行有效地解决问题技能的培养，后一部分实际上就是对学生成长过程中遇到的难题困惑给予解答的一个过程。思想政治教育的特点决定解惑这一方法功能的重要性。

高校学生正处于成长成才的重要时期，其思想价值观念处于成形阶段其学习、生活、社会实践都会带来各种各样的困惑。只有对高校学生产生的种种困惑给予积极面对和及时解答，才能真正提高教学的实效性和针对性。思想政治教育是逻辑的辩证思维，要求及时、科学地解答学生产生的困惑，要引导学生坦然面对困惑，要对问题进行全面的把握。要正确面对问题和困惑，它的产生既有助于推动学生积极思考，也有助于推动教学工作的改革发展。教学过程中除了对理论知识进行正面传授的课堂教学，更要重视在传授过程中时刻解答学生在领悟理论知识的过程中产生的困惑，这有助于学生在更深层面认识和把握理论知识，也有助于增强教学中的问题意识，引导和提高教学的实效性和针对性。

（二）促进高校学生的全面发展

社会的本质和人的本质是一致的，个人与社会在实践中实现统一。高校学生的全面发展首要是其思想的发展，只有思想观念是正确的，才能给予学生本人在其他方面以正确的引导。在新时代，面对日新月异的变化，思想政治教育教学是思维的工具和认知客观世界

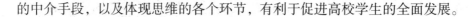

的中介手段，以及体现思维的各个环节，有利于促进高校学生的全面发展。

（三）高效完成教学任务

思想政治教学作为最基本指导理论，其最重要的功能就是保障师生顺利、高效地完成思想政治教育的教学任务。它能够使教师更加深刻地掌握这项教学实践活动的本质和规律，能够帮助学生更好地掌握教学内容，能够帮助教师达到预定的教学目标和教学要求，从而取得良好的教学效果。

思想政治教育是我们认识该课程教学实践活动本质与规律的基础。思想政治教育教学是经过科学抽象和高度概括后的概念。人们通过对思想政治教育教学的展开研究，树立正确的、科学的范畴体系，能对教学实践活动有更深层次的认识，有助于揭示研究对象的本质和规律。

思想政治教育教学对教学的思维方式具有引导更新作用，使思维与时俱进。在对思想政治教育研究、推演的基础上产生思想政治教育教学的具体内容，这实际上就是思维运动的结果，通过对已经存在的范畴进行深一步的探索，产生新的范畴并揭示其概念。通过对教学范畴不断深入研究，它能对教学中的各种现象的认识从感性上升到理论层面，为思想政治教育教学实践活动指明方向，确保师生顺利高效地完成教学任务。

（四）坚持社会主义办学方向

人才培养是高校的重要任务，也就是说，高校工作的重点在于培养优秀的人才，而优秀人才的培养深受高校办学方向的影响，即办学方向和方式是优秀人才培养问题的实质。我国是一个社会主义国家，我国高校需要严格遵循社会主义的办学方向，对高校办学方向的确保、学生质量的提升、教学内容的丰富有着极其重要的意义。

（五）培育和弘扬社会主义核心价值观体系

思想政治教育在本质上是关于"人"的工作，对于这一重大转变，思想政治教育的主题也应随之调整，不仅要满足人的精神需求，还要给予人们正确的思想引导，做好主流价值观的指导，将社会主义核心价值观作为有效解决问题，消除矛盾的行动指南。

高校学生正处于价值观开始反思、裂变、最终成型的时期，是迫切需要社会主义核心价值观来进行正确而强有力引导的，要准确把握主流意识形态，在高校学生面对价值选择的困惑时，用社会主义核心价值观对其进行教育和开导，教会他们选择和取舍。

思想政治教育教学过程也是培育和弘扬社会主义核心价值观的一个实践过程，这个实践过程毫无疑问需要理论的指导。这与教学发展状况和水平有着密不可分的关系，它是思想政治教育教学的规律的展开和体现，可以通过在对这一规律的学习掌握的基础上，更好地发挥师生的主观能动性，促进学生树立社会主义核心价值观的决心和自觉性，使这一价值观在教学过程中得到更好地培育与弘扬。

而学生自觉树立这一价值观的成熟度与对思想政治教育教学展开研究的广度和深度息息相关，思想政治教育教学的研究直接影响其理论体系的构建，而学生价值观的形成与其对知识理论的认知、坚信有着重要关系，学生对马克思主义理论的认知和认可度越高，其对社会主义核心价值观的认知也就越高，那价值观的培育和弘扬工作的完成度也就越高。

第二节　思想政治教育的内容

一、思想政治教育的基本内容

思想政治教育的内容，就是根据一定的社会或阶级的要求，针对受教育者的思想实际，经教育者选择设计后有目的、有步骤地输送给受教育者的一切信息。思想政治教育的内容蕴涵着思想政治教育的目的和任务，是思想政治教育目标的具体化，是教育者与受教育者互动的中介，是确定教育原则和方法的前提。思想政治教育内容的存在形式实质上是一种结构关系，即内容构成要素间的稳定联系及其作用方式，包括组织形式、排列顺序、结合方式等。

思想政治教育的基本内容，也就是思想政治教育内容系统的基本要素。分析和把握思想政治教育的内容系统及其结构，首先就要分析思想政治教育的基本内容。

（一）思想教育

思想教育主要是进行世界观、方法论教育，着重解决主观与客观相符合的问题。不仅解决主观与客观是否符合的问题，还要解决主观与客观如何符合的问题。前者是加强世界观教育，后者是加强方法论教育的问题。加强世界观、方法论教育，把用科学的理论武装人作为思想政治教育的基础工程，提高受教育者认识世界、改造世界的能力，树立科学的世界观、人生观、价值观，克服资产阶级及其他一切剥削阶级的思想影响，同一切违背科学真理的错误思想和伪科学现象作斗争，巩固无产阶级的思想统治和社会主义意识形态的主导地位。当前，需要注意加强马克思主义唯物论、无神论和现代科学知识教育，弘扬科学精神，提高人们识别、抵制和反对各种伪科学和封建迷信活动的能力。思想教育还要着力于解放思想，转变观念，指导和推动人们的工作、学习与生活。

（二）政治教育

政治教育主要是进行政治理想、政治信念、政治方向、政治立场、政治观点、政治情感、政治方法、政治纪律等方面的教育，重点是解决对国家、阶级、社会制度等重大政治问题的立场和态度。要加强爱国主义、集体主义、社会主义教育，增强人民对党、对祖国、对社会主义制度的政治共识和深厚感情。要加强民主法制教育，加强宪法教育，使受教育者正确认识民主与法制的辩证关系，增强社会主义民主意识与法制观念，自觉遵守宪法和其他各项法律，高度珍视与充分行使民主权利。要加强公民教育，正确认识公民的权利与义务，增强公民的国家归属感和社会责任感，充分行使公民权利，履行公民义务，促进公民的政治社会化。

（三）道德教育

主要是进行行为规范的教育，内化道德规范，形成道德观念，发展道德判断，培养道德情感，养成道德行为，提高道德素质。为此，要加强以为人民服务为核心、以集体主义为原则的社会主义道德教育，使人们树立与社会主义市场经济相适应的道德观念和道德行为，克服资产阶级腐朽的拜金主义、享乐主义、个人主义的错误观念的影响，正确认识和处理国家、集体、个人三者之间的利益关系。加强社会公德教育，掌握和实行社会公共生活准则，维护公共财物，遵守公共秩序，爱护公共环境，参与公益事业，敢于见义勇为，勇于向不道德的社会现象和行为作斗争。加强职业道德教育，树立爱岗敬业、诚实守信、办事公道、服务群众、奉献社会的职业道德，克服行业不正之风，改善服务态度，提高服务质量。还要加强家庭美德教育，形成平等和睦的家庭关系和团结友好的邻里关系。社会主义道德教育的重要内容之一就是促进人与人之间的相互理解、相互尊重、相互关心、相互帮助，形成平等、友爱、团结、互助的社会主义新型人际关系。道德教育实质上是养成教育。因此，在进行道德教育时，重点不是认知道德规范，而是内化道德规范，践履道德规范，用道德规范来指导和约束自身的行为，提高道德自律能力，形成良好的、稳定的道德品行。

（四）心理教育

主要是提高受教育者心理素质的教育。在改革开放和发展社会主义市场经济条件下，由于竞争机制强化，变化节奏加快，工作、学习、生活的紧张度增加，人们的心理压力也日益加大，一些人缺乏应有的心理承受能力，难以承受过重的心理负荷，有的甚至产生了一定程度的心理疾病。因此，心理教育的内容，就是进行心理健康教育和指导，使受教育者形成良好的个性，健全的人格，健康的情感，乐观的心态，坚强的意志，特别是要增强受教育者在激烈的竞争中勇于进取、不怕挫折、自强自立、艰苦创业的意志品质和能力。

二、思想政治教育内容的结构关系

思想政治教育内容的结构关系主要表现为思想政治教育诸多内容之间的整体性、有序性和层次性关系。

（一）整体性关系

思想政治教育内容的整体性关系是指思想政治教育内容之间是富有内在联系的有机整体。具体表现为以下三点。

1. 思想政治教育内容之间的整体性关系是思想政治教育系统存在的内在要求

系统论认为，结构是系统要素的内部稳定关系，是一种相对"固化"了的内在联系。系统整体的性质不是从整体以外去寻找，而是由互相依存的各个部分的关系来说明。思想政治教育内容作为整体，有一种内在的和谐性，表现为要素的多样统一性和协同相关性。思想政治教育诸内容反映思想政治教育系统的整体性，它主要体现在以下几个方面：其一，思想政治教育是由各方面内容组成的一个有机整体。思想政治教育既存在着核心的、主导的、本质的内容，又存在着日常的、多样的、拓展的内容；既包括政治教育、思想教育、道德教育，又包括法纪教育和心理教育；既包括世界观、人生观、价值观教育，又包括爱国主义、集体主义、社会主义教育；既包括"应然"的教育内容，又包括"实然"的教育内容；既有系统的教育内容，又有日常的教育内容；既有基础性内容，又有主导性内容，是一个既有时代性和变动性，又要有继承性和稳定性，既相对稳定又不断发展的体系。其二，思想政治教育内容具有整体协同规律。思想政治教育内容的各个方面并不是偶然堆积、随意拼凑在一起的，而是一个由各要素合乎规律组成的有机整体，是遵循社会发展的要求，针对受教育者的思想实际，按一定的时空联系和组合方式，从而形成思想政治教育内容的有机整体，这种组合方式就是思想政治教育内容之间的内在联系。思想政治教育内容在整体上所显现的性质和功能，大于各个内容在孤立状态下所具有的功能。因此，思想政治教育内容的确定，要适应社会政治、经济、文化发展的需要，保持一种动态的稳定性，既体现时代精神，又保持一定的规范、连贯和稳定，既要注重全面性、系统性，又要增强时代感和针对性，从而使思想政治教育内容在变动中协调有序，在稳定中富有生机活力。

2. 思想政治教育内容之间的整体性关系是思想政治教育目标的整体性关系的逻辑展现

思想政治教育目标，是指一定社会对教育所要造就的社会个体在思想政治品德方面的质量和规格的总的设想和规定，它反映了社会对受教育者在政治、思想、道德、法纪、心理等方面素质的综合要求，是对教育活动预期结果的一种价值限定和观念化形式。思想政治教育目标决定着思想政治教育内容，思想政治教育内容是思想政治教育目标的展现，所以，从逻辑上讲，有什么样的思想政治教育目标就有什么样的思想政治教育内容。思想政治教育是以人们的思想品德形成发展和对人们进行思想政治教育的规律为研究对象的。思想政治教育过程的特殊矛盾是一定社会和阶级对于人们思想品德的要求与人们实际的思想品德水准之间的矛盾。这个特殊矛盾赋予了思想政治教育的目标和内容，即把本阶级、本社会对人们的思想政治品德要求变成人们实际的思想政治品德，使人们的思想政治品德实现从"现有"向"应有"的转变。可以说，正是思想政治教育过程的特殊矛盾规定着思想政治教育内容的存在和发展。

3. 思想政治教育内容之间通过思想政治教育过程的整体性而显示自己的整体性关系

根据思想政治教育内容的基本特征和内在要求，思想政治教育内容应该贯穿并反映思想政治教育实践过程的整体。其一，思想政治教育内容是作为思想政治教育过程整体各要素而存在的，是作为思想政治教育过程各要素之间的内在联系而联系着的。思想政治教育内容与思想政治教育过程各环节相互渗透，循序渐进，逐步深入，构成了思想政治教育有机整体。离开了思想政治教育内容，思想政治教育过程就无法正常运行。其二，思想政治教育内容之间是作为思想政治教育目标整体性质和功能而存在的，是作为思想政治教育目标的各要素联结方式而存在的，是作为思想政治教育目标结构而存在的。从社会演进和人的发展来看，思想政治教育目标可以说就是人性、公民性、职业性、民族性和阶级性的有机统一与完美结合。其三，思想政治教育内容之间是作为思想政治教育整体与环境之间的有机联系而存在的。思想政治教育内容不是一成不变的，在不同的时代条件、实践水平和科学发展的基础上，内容也是有变化的。思想政治教育者要根据国际国内经济、政治形势的变化，根据教育对象特点的变化，及时对内容体系进行充实和调整，使教育内容具有先进性，体现时代发展的特征。

（二）有序性关系

有序性是指事物诸要素之间具有一定的秩序和规则，如空间上具有一定的次序，时间上表现为一定的发展顺序等。思想政治教育内容的有序性关系，是指思想政治教育内容之间所表现出的顺序性和系列性。

1．顺序性

思想政治教育内容的顺序性是指思想政治教育内容在产生、形成和发展的过程中，都要遵循一定的逻辑程序，从一方面内容上升到另一方面内容。思想政治教育内容的产生、形成和发展的这一秩序就是它的顺序性。这种顺序性主要体现在以下几个方面：一是从简单到复杂的顺序。这是指思想政治教育内容遵循从简单到复杂的产生、形成、发展顺序。思想政治教育内容是一个复杂的体系，包含了许多不同的方面、不同的关系和不同的特征，是反映社会性质、发展阶段及其变动特点的社会意识形态，它从概括人和社会最简单的方面、关系、特征开始，在人的思想关系最简单的方面、关系、特征中，包含了思想政治教育一切矛盾的萌芽。恩格斯曾指出："历史从哪里开始，思想进程也应当从哪里开始，而思想进程的进一步发展不过是历史进程在抽象的、理论上前后一贯的形式上的反映；这种反映是经过修正的，然而是按照现实的历史过程本身的规律修正的，这时，每一个要素可以在它完全成熟而具有典型性的发展点上加以考察。"从原始社会人性作为最基本的要求发展到阶级社会公民性、民族性、职业性乃至阶级性的思想政治教育，均是随着社会性质和形态从简单到复杂的演化过程而发展的。二是从低级到高级的顺序。这是指思想政治教育内容的产生、形成和发展所呈现出反映思想政治教育目标由低级到高级的顺序。思想政治教育内容和任何事物一样，其本身的发展过程，总是从最低级开始，然后逐步上升，一级一级地向高级发展的，由最初实现个体目标的内容上升到实现社会目标的内容。三是从抽象到具体的顺序。这是指思想政治教育内容的产生、形成、发展过程呈现出从思想政治教育最一般的抽象开始，逐步地向理性具体发展的过程。就思想政治教育内容系统来说，引导和帮助受教育者树立马克思主义世界观是思想政治教育的核心内容。在我国社会主义初级阶段，共产主义人生观是最高的人生观层次，而我国改革开放和社会主义现代化建设的现实，要求思想政治教育的内容是引导和帮助受教育者树立为人民服务的人生观和集体主义价值观。

2．系列性

思想政治教育内容的系列性是指思想政治教育内容总是呈现出不同方面、不同关系、不同内容的归类和排列。因为思想政治教育内容总是随着社会和时代的发展和人的发展而不断变化的，所以，思想政治教育内容呈现出系列性。这种系列性主要表现为以下三方面：一是时间系列。这是指思想政治教育内容的产生、形成和发展有其时间先后和相互承继关系，可以在时间上归类和排列。之所以会如此，是因为思想政治教育内容本身的发展有其历史延续。从社会历史来看，思想政治教育内容是随着时代的发展而发展的，从古代到近现代，思想政治教育内容无不体现着社会经济、政治、文化变化的新格局。从人的个体发展来看，由于受教育者生理心理发展状况和思想品德发展水平的差异，必然要求思想政治教育内容由浅入深，逐层递进，整体协调。二是空间系列。这是指思想政治教育内容有一个空间上的并存性问题，在空间上归类和排列。思想政治教育内容空间系列是由教育环境的多变性和教育对象的层次性决定的。人的思想政治品德的形成和发展既要受社会、学校、家庭环境等外部条件的影响，也要受自身的成熟程度、认识能力、知识和经验水平等个人因素的制约。因此，针对不同的教育环境和不同人的认识水平差异，思想政治教育内容呈现不同的空间系列。三是时空结合的坐标系列。这是指思想政治教育内容在时间、空间结合上进行归类和排列。因为思想政治教育内容在时间和空间上是不能分离的，所以反映思想政治教育内容也可以在时空结合上成为系列，比如，对受教育者进行的爱国主义、集体主义、社会主义教育，世界观、人生观、价值观教育，爱祖国、爱人民、爱劳动、爱科学、爱社会主义的教育，以"爱国守法、明礼诚信、团结友善、勤俭自强、敬业奉献"为基本内容的社会公德、职业道德、家庭美德教育等，无不呈现出时空结合的坐标系列。

（三）层次性关系

所谓层次，是指事物内在结构和相应功能的等级，是系统和要素之间的地位、等级和相互关系。思想政治教育内容的层次性关系是指思想政治教育内容构成具有不同层次，这种层次关系主要表现在以下三方面。

1. 高低层次

这是指思想政治教育内容由于受教育目标层次制约呈现出低级、高级的等级状态。思想政治教育内容的高低层次主要表现为以下三个层次：一是最低要求。这是处在最基础地位目标的要求所决定的思想政治教育内容，其他思想政治教育内容是建立在此基础之上的。人性是人之为人的最为基本要求。马克思主义认为，人性是人在活动中作为整体所表现出来的与其他动物不同的特性，其中，社会性是人的本质属性。作为教育目标，它首先要求进入思想政治教育过程的人是一个完整意义上的人，从而为整个教育打下良好的基础。二是中间层次。作为一个社会人，无不归依于一定的国家和地区，而作为一个公民就应当承担相应的义务，并享受一定的权利。因此，公民性要求和民族性要求被提了出来。职业性则是对从事一定职业的人的要求，各行各业都要遵循一定的职业道德规范。与此相应的公民性、民族性、职业性教育成了思想政治教育内容的中间层次内容。三是最高要求。阶级性是阶级社会里人的社会性的主要内容，是最高层次的教育要求。统治阶级必须对其成员实施与阶级性有关的意识形态教育，思想政治教育的阶级性决定了思想政治教育内容具有阶级性，与此相适应的政治观、阶级观教育成为思想政治教育内容最高层次。

2. 联系层次

这是指思想政治教育内容之间联系的层次。思想政治教育内容各个方面、各种特征有着内在联系的层次，这种层次，我们称为联系层次。它主要有以下两种表现形态：一是台阶联系层。这是指思想政治教育内容之间的联系表现为以基础性教育内容为第一级台阶，从基础性教育内容发展到占主体地位起主导作用的主导性教育内容，以此为骨架，再拓展出适应时代和社会发展要求的拓展性内容，如此一步一步地"上升"，形成思想政治教育内容的台阶。二是宝塔联系层次。就思想政治教育内容系统来说，心理教育、法纪教育、道德教育是最基础、最基本的内容。思想教育是最经常、最大量的教育内容，它以马克思主义为指导，以世界观、人生观、价值观教育为中心内容。政治教育则是最高层次，它要求受教育者树立阶级观点，端正政治立场，提高政治觉悟，具有辨别政治方向，有效进行政治参与的能力，实施政治教育显得更为艰巨。这些教育内容呈现出由低到高、由浅入深的发展趋势。

3. 立体综合层次

立体综合层次是指思想政治教育内容之间的先后、内外、上下、左右等时空层次的表现。思想政治教育内容是一个富有逻辑的结构系统，与教育对象素质塑造的完整性、接受能力的渐进性相适应，依据一定社会的客观要求和受教育者的个性心理、思想实际、知识水平、接受能力，确定实施教育内容的广度、深度、进度和强度，它立足于人的思想实际，有的放矢，又根据人的认知规律，循序渐进。其总体要求是根据变化了的社会经济、政治、文化生活的实际，以思想政治教育目标和任务为导向，根据时代要求、教育对象的特点和人的思想品德发生发展规律，从思想理论层面、价值观念层面、文化心理层面和社会规范层面，科学地设计思想政治教育内容，即以"有理想、有道德、有文化、有纪律"为根本目标，遵循人性、公民性、职业性、民族性和阶级性的社会整合目标和个体发展轨迹，实施心理教育、法纪教育、道德教育、思想教育和政治教育。在这个立体综合体系中，反映了对教育对象的层次要求。在此基础上，按照人的全面发展的要求整合教育内容，构建出如日常性内容—系统性内容—时政性内容、基础性内容—主导性内容—拓展性内容相统一的立体综合的内容结构体系。这样的内容结构体系既具有纵向顺序性、对应性，又具有横向交互性、融合性，从而组成科学的教育目标、多层次教育规格和系统的教育内容。

上述思想政治教育内容之间的关系相互渗透、相互影响、互为前提，在一定程度上反映了思想政治教育内容构建的基本规律。思想政治教育内容只有从整体出发，保持现实针对性和内在逻辑性，保持层次之间的动态联系，才能发挥整体效益。我们要重视研究思想政治教育内容之间的关系，科学构建思想政治教育的内容结构体系，以增强思想政治教育的系统性、现实性和针对性，使之更加适应社会发展的趋势和人的全面发展的要求。

三、思想政治教育内容实现路径

（一）准备与分层：思想政治教育内容的筹措

思想政治教育内容是思想政治教育内容实现的筹备阶段，是路径的起点。在这里，思想政治教育内容是面向全社会的，兼顾思想政治教育学科和宣传系统主张的思想政治教育内容，包括意识形态内容（马克思主义理论）、政治内容（政治、法制、社会制度、党的路线方针政策及形势）、思想内容（世界观、人生观、价值观、方法论或思维方式）、道德内容和其他内容（心理、健康、消费等新内容）。大体上，思想政治教育内容是以整体的形式存在于社会的各个阶层之中，但由于不同阶层的思想政治教育主体的眼界、格局不同，其所承担的任务也存在差异，因而，思想政治教育内容亦是以多层次形态存在的。根据各个阶层任务的不同，将思想政治教育内容分为顶层、中层、基层等三个层次。

1. 顶层思想政治教育内容

思想政治教育是国家进行意识形态教育、管理的主要途径，顶层设计于思想政治教育而言，起着方向引领的作用。顶层思想政治教育内容是国家意义上的思想政治教育内容。党的"十八大"提出了"五位一体"思想，经济建设、政治建设、文化建设、社会建设和生态文明建设为思想政治教育内容提供了直接性来源，并通过理论工作者的转化，成为思想政治教育内容。还有外交及国际关系、国防军队建设和党的建设也为顶层思想政治教育内容提供了多元化的视角。与此同时，习近平总书记系统重要讲话是顶层思想政治教育内容的又一重要来源，为思想政治教育内容提供了新思想、新观点、新方法。总之，顶层思想政治教育内容不是具体性的内容规定，更不是空洞的内容说教，而是从原则、方针、政策的高度对思想政治教育内容进行规定，是从国家层面的高度为具体的思想政治教育内容提供建构框架。

2. 中层思想政治教育内容

顶层思想政治教育内容属于国家层面的内容，而中层思想政治教育内容介于顶层思想政治教育内容和基层思想政治教育内容之间，属于社会层面的思想政治教育内容。如果说顶层思想政治教育内容提供了原则性的框架，那么，中层思想政治教育内容则提供了可操作性的"施工方案"。中层思想政治教育内容在顶层思想政治教育内容提供的原则性框架的基础上，进一步提供了具体践行的准则、评估的标准等，为思想政治教育内容实现提供了社会性的舞台。从组织机构上看，省市政府的宣传部门担负着思想宣传的重任。宣传部门承接来自国家意识形态主张，将顶层思想政治教育内容转译成宣传主张，借助自上而下的政治运作以及媒体的力量广而告之。但是，相对于国家层面的思想政治教育内容的统一性，中层思想政治教育内容更为复杂。顶层思想政治教育内容在自上而下传达、传播到社会层面的过程中，将会受到来自社会各个领域的力量的影响，促使中层思想政治教育内容发生变化甚至失真。这对于中层思想政治教育内容而言是一个挑战。

3.基层思想政治教育内容

基层既可以指向个体，也可以指向群体（单位或者团体）。基层思想政治教育内容既可以是个体具备的意识形式、政治思想、道德观念，也可以是单位所承载的意识形式、政治思想、道德观念。基层思想政治教育内容与生活息息相关，不论是意识形态，政治思想，还是道德观念，都直接在具体的行为方式、生活观念等方面得到反映。相较于顶层思想政治教育内容和中层思想政治教育内容，基层思想政治教育内容具备明确的规定性，更为具体地规定了思想政治教育的基本内容，包括抽象的理论观点（意识形态内容、政治内容）、生动的思想观念（思想内容、道德内容）、具体的心理观念（健康、消费等）。总之，基层思想政治教育内容与日常生活、工作、学习保持高度的相关性，能够直接得到践行，能够以客观的评估标准进行评价。

（二）前提与要求：人的思想结构的考察

通过顶层、中层、基层思想政治教育内容的筹措，下一步就是进入人的思想。人的思想对于思想政治教育内容实现路径的考察有着前提性的规定。人的思想是思想政治教育内容的落脚点，思想政治教育内容终归是要进入到人的思想，成为人的观念。那么，思想政治教育内容是如何成为人的思想观念的？这就有必要考察人的思想的内部结构。尽管人的思想是一个整体，是一个不可分割的统一体，但是通过对人的思想的向内、向外考察，人的思想呈现出三个层次的样态。

1.思想

对于人的思想而言，思想是本体性存在。人之所以为人，就是因为人有思想。思想是依附于人而存在，但也具备相对的独立性。思想自成体系，以知识的形态客观存在。在思想政治教育之中，思想以思想政治教育理论的形态而存在，而在思想政治教育之外，思想以理论概念的形式存在。客观存在的思想，被人所吸纳、接受、认可，成为人的思想，思想被赋予了主观性。由此，思想主要分为主观、客观两个层次，主观的思想是随着人的变化而变化，客观的思想以知识的形态而保存着。不论主观与客观，思想的内容都是存在的。目前，学界一直在争论思想政治教育的本质是什么，进而区分出政治思想、意识形态、道德观念，并将之作为思想的内容。思想政治教育中的思想内容是分层次的，不同层次主体拥有着不同层次的思想。首先，道德观念是思想的底色，每一个主体都有不同程度的道德观念。其次，思想的差异性取决于主体的"格局"，以意识形态性为核心的思想是统治阶级的思想，而以政治性为核心的思想则更趋向社会大众。

2. 思想与人

思想是依附于人而存在的，不同的人有不同的思想，离开特定的人谈思想就变成了"抽象的思想"，就失去了思想政治教育的针对性，客观的思想一旦进入人，就获得了"血肉"，转化成人的主观思想。在新的主观思想与原有的主观思想融合的过程之中，伴随着人的观察、思考，得到持续性的补充、丰富、发展。思想政治教育中的思想有两个主体：一是思想政治教育实施者；二是思想政治教育对象。前者的主体是统治阶级或一定政权主体的代表；而后者的主体是"自然人"，两者有各自相应的背景、眼界、格局，在思想政治教育活动中构成复杂的思想组合。由此，思想与人是相互依存的，思想与人的结合共同促成了人的思想的形成，人的思想内在地存在于人的头脑之中，主观地调节和影响着思想政治教育内容的实现程度。

3. 人的思想与社会环境

考察人的思想，除了向内观察以外，还有就是向外观察，即联系社会环境（时代、社会、阶级、行业、职业、团体、家庭等）对人的思想的影响，力求全面地认识人的思想。人的思想包括个体思想和群体思想，它们都生长、生活于社会环境之中，与社会环境发生相互联系、相互作用。可见，人的思想具备社会性。社会的变化会影响人的思想，人的思想的整体移易会促进社会意识的变革。具体到个体，通过家庭、学校、单位等中介接收来自社会的影响，与此同时，个体会寻求群体的"保护"，借助群体的力量回应社会。在思想政治教育内容的实现过程中，人的思想除了被动接受思想政治教育内容的输入之外，还会主动接收来自社会环境的多方面的影响，以此提升自身思想的完满度。人的思想与社会环境之间的互动关系，保证了思想—人的思想—社会环境之间的横向联动，也为思想政治教育内容进入人的思想提供了社会性条件。

（三）过程与目标：思想政治教育内容的实现

在了解了思想政治教育内容的筹措、人的思想结构之后，思想政治教育内容实现的过程就进入到我们的视野。从外部理论转化成思想政治教育内容，再进入人的思想，进而成为人的观念，这是思想政治教育内容实现的基本路径。在这一路径上，不同层次的外部理论经过层层转化形成思想政治教育内容，呈现出内容的多层次特征，可见，思想政治教育内容是外生的。人的思想也是多层次的，从思想到人的思想再到社会环境，人的思想与社会环境是密切互动的。不论是思想政治教育内容，还是人的思想，两者有一个共同的特征，那就是由外而内的路向。从思想政治教育内容进入人的思想，这也证明了思想政治教育内容实现路径也是有层次的，是由外到内的，而不是由内到外的。

1. 外部理论转化为思想政治教育内容

外部理论是思想政治教育内容实现路径的起始点，包括了国家层面的顶层设计理念、社会层面的中层管理理论、基层层面的具体实施理论，更为具体的则是国家的方针政策和指导思想、社会管理评估标准、基层实施细则等。除此之外，外部理论还包括了来自西方的思想理论以及随时代变化而新兴的理论。外部理论是比较庞杂的，转化成思想政治教育内容，还需要思想政治教育理论工作者的筛选、转译。思想政治教育内容包括了顶层思想政治教育内容、中层思想政治教育内容、基层思想政治教育内容等三个层面的内容，其共同包含了意识形态内容、政治内容、思想内容、道德内容和其他内容。思想政治教育理论工作者根据国家意识形态要求、思想政治教育内容的需求、社会意识需求，综合考虑，并以一定的思想政治教育理论框架整理、筛选外部理论，将之归入不同层面、不同类型的思想政治教育内容之中。当然，纯粹的外部理论的搬移，乃是内容的堆叠，久而久之，造成思想政治教育内容实现路径的堵塞，对于思想政治教育内容是无意义的。面对庞杂无序的类思想政治教育内容，思想政治教育理论工作者需要进行一定程度的转译。将类思想政治教育内容转译成思想政治教育内容是一项巨大的工程，需要理论工作者的耐心、细心、恒心。

2. 思想政治教育内容进入人的思想

层次性是思想政治教育内容与人的思想的共同特征。从时间先在性的角度看待思想政治教育内容实现路径，思想政治教育内容与人的思想是存在先后顺序的。从整体准备上，思想政治教育内容与人的思想是同时准备好的，而在具体的过程中，思想政治教育内容先在于人的思想，思想政治教育内容承载着人的思想的内容，人的思想扮演着接受者的角色，接收来自思想政治教育内容的输入。实质上，思想政治教育内容进入人的思想是一个不断接受的过程。思想政治教育学科理论要求与宣传系统的主张经过转化成为思想政治教育内容，即是客观存在的思想；与此同时，与人、社会发生互动，进入人的思想。在这里，思想政治教育内容经过思想—人的思想—社会互动，最终进入人的思想，这是一个层层递进的过程。但是，需要注意的是，人是思想政治教育的主体，是思想政治教育内容筹备的主体。在思想政治教育内容进入人的思想的过程之中，要高度重视人的主体性的作用。人的主观能动性对于思想政治教育内容进入人的思想的程度有着很大的影响。人若从主观上拒绝，那么思想政治教育内容的输入是低效的。同时，思想政治教育内容的传播程度、理解程度也影响着思想政治教育内容进入人的思想的效度。若思想政治教育内容的传播能力欠缺、理解难度较高，那么它辐射、影响人的思想的能力也是微乎其微的。

3.思想政治教育内容成为人的观念

思想政治教育内容进入人的思想是一个被动接受的过程，那么思想政治教育内容成为人的观念则是一种内化的过程，暗含思想政治教育内容由外到内的实现过程，符合思想政治教育以人为中心的主张，达到了思想政治教育内容实现的理想阶段。首先，思想政治教育内容成为人的观念是一个内嵌的过程。思想政治教育内容成为人的观念，不是让思想政治教育内容取代人的原有观念，而是将思想政治教育内容的新主张内在地嵌入到人的思想观念之中，成为人的思想观念的一部分。其次，思想政治教育内容成为人的观念是一个潜移默化的过程。潜意识深藏于人的表层意识之下，一般情况下是不会显露出来的，根据弗洛伊德等人的研究，人的思想在很大程度上受到人的潜意识的影响。思想政治教育内容转变成人的观念，就需要符合人的潜意识的需求，这就产生出了新的研究内容，即思想政治教育与潜意识的关系。最后，思想政治教育内容成为人的观念是一个不断认可的过程。认可是人接纳外部理论成为自身内在观念的必要过程。思想政治教育内容成为人的观念也是需要认可的过程，这一过程更像是一种仪式，思想政治教育内容被人的主观思想认可，内化为人的观念，进一步为外化于行做好了准备。从外部理论到思想政治教育内容，到人的思想，再到人的观念，思想政治教育内容实现路径是一个循序渐进的过程，是层面与层次相互交叠、深化的过程，需要思想政治教育理论工作者不断深入挖掘。

四、思想政治教育内容建构的时代性

"时代"是人类生存和活动的时间标尺，是对社会历史运动特定时态的确认，人的活动及其结果无不打上时代的烙印，即具有时代性。时代性蕴含着历史发展的新趋势，体现着社会经济政治文化变化的新格局，凝聚着人类文明进步的新信息，展示着社会前进的新风貌。作为思想政治教育过程重要要素的思想政治教育内容，最能敏锐体现和反映时代的特点和面貌。因此，思想政治教育内容的建构要体现时代性，坚持用时代的要求审视思想政治教育内容，用发展的眼光研究思想政治教育内容，用改革的精神建构思想政治教育内容，努力使思想政治教育内容富于时代感、现实性、针对性和亲和力，从而增强思想政治教育的科学性和有效性。

（一）体现思想政治教育内容的时代感

在整个人类历史上，每个特定的时代都有反映这个时代本质特点的思想理论体系。任何真正的思想理论体系，都是时代的产儿，是"被把握在思想中的它的时代"，是自己时代的精神上的精华。恩格斯指出："每一个时代的理论思维，从而我们时代的理论思维，都是一种历史的产物，它在不同的时代具有完全不同的形式，同时具有完全不同的内容。"马克思也认为，每个时代总有属于自己时代的问题。问题就是公开的、无畏的、左右一切个人的时代声音。问题就是时代的口号，是它表现自己精神状态的最实际的呼声。我们处在一个变革的时代和开放的世界中，改革是这个时代最鲜明的特征，改革创新是时代精神的核心，与时俱进是时代精神的特征，在改革开放的时代进程中，各项社会实践活动包括思想政治教育，都要与时俱进。

增强时代感是现代思想政治教育的本质要求，走在时代前列是思想政治教育的生命力之所在，不断赋予思想政治教育以鲜明的时代特征、时代内容和时代风格，是其富有生机与活力的关键。改革创新、与时俱进是思想政治教育时代感的本质内涵，其实质是思想政治教育的创新发展、科学发展。在新的时代条件、实践水平和科学发展的基础上，思想政治教育的内容总是不断更新和变化的，只有主动地与时代保持同步和协调，研究和回应具有战略性、前瞻性的时代课题，才能真正体现思想政治教育的目的性、实践性和超越性的本质属性。时代需要思想政治教育，思想政治教育更需要敏锐关注时代变化，紧切时代脉搏，深刻把握时代主题，积极顺应时代要求，充分表达时代精神，有效解答时代课题，从而使思想政治教育始终保持与时俱进的品质。这就必然要求把改革创新、与时俱进贯彻落实到思想政治教育过程中，积极面对新形势，研究新情况，解决新问题，着眼于新的实践，进行新的探索，认真研究新的时代条件下思想政治教育内容的特点和规律，努力增强思想政治教育内容的时代感，增强思想政治教育的预见性、主动性和创造性。

丰富的思想政治教育资源既存在于人类社会创造的一切优秀文明成果之中，更存在于日新月异的时代发展和社会进步之中。面对国际背景、经济基础、体制环境、社会条件、传播手段的深刻变化，面对我国社会主义现代化建设和社会发展所出现的新情况，面对教育对象思想实际的新特点，要适应现代社会发展和人的发展需要，从教育对象所处的现实社会存在、社会关系、社会环境中去挖掘教育资源，不断调整、充实、深化、更新思想政治教育的内容，在回答和解决时代课题中形成新的科学的思想理论体系。面对经济全球化的影响，针对我国新世纪新阶段的特征，要有效地融入全球化、信息化、市场化等时代性内容，使思想政治教育内容建立在牢固的现实基础之上。要根据国际国内政治经济形势的变化，根据教育对象特点的变化，及时对思想政治教育内容体系进行充实和调整，既要继承传统教育内容的精华，又要体现新形势对社会成员素质的新要求，在坚持社会主义主流意识形态的前提下，关注和吸纳人类文明的进步思想，用宽阔的世界眼光和开放的全球意识认识、分析和处理问题，学习和吸纳富有时代内涵的新思想、新观念、新知识、新信息、新技术，概括、总结、提炼出新的思想理论观点，丰富和更新思想政治教育的内容体系和话语方式，使教育内容具有先进性和前瞻性，体现时代发展的特征。针对人们对时代热点问题和社会现实矛盾比较关注的特点，我们要拓宽教育领域，从现实中提炼鲜活的教育资源，倡导顺应世界潮流、符合时代要求的现代思想和现代观念，形成富有时代特色的思想政治教育内容，善于运用充满时代气息的思想和精神来教育、说服、感化和激励教育对象，运用新的信息传播方式向受教育者传达新信息，传授新知识，传递新观念，传播新思想，培育和弘扬时代价值观和人格精神，使人的素质中具有更多的现代因子，使思想政治教育内容充满生机与活力，使之富有时代感和可接受性。

（二）注重思想政治教育内容的现实性

思想政治教育的内容之所以成为受教育者的接受对象，取决于教育内容具有满足社会现实与个体生活需要的属性。因此，注重思想政治教育内容的现实性，要求增强教育内容与教育对象的相关程度，在教育内容中关注现实生活，在教育过程中解决实际问题。

社会存在是观念存在的现实实现，观念存在是社会存在的思想反映。每个人都生活在现实的社会中，不同的时代具有不同的生活内容，受教育者的思想、观念是社会现实影响的产物，社会现实对人具有普遍而深刻的说服力，它不仅潜移默化地影响着人的价值取向和思想道德水准，而且也直接影响和制约着思想政治教育的有效范围。因此，思想政治教育的有效性在很大程度上取决于教育内容能否有效地贴近社会现实和受教育者的思想实际，能否有效地结合受教育者思想发展的特点和规律。教育实践表明，远离社会现实生活的理论内容和话语体系容易给人说教感，使人敬而远之，甚至产生腻烦和逆反，如果思想政治教育的内容脱离社会发展和时代进步的要求，所传授的思想观念缺乏现代气息，陈腐守旧，空洞乏味，人们发现教育内容与现实生活脱节或不相符，就会对教育产生反感和排斥情绪，那么，这样的教育不仅不能起到应有的作用，反而会使他们在面对现实时产生困惑、迷茫，从而导致对教育内容和教育者的不信任感。要改变这种状况，就必须改革创新思想政治教育的内容，注重思想政治教育内容的现实性。思想政治教育内容只有敏锐地、及时地反映活生生的现实社会生活，才能具有理论鲜活力和事实说服力。

任何思想道德总是反映着一定社会历史时期人们之间的特定利益关系，其实质是对利益的调整。人们各种各样的思想问题的产生，既有主观原因，也有客观原因；既有精神方面的原因，又有物质方面的原因；既有思想问题，又有实际问题。人们的思想问题，受教育者的喜怒忧乐、情绪起伏，除了一部分与思想意识问题和思想认识问题相关外，都直接或间接地与切身利益联系在一起，在很多情况下都是由实际问题引起的。所谓实际问题，主要是指人们在生产、工作、学习、生活中面临的实际困难和现实矛盾。在思想政治教育中，如果离开对人的实际生活的了解和关心，不注意解决人们的实际困难和现实矛盾，只是单纯地进行思想教育，人们就会口服心不服，或者一时解决而不能持久，也许根本不能解决问题。人的多样化的现实存在决定了人所面对的现实问题的多样性。

新世纪新阶段，在我国社会利益格局多元、社会群体多元、社会价值多元的阶段，社会矛盾交织复杂，就业、社会保障、收入分配、教育、医疗、住房、安全生产、社会治安、环境保护、消极腐败等方面关系人民群众切身利益的问题比较突出，社会热点问题和群众关心的焦点问题多。因此，要坚持贴近实际、贴近生活、贴近教育对象的原则，注重人文关怀和心理疏导，尊重人的人格，理解人的处境，关心人的疾苦，注意结合人们在工作、学习、成才、交友、婚恋、求职、就业、健康、生活等方面遇到的现实问题开展教育，解答干部群众关心的理论热点、思想疑点、社会焦点和现实难点问题，既要关注大学生的成材，又要关心大学生的成长，缓解大学生面临的经济困窘、心理困扰、情感困惑、就业困难等现实问题，坚持把解决思想问题与解决实际问题有机结合起来，做到动之以情、晓之以理、示之以行、施之以爱，从思想上关心给人以智慧和觉悟，从生活上关心给人以温暖和实惠，帮助教育对象"思想上解疑、精神上解惑、文化上解渴、心理上解压、生活上解困"，从而在解决实际问题中贯穿思想教育，通过解决现实问题引导群众提高精神境界。

（三）提高思想政治教育内容的针对性

思想政治教育内容针对性的强弱是思想政治教育有效性高低的决定性条件。所谓针对性，即明确的指向性，包括教育对象的指向性和教育内容的指向性。思想政治教育内容的针对性，主要是指针对客观实际，包括针对社会生活实际和教育对象的思想实际。

受教育者思想的形成和发展具有独特而复杂的机制，离不开需要驱动、利益调节、价值参与和实践锤炼，总是按照自己的需要、动机、理想、利益和体验去认识和改造世界。因为一个事物只有当它被判定为同主体的需要和价值目标密切相关的时候，它才被确定为深入观察和加以改造的对象，所以那些能够满足需要、引起兴趣和激发动机的信息更容易引起受教育者的注意和选择。可见，思想政治教育要能够进入受教育者的接受领域，成为主体接受活动的客体对象，就必须与受教育者的接受特性相适应，具有可接受性。实际的教育过程表明，不同层次、不同类型、不同期待的人选择的内容是不一样的，对同一教育内容和方式也会有不同的反应，由此决定了思想政治教育的正效果、零效果和负效果。思想政治教育的正效果，即教育者实施教育后在受教育者中产生了积极作用，出现了积极的行动或潜在的积极因素；思想政治教育的零效果，即教育者的教育没有被受教育者所接受；思想政治教育的负效果，即教育者实施教育后，不仅没有产生积极作用，反而使受教育者产生不满、反感、抵触、对立的情绪和心理。对于当前的思想政治教育，我们可以做出这样的估价：一方面，思想政治教育取得了很大的进步，科学性、实效性不断增强；另一方面，由于受客观和主观、实践和理论诸方面的影响，思想政治教育不同程度地存在针对性弱、体验性浅、感受性假等"失效"现象。

改革开放以来，我国社会生活的状况和社会成员的思想发生了复杂而深刻的变化，给思想政治教育带来了大量新情况、新问题。特别是随着所有制形式、分配形式以及人们生活方式从单一性转向多样化，教育对象的思想意识呈现出多层次性和复杂性；随着科学文化水平的提高，社会主义民主法治建设的推进，人们的民主平等意识不断增强，追求在思考中明辨是非、接受真理；随着物质生活的改善和生活节奏的加快，人们特别是青少年对文化生活和社会活动提出了新的要求，各种文化生活和社会活动成为影响人们思想观念的重要载体；随着大众传播媒体的现代化，社会开放度和人际交往范围的不断扩大，影响人们思想观念形成的因素和渠道空前增多。这些变化中，尤其值得关注的是人们的认知方式和价值取向出现了许多新特点。就认知方式来说，人们普遍注重自己的亲眼所见、亲耳所闻、亲自感受、亲身体验，不愿听信空话、大话，也不大注重理论学习和理性思维，喜欢"跟着感觉走"，信奉一个"实"字，表现为人生理想趋于实际，价值标准注重实用，个人幸福追求实在，行为选择偏重实惠。就价值取向来说，人们普遍注重个性、个人发展、个人权益、个人成就、个人幸福，变得重感性、轻理性，重眼前、轻长远，重物质、轻精神，重利害、轻是非，重物质富裕而轻精神提升，重感官享乐而轻人文情趣，重工具理性而轻价值理性，甚至表现为对物质生活和个人需要的过分看重，对精神生活和公益事业的相对冷淡。总之，新的时代全面刷新着人与社会、人与自然、人与人的关系，人们的世界观、人生观、价值观、道德观等基本观念，对社会本质和生存质量的理解，对个人与社会、权利与义务相互关系的看法，都发生了深刻的变化。这些新的变化，既有其历史必然性，又有其时代进步性。总的来看，本质和主流的成分是思想进步。但也应看到，在社会大变革时期，由于社会矛盾纷繁复杂、变幻多端，人们思想上的矛盾也明显突出了，困惑、迷茫、失衡和疑虑、顾虑、忧虑和焦虑心理比较严重，甚至导致理想信念的淡漠和人生坐标的偏移。对此，思想政治教育需要做大量的教育、引导、解惑、释疑工作，需要提高教育的针对性。

增强思想政治教育内容的针对性，就是要正确认识社会的新变化，科学把握受教育者思想的新特点，深入研究不同社会群体和不同生活环境下的人们的思想状况及其变化规律，把握不同时期、不同领域人们的思想活动脉搏，从教育对象的切身利益出发，关注真实的思想问题和实际问题，做到尊重人、理解人、关心人、爱护人。要适应形势变化的需要，及时对思想政治教育内容体系进行充实和调整，注意增加一些具有教育对象个人特殊性、能有效缓解其思想矛盾、心理冲突、情感困惑等问题的相关内容，解答他们迫切需要解答的问题，做到思人所想、答人所问、解人所疑、释人所惑，从而指导和引导其现实生活，使思想政治教育既解决方向原则问题，又解决个人现实问题，既有原则高度，又有教育力度。当然，我们所说的针对性，不是那种就事论事、头痛医头、脚痛医脚式的"针对性"，而是着眼于系统性、完整性的前提下进行教育，那种表面形式上的针对性，实质是不牢靠的。在思想理论与现实的互动关系上，总体上看，思想理论在两种情况下会变成与人类生活无关的东西。当思想理论置人类社会的特定现实于不顾，只在纯观念中构造人类的未来时，它便成了空泛的幻想。……当思想理论完全屈从于现实、成为现实的奴仆时，它便成了社会存在中不具现实性地僵化部分的投影。这对于我们科学把握思想政治教育内容建构的时代性不无启发。

（四）增强思想政治教育内容的亲和力

亲和即亲切、和悦。思想政治教育亲和力是思想政治教育实践活动对教育对象所具有的亲近、吸引、融合的倾向或特征，是教育对象对思想政治教育实践活动产生的和谐感、亲近感、趋同感，是一种感染、凝聚、吸引、感召的力量。思想政治教育亲和力有层次之分，即表现为内在亲和力与外在亲和力两个层次，是内在亲和力与外在亲和力的辩证统一。思想政治教育的内在亲和力就是真理的力量，即思想政治教育内容的真理性所具有的内在的感召力，思想政治教育的外在亲和力就是教育者人格的魅力、教育的艺术及教育过程的和谐状态等。思想政治教育内容的亲和力，是思想政治教育内容与受教育者的互动关系和融合状态，是思想政治教育内容对于受教育者所产生的吸引力、感召力和说服力。思想政治教育内容要在贴近教育对象、注重知识含量、创新话语体系等方面增强亲和力。

在贴近教育对象上增强思想政治教育内容的亲和力。只有贴近教育对象内在要求的教育内容，才能为受教育者所亲近和接受。在教育对象的内在要求中，主体尊严是高层次的精神追求，具有纯粹的精神价值力量。贴近教育对象，就是要突出受教育者在思想政治教育中的主体地位，信任、尊重、理解教育对象，培养和发展受教育者的主体意识和主动精神，尊重受教育者的尊严、权利、价值和个性发展；贴近教育对象，就是要贴近教育对象的现实思想和现实生活，面对面，心贴心，实打实，给予受教育者更多的关注和关心，更多的关怀和关爱，关注教育对象的生存与发展的状态和境遇，关注教育对象的心理需求和心理感受，关注教育对象的个性发展和价值实现，以真心关怀人，以真意激励人，以真情感化人，以真爱滋润人；贴近教育对象，就是要善于运用时代的眼光认识教育对象，从社会现实出发，用利益诉求、民主平等、复杂多元、正面积极的眼光看待教育对象，顺应受教育者渴求关爱、期望鼓励、学习新知、表现自我的成长需要，采用平和的心态、平等的口吻、平凡的事例和平实的风格，因势利导，顺势而为，使思想政治教育更加贴近受教育者的生活，切近受教育者的思想，亲近受教育者的心灵，以增强思想政治教育的亲和力。

第三节 思想政治教育的特点和规律

一、思想政治教育的特点

（一）思想政治教育具有鲜明的政治性、意识形态性

在阶级社会里，思想政治教育一直都有强烈的阶级性、党性、政治性和意识形态性。而在当今对外开放日益扩大，经济全球化趋势愈益明显的情况下，有的人却有意无意地淡忘了这一本质特点。有的大学生在学习政治理论课时，不懂得"为什么现在还要讲意识形态"，个别研究生误以为"公民教育"可以"与一切意识形态脱钩，排除任何人生理想"。甚至有的理论工作者也认为，"高校道德教育关键在于引导大学生树立全人类共同文化价值观"。出现这些认识误区，究其原因：一是以为有日益增多的全球性问题需要关注，要教育大家具有世界眼光，似乎思想政治教育就没有阶级性、意识形态性了。二是以为对外交往中不再以意识形态画线，而是超越意识形态和社会制度，求同存异，共谋和平与发展，似乎一切领域都能超越意识形态了。三是在西方思潮影响下，误以为经济全球化必然导致政治全球化、文化全球化和同质化，因此，也跟着宣扬一些抽象的普遍性的论调。其实，思想战线包括思想理论教育、道德教育、法制教育等，都属于意识形态领域。而在意识形态领域，无产阶级不去占领阵地，资产阶级必然要去占领。马克思主义、社会主义思想的削弱，就意味着资产阶级思想影响的加强。在这个问题上是没有中间道路可走、不存在空白空间。

1. 提倡全球道德并不排斥和否定道德的阶级性

固然全球问题日益增多，需要各国加强合作，共同关注，也应提倡普世伦理和全球道德，但这并不排斥道德的阶级性一面。在阶级社会里，道德归根到底是从经济利益、阶级利益引申出来的，道德和道德教育的阶级性是显而易见的。道德除具有阶级性外，当然也具有全人类性的一面，这主要是千百年来形成的公共生活准则、社会公德。恩格斯早就指出，无产阶级道德中包含了最多的、最长久的、道德的全人类因素。在阶级社会里，道德的阶级性是绝对的、起主导作用的，道德的共同性、全人类性是相对的、受阶级性制约的。

2. 对外交往不以意识形态划线并不等于我们放弃马克思主义的指导地位

我们在对外交往中，超越意识形态和社会制度的差别，求同存异，发展同一切国家和政党的友好关系。这是总结、吸取了过去对外交领域干扰的教训后采取的正确方针，有利于发展我们同各国正常的经济、政治、文化交往关系。因为马克思主义认为，意识形态和社会制度问题是不能靠"输出"去解决的。我们应当尊重各国人民对本国发展道路的自主选择。但是，我们在对外交往中超越意识形态和社会制度的不同，并不可能要求我们在思想文化领域淡化意识形态，放弃马克思主义在意识形态领域里的指导地位。相反，我们的改革越是深化、开放越是扩大，越应加强党的思想政治教育工作，坚持马克思主义的指导地位，坚持社会主义的政治方向，绝不迷失方向。

3. 经济全球化并不等于可能带来政治制度趋同化、文化同质化

当今世界，经济全球化是科学技术和生产发展的客观趋势。总的来看，它是一种历史进步的潮流。但是，经济全球化一直由资本主义发达国家主导。他们企图利用这一客观趋势为建立资本主义一统天下的世界秩序，企图利用经济全球化为建立单极世界、维护"一霸"的霸主地位服务。因此，西方的一些政治家便大肆炒作经济全球化、政治全球化、文化全球化，拼命推销资本主义的意识形态和社会制度。托夫勒也在他的著作中，鼓吹"全球主义"的意识形态，提出要引导人们树立"全球意识"，以"反对自由放任主义和马克思主义"。事实上，经济全球化不仅不会消灭世界政治多极化、文化多样化，而且还会为世界多极化发展创造条件——世界的统一性是多样性的统一。在共产主义实现之前，"全人类共同文化价值观"论，只相当于抽象的普遍性。而这种抽象的普遍性的价值观，在现实历史条件下并不存在。不与特殊性相联系的普遍性，不仅是不科学的，违反唯物辩证法的，而且无形中了资本主义意识形态的奸计。西方鼓吹的"全球意识"是与反马克思主义紧紧相连的，本身就具有很强的意识形态性。正如他们的人权观具有明显的资产阶级意识形态性、遮蔽性、虚伪性一样，都是为资本主义、霸权主义利益服务的。

在这样的国内外形势下，我们的思想政治教育绝不能忘记自己的政治性、意识形态性。马克思、恩格斯曾深刻地揭示了阶级社会中社会意识的发展规律，明确指出："统治阶级的思想在每一时代都是占统治地位的思想。这就是说，一个阶级是社会上占统治地位的物质力量，同时也是社会上占统治地位的精神力量。"占统治地位的思想不过是占统治地位的物质关系在观念上的表现。我们的指导思想只能是马克思主义。我们的思想政治教育是马克思主义的思想政治教育。加强和改进思想政治工作，最根本的是坚持和巩固马克思主义在我国意识形态领域的指导地位。要从讲政治的高度认识思想政治教育的重要性，才能使我们的思想政治教育更好地为人民服务、为社会主义服务，促进社会主义的全面进步和每个人的全面发展。

（二）思想政治教育具有很强的渗透性

不论是实体性的思想政治教育（如上理论课、过党团组织生活等），还是寓它性的思想政治教育（如寓教于学、寓教于乐、寓教于管理等），都是一方面渗透着列宁所说的"经济建设的政治经验"，归根到底，是要教育人们"懂得怎样去建设社会主义"。另一方面，又必然要求结合着经济、业务、管理工作一道去做思想政治教育工作。否则，就是脱离实际，就是"空对空"，就是"两张皮"。这样的思想政治教育就没有实效性和生命力，像列宁批评的那样一文不值、"毫无用处"。在革命战争年代，党的思想政治教育固然也要求渗透到各项业务工作中去，但当时的中心任务是夺取政权，是阶级斗争，所以思想政治教育的直接性强，实体性的教育居多。而在社会主义现代化建设年代，由于经济建设、社会发展领域的广阔，思想政治教育需要推动各行各业的发展，对思想政治教育加强渗透性的要求更高了，除了实体性思想政治教育要紧密结合经济建设的实际才会有实效以外，大量的思想政治教育必须也应当渗透到日常的经济、业务、社会生活和各项管理工作过程中去，渗透到专业课教学、社会实践和国民教育全过程中去。思想政治教育只有结合着经济业务工作一道做深做细，才能收到"随风潜入夜，润物细无声"的效果。思想政治教育只有贴近实际、贴近群众、贴近生活，才是有效的思想政治教育，我们要加强的正是这种有效的思想政治教育。唯物辩证法认为，世界万事万物都是相互联系的。社会主义现代化建设事业是一个有机整体，各行各业紧密相连，都通过自己的工作为实现社会主义现代化作贡献。思想政治教育也是这个有机整体的一个组成部分，它的职能是通过自己的工作为各行各业坚持社会主义方向提供思想保证，为各行各业完成建设任务提供精神动力，它的工作必然要紧密结合各行各业的工作，联系各个领域的实际，渗透到各行各业的业务工作过程中去，否则便无法为各行各业提供精神动力和方向保证。坚持思想政治教育的渗透性特点，也是新形势下思想政治教育实现科学化、增强艺术性的要求和体现。

（三）思想政治教育具有显著的民主性和主体性

社会主义市场经济体制的建立，政治文明的发展，科学技术革命日新月异，都促使人们民主意识增强，主体性觉醒。所谓主体性，是指人在认识和改造客观世界的对象性活动中所表现出的独立性、自主性、能动性和创造性。主体性是相对于客体性而言的。马克思说主体是人，也就是说只有人才可能有主体性、成为主体。但并非每一个人在任何时候都是主体，都有主体性。只有当他在认识和改造客观世界中，发挥了自主性、能动性、创造性时，他才真正成为主体，具有了主体性。思想政治教育的本质在一定意义上说在于"接受"，在于唤起对象的主体性，在于促进对象的自我教育。因此，没有接受和自我教育的思想政治教育，便不是真正的思想政治教育，因为它既不可能成为完整的思想政治教育过程，又不可能取得实效、达到思想政治教育目的。在新形势下，民主性、主体性成为思想政治教育突出的新特点。当然，民主性是相对于集中性、纪律性而言，主体性是相对于客体性而言，两者都是相辅相成、辩证统一的，都不应将其割裂、绝对化。过去，我们一度只讲集中、统一，只讲客体性、做"驯服工具"，这是片面的，教训十分深刻。现在，我们讲民主性、主体性，不能又走向另一种片面性。片面强调民主，不要纪律和集中，搞极端民主化，过分张扬主体性，走向单子式的主体性。要看到，离开客体性只讲主体性，是虚假的主体性，而离开主体间的互动，离开群体，孤立强调个人主体性，则是单子式的主体性。这就必然走向非理性，走向主体性的异化。可见，会当主体的人，也势必会当客体；当不好客体的人，也不会当好主体。个体主体性的发展是有限度的，而不是无限度的。不论在市场中，还是在网络里，也不论在思想政治教育活动中，还是在集体生活里，极端民主、单子式的主体性、个体主体性的过分张扬，只会走向事物的反面。然而，现代思想政治教育面对的是民主意识增强、主体性空前觉醒的对象，必然要求思想政治教育坚持以人为本，弘扬民主性、主体性不认识民主性特点，不建构主体性思想政治教育模式，便难以适应形势发展的要求。坚持民主性、主体性特点，也是坚持以人为本、树立全面协调可持续的科学发展观的要求和体现。

二、思想政治教育的规律

规律是事物内在的本质关系，规律不能创造和改变，只能发现、把握、利用。但是，人们对规律的认识属于主观对客观的反映活动，而这种认识、反映活动是永无止境的探索过程。对新形势下思想政治教育新规律的揭示，也是对过去认识的一种深化或升华。

（一）主导性与多样性统一规律

在思想文化领域里，多元并存与一元主导是阶级社会意识形态存在和发展的普遍规律。面对同时并存的思想现象的多样性，思想政治教育总是以占统治地位的思想体系为指导的。在社会急剧变革时期，多元并存与一元主导的矛盾和冲突往往更为突出，冲突的焦点是指导思想多元化还是一元化的问题。思想道德领域的多元并存现象是一元主导的前提。它主要取决于经济基础，寓于深刻的阶级阶层利益之中。社会上有多少经济所有制、有多少个阶级阶层，便有多少种思想道德，而占主导地位的、起主导作用的总是（也只能是）统治阶级的思想道德。思想现象存在的多元性与指导思想的一元性是不可分割、紧紧相连的。过去，我们一度视多元并存现象为思想禁区，采取不承认、不许提的鸵鸟政策。其实，假如没有多元并存，那么一元主导便失去了依据、前提和针对性，岂不是无的放矢和空穴来风。然而，如果没有一元主导，多元并存使将走向混乱、无序，甚至毁灭。其实，鼓吹指导思想多元化的人，并非不懂或不要指导思想一元化。"醉翁之意不在酒。"他们反对的只是以马克思主义、社会主义思想为指导，而企图以资产阶级思想的一元化指导取而代之。资本主义社会要掩盖其剥削阶级思想体系"一元主导"的实质，称它们的社会是代表全民利益的民主社会。马克思主义针对剥削阶级意识形态遮蔽这一虚伪性，认为真理就是要旗帜鲜明，公开承认马克思主义的阶级性、党性实质。在我国加入 WTO，主动融入经济全球化，对外开放进入一个新阶段，国内以公有制为主体、多种经济所有制共同发展的新形势下，自觉坚持思想政治教育的主导性与多样性统一规律，任务更为艰巨，唯其如此，也更为重要。

自觉遵循和坚持思想政治教育的主导性与多样性统一规律，主要是要做好以下工作：

第一，要自觉坚持、巩固马克思主义在意识形态领域的指导地位。要把它作为加强和改进思想政治教育的根本来抓，要把它提高到共产党执政的根本规律的高度来认识。为此，必须重视党的理论建设，不断推进马克思主义基本原理与中国实际的结合，把与时俱进的理论创新作为保持党的先进性、增强创造力的首要任务和决定因素，通过理论创新带动体制创新、科技创新、管理创新及其他各方面的创新。当前要集中优势力量，搞好马克思主义基本理论研究与建设工程。

第二，要把马克思主义理论与思想政治教育学科作为一级学科来建设。马克思主义既然是我们党和国家的根本指导思想，我们又要发扬重视理论建设和思想理论教育的优良传统，那么就应当凭借执政党的地位，通过法定程序，把马克思主义理论与思想政治教育学科的研究和建设放到更加重要的位置上，做出制度性的安排，以保障实施，改变目前存在的淡化政治、把马克思主义思想政治教育边缘化的倾向。

第三，要大大提高领导干部和党务、政工干部的马克思主义理论素养。遵循、坚持主导性规律，党的领导是关键。要使我们各级领导岗位的领导权真正掌握在忠于马克思主义的人手里，就必须大力抓好领导干部的理论教育，切实提高各级党政领导干部、政工干部的马克思主义理论水平。抓理论学习关键又在于抓学风，坚持理论与实际结合，学用一致，用马克思主义武装头脑，而不是装潢门面、武装嘴巴，使干部做到真学、真懂、真信、真用，真正掌握马克思主义的立场、观点、方法，从根本上防止和克服干部队伍中存在的马克思主义理论荒疏现象。

第四，要重视并搞好大学生的思想理论教育。今后我国现代化建设的专门人才，要靠各级各类高等学校培养党政军各级领导干部也将从具有大学学历的人中选拔。大学生的思想政治素质如何，的确关系到党和国家的前途和命运。不让西方敌对势力"西化""分化"我国的图谋得逞，就必须高度重视大学生的思想教育、理论教育，提高他们在东西方思想文化相互激荡中的鉴别能力、选择能力，使他们不当资本主义的俘虏，而是把马克思主义中国化不断向前推进。

第五，要弘扬主旋律，提倡多样化。在思想文化领域，要正确对待和处理继承与发展、借鉴与创新的问题。集体主义、爱国主义、社会主义的思想，始终是思想文化战线应当高扬的主旋律。但在教育、宣传中又应当提倡运用生动活泼、多种多样的形式去表现科学的思想内容，切忌千篇一律、一个模式。不同性质的思想，都应该依照法律允许其存在和表现。真善美的东西总是在同假恶丑的东西相比较而存在、相斗争而发展的。现在的问题是要发行参考消息，有意识让人们接触一些国外的、西方的思想观点，"种牛痘以防天花了"。随着对外开放的扩大，西方思想文化大量涌入，人们目不暇接。常常是泥沙俱下，鱼龙混杂，好坏不分。马克思主义与非马克思主义甚至反马克思主义的东西，界限不清。要遵循客观规律，做到主导性与多样性的统一，就必须通过理论联系实际的教育，辨析各种社会思潮，引导人们分清马克思主义与非马克思主义、反马克思主义的界限，而不应当让错误思想自由泛滥。

在继承中华民族的优秀传统文化中，要处理好继承与发展的关系，做到"古为今用"。我们民族的优秀传统文化、传统美德，毫无疑问，都应当加强研究，好好继承、发扬。但要有批判地继承，取其精华，弃其糟粕，古为今用，推陈出新。要反对和防止借口说马克思主义是国外传入的，说它是"舶来品"，因而主张以新儒学作为我们的指导思想的错误倾向。

对国外的一切有益的思想文化，都应当努力吸取、借鉴。但要处理好借鉴和创新的关系，做到"洋为中用"。资本主义社会创造的思想文化，不仅较之封建社会具有历史进步性，而且其中许多反映工业文明和社会化大生产客观规律的东西，尤其值得后发国家吸取、借鉴，以少走弯路。然而，这种借鉴也必须在马克思主义指导下，批判地借鉴，并结

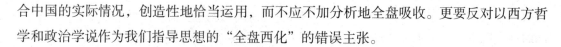

合中国的实际情况，创造性地恰当运用，而不应不加分析地全盘吸收。更要反对以西方哲学和政治学说作为我们指导思想的"全盘西化"的错误主张。

（二）社会化规律

思想政治教育社会化规律是指思想政治教育既要适应社会发展的要求，又要在主体的共同参与下推动社会的改造和发展，与社会发展趋势保持一致的客观要求。思想政治教育社会化具有全员化、生活化、大众化、动态化等特点。

遵循和坚持思想政治教育社会化规律意义重大。一是可以避免和克服思想政治教育孤立化倾向。事实上，思想政治教育不仅仅是政工干部的职责，而且是人的存在和发展的重要方式，应当全员参与、齐抓共管，孤军奋战则不可能做好。二是可以避免和克服思想政治教育的封闭、僵化倾向，使其回归社会，回归生活。这样，不仅能防止和克服思想政治教育与各项业务工作"两张皮"、脱离实际的弊端，而且使思想政治教育资源开发有了源头活水，永不枯竭。三是可以使思想政治教育主体转变思想观念和工作模式，在社会实践和交往活动中接触不同的社会思潮，经风雨、见世面，增强判断、选择能力，促进知行合一，适应社会发展变化的需要。在经济全球化和社会信息化的新形势下，思想政治教育遵循社会化规律更显得紧迫和重要。

遵循和坚持思想政治教育社会化规律，要在两条社会化路线上全面贯彻：

第一，由外及内的思想政治教育社会化路线。按照唯物史观的基本原理，社会意识被社会存在所决定又为其服务。思想政治教育当然也是这样，它为社会存在所决定和制约，又为社会存在服务。因此，它必须与社会发展趋势相一致，以社会发展进步要求为根本导向，不断调整思想政治教育的目标与行动，并引导共同参与思想政治教育活动的诸主体适应社会要求，加速自身社会化进程。为此，思想政治教育要引导诸主体深入沸腾的社会经济、政治、文化生活，充分发掘社会生活中丰富的思想政治教育资源，自觉、深刻体验社会进步发展趋势和要求。努力做到思想政治教育全员化，齐抓共管，协调社会各种影响，接受社会检验，渗透到国民教育和社会生活的全过程中去。

第二，由内及外的思想政治教育社会化路线。参与思想政治教育活动的各个个体，绝不是对社会要求单方面的消极适应。由内及外的社会化路线强调各个体充分发挥主体性，在共同参与中通过各主体间的交往活动，不仅相互促进，更好地完成社会化，优化思想政治教育模式和过程，增强思想政治教育实效性，而且辐射到外部环境，促进社会的改造、进步和发展。

思想政治教育社会化的两条路线，深刻地体现了人的思想源于社会又作用于社会的辩证法。只有在这两条路线双向互动的作用下，才能达到人的全面发展与社会全面进步的统一。

（三）主体间多向互动规律

思想政治教育主体间多向互动规律，是指思想政治教育成效如何，主要取决于主体参与思想政治教育活动的广度和各个主体之间多向交往互动的深度。

思想政治教育主体间多向互动规律的深刻性、科学性主要在于：一是强调主体性，有别于传统教育观念、模式单纯把受教育者看作是客体。二是强调多向性，较之过去只看到教育者和受教育者的双向互动又大大前进了，揭示了所有参与思想政治教育活动的相关主体的多向互动，更加符合恩格斯的"历史合力论"原理。三是强调平等性，参与思想政治教育活动多向互动的人，不论是教育者还是受教育者，都是民主平等的关系，揭示了建设社会主义政治文明和社会信息化浪潮背景下教育的特点和要求。四是强调活动性，思想政治教育是活动，主体间多向互动也是活动，思想政治教育就是共同参与的主体间多向互动的自我构建活动，有别于传统观念只把思想政治教育看作知识的传授和观念的灌输。

遵循和坚持思想政治教育主体间多向互动规律，主要应从以下三个方面努力：

第一，树立活动意识，开发活动资源。唯物史观认为，人们认识世界改造世界的活动，是人类存在和发展的方式，人们在认识和改造客观世界的活动中，也改造着主观世界和主观与客观的关系。据此，包诺维奇提出的"活动—动机"理论、列昂节夫提出的"活动—个性"理论，都从不同角度阐明了活动对于人的思想品德形成发展的决定性作用。我们的思想政治教育主体，应当牢固树立活动意识，把以知识为本位、以学科为本位，转变为以人的成长和全面发展为本位，把停留在单向灌输的认识活动，转变为全面开展认识活动、交往活动和各种实践活动，把只注意教育者的单方面活动，转变为受教育者积极参与的共同活动，把单纯传授结论的灌输式教育，转变为在活动中获得体验，从而自己得出结论的体验式教育。为此，就要千方百计地开发思想政治教育活动资源，精心选择活动内容，循序渐进组织开展各种思想政治教育活动。就学校教育而言，不仅要搞好第一课堂教学，在其中渗透德育，解决好学生成长、发展中的共性问题，而且要把第二课堂列入学校整体发展规划和工作计划，作为第一课堂的延伸，主要应通过各种交往活动、实践活动，努力满足学生成长中个性、兴趣、爱好、品德发展的需求。这也是用科学发展观指导思想政治教育的要求和体现。

第二，发展主体间的平等交往。包含两个方面：一方面是发展教育者与受教育者间民主平等的互动交往，师生是朋友、同志式的平等关系，教育者实质上是促进者；另一方面，要发展受教育者之间的互动交往。马卡连柯关于通过集体教育每个成员的思想，柯尔伯格关于"公正团体"的试验，实际上都揭示了同龄伙伴群体的交往互动关系对形成每个成员品德的重要作用。集体的风气、舆论，伙伴群体不成文的行为规则和从众心理，都会对每个成员品德形成、发展产生重大影响。所以，教育者不仅要广泛发动和吸引受教育者共同参与到思想政治教育活动中来，而且要引导各个成员充分发挥主体性，在交往互动中形成良好的舆论氛围、集体形象，反过来又熏陶、感染、激励每个成员发展自己的良好品德行为，并逐渐形成习惯。

第三，建构主体性育德模式。现代思想政治教育的目标和任务，在一定意义上说，就是要培养社会生活的主体、具有人文关怀的现实主体。为此，就必须建构主体性思想政治教育模式或主体性育德模式。首先，要转变观念，改革教育方法。克服传统思想政治教育中存在的一些片面观念，如重教育者主体、轻受教育者主体，重思想政治教育的社会价值、轻个体价值，重为社会服务的工具价值、轻完善个性人格和为人的全面发展服务的目的价值等。树立现代思想政治教育的新观念，以民主平等的主体间关系和多向互动为基础，改革思想政治教育的方法，既要尊重教育者的主体地位和主体性，充分发挥教育者的主导作用，更要尊重受教育者的主体地位、发挥受教育者的主体性，变单向灌输为多向交流，变注重权力影响力为注重非权力因素影响力，变重视结论传授为注重良好习惯的养成教育，变封闭式育德为开放式育德，大力提倡和更多地运用互动式、体验式、咨询式、渗透式等新的途径和方法，加强实践环节，以便更多地创设和利用教育情境，有效地激发、提升受教育者接受教育影响的需要和动机，使受教育者的主体作用得到充分发挥。其次，尊重受教育者的成长需要，强化接受的动力机制。在正常的思想政治教育条件下，教育内容能在多大程度上被转化到接受主体的思想品德结构中去，取决于思想政治教育的接受机制，特别是取决于主体接受活动的动力系统。因此，主体性育德模式应以强化接受机制为核心，努力做到教育要求与对象自身需要紧密结合，在保证思想政治教育的社会适应性的同时，更加重视对象的个体适应性，更多地研究和关注对象自身成长的内在需要。只有充分尊重对象的合理需要，才能强化其接受的动力系统，逐步提高需要层次，激活接受机制，使教育要求为对象所理解和吸纳，实现他律向自律的转化。最后，围绕培养、开发对象主体性的目标，促进其个性人格的完善。培养、开发对象的主体性，要在尊重对象的主体地位的基础上，增强对象的主体意识，使他们明确全面发展和健康成才是他们的根本利益，从而努力为现实自我向理想自我迈进而自觉奋斗。同时，要把培养对象的主体能力作为思想政治教育的根本任务和核心目标。培养主体能力是指培养主体完成某种思想政治品德活动所必需的品德判断能力、选择能力和行为能力。受教育者只有具有良好的主体能力，才能适应未来社会经济、政治、文化等的复杂变化，成长为"四有"新人，不断完善自己的人格，成为社会生活的主体。

第二章

大学生思想政治教育的理论探索

第一节　大学生思想政治教育的目标和任务

一、大学生的特点

当前，大学生都处在二十岁左右的年纪，这是人一生中极富有活力、朝气的年龄段，也是人的价值观念形成的重要阶段。要想更有针对性地进行大学生思想政治教育，就要合理把握大学生的特点。

（一）大学生的价值观特点

1. 主流思想积极向上

总的来看，大学生群体思想积极向上、乐于进取，关心时事政治，对于党和政府的重大政策给予支持认同的态度，很愿意且积极申请加入党员的先进集体。与此同时，他们极富同情心和正义感，严于律己、追求完美。

2. 价值观具有不稳定性

多数大学生群体均能够树立正确的价值观，明白不仅需要实现个人价值，还需要实现社会价值，对社会献出自己的绵薄之力，承担自己的责任，履行自己的义务。因此，他们中的大部分均会奋发图强、积累知识、沉淀自我、传递正能量，希望可以为国家建设做出一些贡献。但是因为我国正处于社会主义初级阶段且将长期处于社会主义初级阶段，许多机制并不健全。面对某些特殊问题的时候，这些朝气蓬勃的新时代大学生群体价值观又常常有所倾斜，出现"追名逐利""拜金主义"等诸多趋势。所以，新时代大学生群体价值观特点表现出非常强的不稳定性。

（二）大学生的心理特点

1. 强烈的自我意识和表现欲望

自我意识通常是指一个人通过对自己的身心活动进行相关的观察和分析，包括自身的生理状况、心理特征以及与其他人之间相互关系等而进行的一种自我认知与评价。

二十岁左右这个年龄段，是大学生的自我意识发展过程中最为活泛的一个时间段，他们特别注重对自己的自我观察和自我评价，随之而来的强烈表现欲也明显增加，他们迫切希望得到他人对自己的认定。这个时候的他们，想要承担一定的责任，取得相应的优异成绩，以获得更好的自我肯定，得到自我的满足。在强烈关注现实状况的同时，他们还想自身也能够参与其中，通过一定的努力做出一定的贡献。

所以，在这一段时期，大学生道德品格的可塑性较强，因此，教育工作者应该合理地把握好这段珍贵的教育时机，适当地"对症下药"。当然，也会有部分例外的大学生，他们对自身不能很好地进行合理评估，过于高估自己的实力，形成自我盲区。

2. 情感波动性大

情绪情感，是人对客观的事物是否符合自己的需要而产生的态度的切身体验，而这种体验是通过借助个体的愿望和需求做中介的一种心理上的活动。它与人的需要、动机之间有着相辅相成、密不可分的联系。

大学生在进入理想中的大学生活后，随着生理与心理的不断成熟，他们自身的需求也会逐渐增多，以至于会出现更多的新需要。这个时候会形成两种现象：当需求被满足的时候，会产生相应的正面的肯定的情绪，如欢愉、热爱等；如果需求得不到合理的满足，则会产生相应的负面的否定的情绪，如愤怒、失落、自卑等。

大学生还没有在一定程度上形成全面系统的、客观理性的自我抉择和判断能力，同时对待事物的了解也不够完整，因此，当他们带着不成熟的认识去看待外界时，就会发生一些意料之外的矛盾和冲突。

与此同时，大学生很容易受到外界的干扰，影响到他们的价值观，于是他们在对价值观进行相关选择的时候，就会出现举棋不定的情况，最终引起情绪的波动和变化。

3. 性意识逐渐成熟

大学时期，大学生的生理发育已经趋于成熟，对性的意识观念变得日益增强。性意识方面的发展，会在很大程度上使大学生能够清晰地根据性别特征对自己进行有效塑造，特别对于自己的个人形象十分地注重；与此同时，对异性的关注与追求也会逐渐变得强烈起来，产生了培养异性间美好感情的强烈欲望。

在这个时代快速发展与进步的大背景下，当代的大学生对于一些以文字、影像等形式表现出的与性相关的信息更能予以接受。他们渴望能够与异性进行一定程度的交流、沟通甚至是进行交往。

但是，另一方面，他们的性心理发育还没有达到完全的成熟状态，所以，无可避免地就会出现一些问题，进而引发一系列的心理问题，导致他们的心理长期处于一种压抑的、不健康的状态。个别大学生自身的情绪受到一定程度的影响，并开始出现一些焦虑、精神萎靡等不良情绪。

4.心理基本成熟

具体来说，大学生处于一个由少年期逐渐向成人期不断进行转变的过渡期，通常情况下，他们的心理发育已经逐渐趋于一种成熟的状态，而气质、性格、行为特点等方面也都逐渐趋于较为稳定的状态，从道德认识和情感理念上来说已经显得较为完善，形成了自己进行判断的是非观念，进一步明确了理想、信念及追求的强烈意识，有了自己的独特风格，对社会也充满了责任感和正义感，道德意识也随之增加，使得道德行为习惯有所稳定。

5.开始出现落差和自卑心理

由于在没有进入大学之前，学生都会受到来自老师和家长的激励，好好学习奋进，而且老师和家长通常将大学描绘得绘声绘色并且过于理想化。

直到当他们真正进入到大学的环境以后，才能够深刻地体会到理想与现实有着很大的区别。面对这突如其来的陌生环境、陌生同学以及学校制定的各种条条框框的规章制度，他们变得迷茫，开始觉得自己不知道该如何去面对、解决、如何去安排自己的学习和生活。当他们明白现实并不是那么美好，之前所憧憬的校园生活和现实中面对的校园生活简直就是天壤之别时，落差和失落的心理自然而然地形成了。

（三）大学生的思想特点

1.思想追求前卫

随着改革开放的不断推进，传统文化受到挑战也经过了筛选，那些不符合时代要求的传统文化随着社会发展被淘汰，一些符合现代化社会要求的观念应运而生，从而形成了具有现代性的思想观念。在当前的时代背景下，大学生不耻于谈"赚钱"，在承认金钱的重要作用时，也不过分夸张它的价值；敢于冲破"三纲五常"等传统落后思想的束缚，建立平等、公正的人际关系；敢于表达自己的真实感受、发表个人的实际看法；强调个人价值；逐步树立了符合社会主义市场经济要求的思想，如主体意识、竞争意识、市场意识、环保意识、信息意识、创新意识等；可以用正确的态度看待竞争；从传统的"精打细算"的计划消费观转变为"能挣会花""多挣多花"的现代消费观。

2.思想较为被动

大学生在树立自己的思想时，首先会接受一定的社会思想教育，这就导致他们自身的思想并不能完全摆脱"预制性"，并且大学生的知识水平、思维能力、心理状态等存在限制，也导致了他们的思想不能充分发挥能动性，社会价值导向和其他群体思想对他们的思想形成有比较严重的影响。虽然看起来当代大学生在思想方面很主动，可以自己做决定，但实际上很多决定也是一种被动选择。例如，现在有很多大学生选择报考村干部，或者选择去西部支教，还有一些学生选择回到家乡从事农业生产工作，表面上看这些行为是大学生主动选择的结果，但从某些角度上说这是迫于就业形势的一种被动选择，是社会发展特定阶段的产物。

而与被动相关的就是从众。从众是指由于受到来自群体的影响和压力，个体放弃自己的观点而选择与大多数人持一致观点的行为。从众是一个十分常见的社会现象，在大学生的生活和学习中也时常发生这种情况。

3.思想即时多变

即时性是指大学生思想容易受突发事件的影响而临时产生一些想法。这也体现了大学生容易冲动的特征。例如，一些大学生参与打群架只是一时冲动，在周围环境的影响下临时决定参与打架。

大学生具有强烈的好奇心，很容易被外界环境吸引并影响，从而使其思想呈现出多变性的特点，尤其在当今这个多变的社会中更为明显。大学生心理处于不稳定的状态，所以对于同一事物、同一现象也会表现出不同的心理状态。大学生有时认为必须为实现远大的共产主义理想而奋斗，但是遇到挫折和失败后又会灰心丧气；有时想成为医生为医疗事业做贡献，有时想成为社会活动家研究社会科学。而社会上出现各种对服饰、歌曲和明星的追崇现象，也说明了这一点。

（四）大学生的行为特点

1.政治参与度相对较高

大学生是当代青年群体中重要的组成部分，他们的思想非常的活跃。由于他们出生的年代正好赶上了祖国的改革开放，所以对祖国的翻天覆地的发展有着比较深刻的认识；与此同时，也受到了学校的统一教育，他们不但关心国家的大事，还关注民生问题，对国家的政治表现出了特别强烈的参与热情。

2. 网络应用成为主流

当今世界领域中，应用最为广泛的一种高科技手段就是众人皆知的网络技术。对于思想活跃、容易接受新事物的当代大学生来说，自然会首当其冲，把精力用在网络上，男生花费多数时间游戏和娱乐，女生热衷于购物网站和微博等平台。

网络平台的应用，使得大多数的学生对其产生了依赖和寄托，他们通过各种方式对现实中的不顺与困惑、迷茫等进行逃避，最终对网络有了强烈的依赖感。

3. 虽然注重人际交往，但方式方法待改进

对于刚刚迈入大学校门的大学生来说，这是一门必修的课程，也是大学生创立自己的生活圈的一个新开始。当然，大学生自身也在有意识地培养自己的这方面的能力。

在这个培养过程中，也会出现一些相对应的问题。一方面，大学生的思想较为单纯，没有防范心理，在复杂的人际交往中缺乏明辨是非的能力和一定的经验；另一方面，受到社会中不良风气的影响，少数大学生会受到名利的驱使，表现出一副老成世故的样子。

总而言之，当前的社会环境相较以前更开放、更新速度更快，在这样的环境下，大学生的知识面宽，主体意识强，并且其思想更加独立而多样。但是当代大学生的生长比较顺遂，并没有经历太多艰难险阻，导致他们在困难和失败面前缺乏抗压能力和调节能力，遇事易偏激。这些问题普遍存在于当代大学生群体中，而这些对我国的政治、经济、文化的发展以及高校的思想政治教育都将产生较为深远的影响。

现在的大学生几乎都是"95后"，他们具有这个时代的青少年具有的一般特征，是一种客观存在。由社会、家庭及个体等各种因素的共同影响形成了这种客观存在。因此，在面对当代大学生的各种特征时，我们应该做到承认而不回避、正视而不歧视、引导而不否定。

（五）大学生的消费特点

在经济快速发展和物质生活水平持续提高的进程中，新时代大学生群体的消费观也越来越多样化、不理性和超前化。

1. 多样化

新时代大学生群体除基本的生活费用（衣、食、住、行）、学习费用（学费、书费、学习用品）之外，还新增了一些娱乐消费，如交友、旅游等。同时，基础性的消费占据的比重正逐渐降低而娱乐性消费占据的比重却在上升，因此，新时代大学生的消费结构有着一些改变，消费渐进呈现多样化的特质。新时代大学生群体的小康生活水平线为1500元，当超过1500元的时候，他们的消费渠道会更加多样化，也开始向电商平台倾斜。

2. 不理性

伴随着我国经济的迅猛发展，人民生活水平的持续提升，"理财"已经成了一个热门词汇进入千家万户。大学阶段本应是大学生群体理财的起步阶段，同时也是学习理财的黄金时期。不过新时代大学生群体常常不会理财，不懂得如何"开源节流"，因此他们常常有着不理性的消费观。他们盲目消费，缺乏科学合理的消费观念；他们经济依赖性非常强，经济独立意识十分薄弱；他们盲目消费，缺乏科学合理的消费技能。

3. 超前化

新时代大学生群体是一个非常强大的消费群体，在消费市场中占据了相当一部分分量。为了彰显自己前卫、时尚或是消费能力，新时代大学生群体出现了一系列超前化、与自己身份不相符的消费现象。网络购物的流行以及快递的快速发展为新时代大学生群体购物开辟了新渠道，对大学生群体产生了很大影响。

二、大学生思想政治教育目标定位

大学生思想政治教育要深入贯彻落实党的政策方针，全面推进素质教育的重要内容。随着社会的发展与变革，大学生思想政治教育也面临着一系列新的问题与情况。在当今时代发展的形势下，大学生思想政治教育应当如何应对挑战，抓住机遇，确立好自己的目标和任务，是当前的新课题。

（一）大学生思想政治教育的目标定位依据

1. 要体现党的教育方针

思想政治教育目标作为一定社会对思想政治教育活动预期结果的设计，总要体现这个社会中占统治地位的阶级的要求。高等学校是培养高素质人才的重要基地和摇篮，社会主义大学还肩负着培养社会主义事业接班人的重任。培养社会主义建设者和接班人是我们党的根本教育方针。因此，高等学校必须坚持社会主义办学方向，加强大学生思想政治教育，努力培养造就具有社会主义思想觉悟和良好道德修养、掌握现代化建设所需要的丰富知识和扎实本领的优秀人才。

2. 要满足社会发展的需要

人的本质是社会关系的总和，人是无法脱离一定生产力和生产关系的，人的发展不能离开社会的发展。大学生思想政治教育是社会实践活动的重要组成部分，它既是社会发展的产物，也是促进社会进一步发展的条件。确立和调整大学生思想政治教育目标，必须适应和满足一定的社会发展需要。在社会发展进程中，生产力是决定因素，它决定和推动着生产关系和上层建筑的变化和发展，推动着整个社会的变化和发展。思想政治教育工作适应和满足社会的发展，最根本的就是要适应和满足社会生产力发展的需要，因为生产力的现实状况和客观需要对思想政治教育工作目标的制定和实施起着决定性的影响。纵观我党在各个历史时期的奋斗目标和中心任务，反映了社会在不同阶段发展的根本需要，为我们制定不同时期的大学生思想政治教育目标提供了根本依据。我们在构建大学生思想政治教育目标时，既要立足现实，从实际出发，又要超越现实，面向未来，适应未来社会发展的需要，只有这样，大学生思想政治教育目标才能得到科学的制定和有效的实施。

3.要体现大学生自身发展的需要

大学生思想政治教育是培养和塑造大学生的活动，大学生思想政治教育的所有活动都对大学生直接产生作用，正确认识和分析大学生的主体特点和需要是目标设定的起点和基础。大学生思想政治教育目标的设定只有符合大学生的特点和需要，才能更有效地促进大学生的和谐发展。如果忽视大学生的特点，忽视大学生的需要，思想政治教育就容易沦为空洞的说教。因此，大学生思想政治教育目标的设定，既要满足社会发展的客观需要，又要体现大学生的主体特点和需要。只有当目标建立在社会发展与大学生的发展的客观现实基础上，才能真正引导人们积极从事教育实践活动。

4.要体现整体性和层次性

确定大学生思想政治教育目标，必须注意目标体系的整体协调，既要有世界观、人生观、价值观方面的要求，也要有民族精神、基本道德规范、人文素养、科学精神、健康体质等方面的要求，同时还要注意目标体系的层次性，既要有立足于大学生实际的普适性目标，又要引导大学生不断追求更高的目标，使他们树立共产主义远大理想，确立马克思主义坚定信念。

（二）大学生思想政治教育目标体系

1.按性质分——根本目标和具体目标

根本目标对具体目标起着支配作用，具体目标是根本目标在不同层次上的展开。大学生思想政治教育的根本目标是促进大学生的全面发展，这是由大学生思想政治教育的根本性质和任务决定的。人的本质是在实践中不断形成、发展和丰富的，思想政治教育是促进人的社会化发展的一种教育活动。人在思想政治道德等方面发展的需要是人的内在综合素质提升的需要。在现阶段，大学生思想政治教育的具体目标表现为多个层次。对于全体大学生，应以爱祖国、爱人民、爱劳动、爱科学、爱社会主义为目标，遵循公民道德、法律法规等基本规范。

2.按目标实现的时间分——长期目标、中期目标和近期目标

长期目标指的是需要经过相当长时间的持续努力才能实现的思想政治教育目标，它贯穿于大学生思想政治教育的全过程，反映的是社会发展的客观趋势和长远需要，是大学生思想政治教育最终要达到的预想结果，因而又可以把它称为大学生思想政治教育的战略目标，对大学生思想政治教育和大学生的思想行为有着重要的、长远的引导作用。

中期目标是指需要经过较长时间的努力才能实现的目标。大学生思想政治教育在不同的社会历史发展阶段，有不同的目标。大学生思想政治教育的中期目标反映社会某一发展阶段的特点和需要，贯穿于大学生思想政治教育从阶段开始到阶段结束的要求。大学生思想政治教育的中期目标具有阶段性和过渡性特点，是大学生思想政治教育的战役目标。

近期目标反映社会发展与大学生的发展的现实需要，是大学生思想政治教育当前所要达到的预想效果，具有现实性、具体性和可操作性，是大学生思想政治教育的战术目标，对大学生思想政治教育和大学生的思想行为的发展有现实的推动作用。

总的来说，大学生思想政治教育的远期目标、中期目标和近期目标相互制约、相互影响，远期目标对于中期目标和近期目标具有指导作用，中期目标是联系远期目标和近期目标的桥梁和纽带，起着承前启后的作用，而近期目标是中期目标和远期目标实现的基础。

3.按照管理层级划分——总目标和分目标

随着大学生思想政治教育与管理工作相互结合与渗透的深化，目标管理理论逐渐引入大学生思想政治教育管理之中，目标管理的内涵具有三层含义：组织目标是共同商定的，而不是上级下指标、下级提保证；根据组织的总目标决定每个部门以及每个成员应达成的分目标；以这些总目标和分目标作为部门活动和成员活动的依据，一切活动都围绕着如何达成这些目标，将履行职责转化为达到目标的活动。大学生思想政治教育实行目标管理，就是要紧紧围绕理想信念教育、爱国主义教育、公民道德教育、形势政策教育以及心理健康教育等，做好目标分层，搞好目标管理。

大学生思想政治教育目标管理是一个多层次、多样化、全方位的复杂体系，在确立目标时，需要理顺目标体系的内部关系，保证其层次结构的科学性并便于操作。一般来说，根本目标属于总目标，它们在目标体系内处于最高层级，在方向和内容上规定了各阶段、各领域的具体目标即分目标。而一个个分目标连接起来，又形成了目标链和目标系统，最终构成整个目标体系。所以，总目标与分目标之间是一种整体与部分、一般与个别的辩证统一关系。在思想政治教育目标管理过程中，只有建立正确的目标体系，才能充分发挥教育目标的育人功能。

三、大学生思想政治教育的任务

伴随着社会的发展，大学生思想政治教育的主体、内容、环境等也正在发生变化，这一变化过程孕育着大学生思想政治教育的历史新机遇，同时也对开展好新时代的大学生思想政治教育提出了新挑战。高校要紧紧把握新时代发展的脉搏，进一步明确高校思想政治教育的主体是学生，紧紧围绕促进学生的全面发展来确定思想政治教育的核心任务，推动思想政治教育的变革和创新。

（一）引领大学生把准航向

大学生思想政治教育的最本质任务是举旗定向，帮助大学生解决好"为谁学"这个思想总开关问题。当前，我国高校思想政治教育面临着经济社会转型、多种社会思潮混杂等诸多挑战。高校思想政治教育要坚定为党和人民培育人才的初心，引领大学生把准好人生航向。

第一，大学生思想政治教育自身的政治属性，要求它对大学生的教育必须要与党和国家的路线、方针、政策高度一致，在新时代的征程中不迷失方向。现在高校大多是"95后"青年学生，他们朝气蓬勃、好学上进、视野宽广、开放自信，同时，他们的价值观尚未形成和确立，情感心理还不够成熟。面对纷繁复杂、思想文化多元的国内外环境，如何确立正确的世界观、价值观、人生观，需要加以正确引导，其中必须坚持正确政治方向，要坚持不懈传播马克思主义科学理论，抓好马克思主义理论教育，为学生一生的成长奠定科学的思想基础和理论基础。

恩格斯说过："马克思的整个世界观不是教义，而是方法。它提供的不是现成的教条，而是进一步研究的出发点和供这种研究使用的方法。"马克思主义是一种科学的理论，揭示了事物的本质、内在联系及发展规律，是人们观察世界、分析问题的有力思想武器；马克思主义具有鲜明的实践品格，不仅致力于科学"解释世界"，而且致力于积极"改变世界"。在中国社会主义革命、建设、改革的各个历史时期，我们党始终坚持马克思主义基本原理同中国具体实际相结合，运用马克思主义立场、观点、方法研究解决各种重大理论和实践问题，不断推进马克思主义中国化。在历史和人民的选择中，马克思主义成为我们立党立国的根本指导思想，也成为我们高校的鲜亮底色。在我国，不坚持以马克思主义为指导，就会失去灵魂、迷失方向。中国特色社会主义的最终目的是实现中华民族的伟大复兴，并彻底实现广大人民群众的共同富裕。它始终坚持"以民为本"，坚持人民的主体地位，始终把实现好、发展好、维护好广大人民的根本利益作为工作的出发点与落脚点，始终不忘权为民所用、情为民所系、利为民所谋。中国共产党人始终怀爱民之心、恪守为民之责、善谋富民之策，始终坚持为人民群众服务，为百姓多办实事，坚持维护社会公平正义，坚持走共同富裕道路，坚持促进社会和谐。在中国特色社会主义指引下，中国公民将会感受到不断增加的幸福感，将越来越体会到自己在世界范围内与日俱增的地位和尊严。

我国社会主义大学的历史使命和时代职责是学习、研究、宣传马克思主义，培养中国特色社会主义事业的建设者和接班人。大学生思想政治教育要始终坚持以马克思主义为指导的根本遵循，解决好真学真懂真信、为什么人和怎么用的问题，帮助青年学生掌握科学的世界观和方法论，为他们的一生成长成才奠定良好的思想基础和理论基础。要把坚持马克思主义和发展马克思主义统一起来，结合新的实践不断作出新的理论创造。高校要通过马克思主义理论一级学科和马克思主义学院的建设，下大决心培养一批立场坚定、功底扎实、经验丰富的马克思主义学者，特别是要通过青年马克思主义工程，培养一批青年马克思主义者，为高校思想政治理论课建设提供组织依托，为大学生思想政治教育提供坚实的学科支撑、理论支撑和专业队伍支撑。实践证明，只有培养更多拥有高层次专业技术的忠诚而坚定的马克思主义信仰者、实践者、传播者、维护者，才能保证我国大学的社会主义方向；只有坚持不懈传播马克思主义科学理论，抓好马克思主义理论教育，才能为青年学生一生成长成才奠定科学而又坚实的思想基础和理论基础。

第二，大学生思想政治教育作为一门育人艺术，要树立以学生为本的理念，充分利用各种方式改进教育观念，丰富教育内容，创新教育方法，以此不断强化大学生的责任感和使命感，使他们能够真正做到自觉为实现中华民族伟大复兴而勤学苦读。要用好课堂教学这个主渠道，思想政治理论课要坚持在改进中加强，提升思想政治教育的亲和力和针对性，满足学生成长发展的需求和期待，其他各门课也都要守好一段渠、种好责任田，使各类课程与思想政治理论课同向同行，形成协同效应。要创新高校思想政治理论课教学模式，不能只是机械地执行"规定动作"，更应发挥主观能动性设计配套"自选动作"，才能让理论与实践更紧密结合，也更能激发课堂教学的活力；同时，要坚持协同合作，需要其他课程的同向同行与同构共建，才能实现教育效果最大化。高校哲学社会科学有重要的育人功能，要面向全体学生，帮助学生形成正确的世界观、人生观、价值观，提高道德修养和精神境界，养成科学思维习惯，促进身心和人格健康发展。如果大学生在学生阶段没有形成正确的世界观、方法论，没有打下扎实的知识基础，将来就难以担当重任。要继续实施好马克思主义理论研究和建设工程，抓好教材体系建设，推出更多高水平教材，形成适应中国特色社会主义发展要求、立足国际学术前沿、门类齐全的哲学社会科学教材体系。

在教材编写、推广、使用上要注重体制机制创新，调动学者、学校、出版机构等方面积极性，共同做好这项工作。

第三，大学生思想政治教育要回应中国特色社会主义道路自信、理论自信、制度自信和文化自信在新时代需要跃升和巩固的必然趋势，着重在增强大学生的文化自信上狠下功夫。中华民族的伟大复兴需要以中华文化发展繁荣为条件，要坚定中国特色社会主义道路自信、理论自信、制度自信，说到底就是要坚定文化自信。由此可见，文化自信是推进国家繁荣富强的强大内生动力。大学生思想政治教育作为培育和增强学生文化自信的主渠道，理应在新时代持续发力，将中华优秀传统文化、革命文化和社会主义先进文化有机地融入到人才培养的全过程中，切实增强大学生对中国特色社会主义文化的自信心和认同感，形成正确的世界观、人生观、价值观。

（二）指导大学生锚定坐标

1.要引导学生确立自身的主体地位

大学生的主体性指的是在思想政治教育中自觉认同教育的目标和内容，调控自己的行为，实现内化与外化的统一。作为受教者，大学生要明晰自己在教育实施中的主体地位，不断强化自己与施教者的平等交流、自觉认同教育目的的意识和能力，在新时代迸发出成长发展的自主性、能动性和创造性。

2.要引导学生树立责任意识

所谓使命，古时指使者奉命出行，后引申为肩负重大任务和责任。马克思曾说："作为确定的人，现实的人，你就有规定，就有使命，就有任务，至于你是否意识到这一点，那都是无所谓的。"当代大学生身上所承载的历史使命和时代责任，就是为饱受屈辱磨难的国家民族正本清源，努力实现中华民族伟大复兴。

大学生在新时代要具备坚定的信念、追求高尚的责任、担当奉献的责任和练就本领的责任，不断提高自己的政治素质和道德素质，以此促进自身的全面发展。

（三）促进大学生在新时代全面发展

当前，社会主要矛盾已经转变为人民日益增长的美好生活需要和不平衡不充分的发展之间的矛盾。在高等教育领域，学生对全面发展、高质量发展的渴求更为强烈，这同样需要大学生思想政治教育予以重视和回应。因此，高校必须顺应大学生的成长诉求从单一发展向全面发展、从一般性发展向高质量发展的转变，强化大学生思想政治教育的育人功能，致力于培养有理想、有本领、有担当的全面发展人才。

1.要引导学生完善价值观念体系

当前，大学生的价值观和信仰面临着严峻挑战。大学生思想政治教育应聚焦学生价值观形成的科学机理，引导学生树立崇高的理想和信念，坚持正确的政治和价值导向，培养高尚道德、良好品行和健全人格，以良好的价值观念体系更好地拥抱新时代、建功新时代。这就要求高校教师要旗帜鲜明地加强社会主义核心价值观教育，要用好课堂讲坛，用好校园阵地，用自己的实际行动倡导社会主义核心价值观，用自己的学识、阅历、经验去点燃青年学生对真善美的向往，使社会主义核心价值观浸润青年学生的心田，增强他们的价值判断能力、价值选择能力，引导青年学生健康成长成才。

实践证明，只有将社会主义核心价值观融入社会生活、融入到校园文化活动，与广大青年学生的日常生活、文化活动紧密联系，在落细、落小、落实上下功夫，才能克服青年学生在价值观问题上知行脱节的问题，才能使社会主义核心价值观成为青年学生日常工作生活的基本遵循，才能切实增强青年学生的社会主义核心价值认同感和归属感。与此同时，还要高度重视虚拟空间、网络环境在社会主义核心价值观教育中的积极作用。当今社会是一个网络化、信息化高度发达的时代，随着信息化日新月异的发展，尤其手机移动终端的普及，网络生活已经成为青年学生学习、工作、生活中不可缺少的部分，青年学生的思维方式、交往方式和行为方式发生了革命性的变化，各种社会政治力量借助网络提升自己的"话语权"，把网络作为争夺青年学生的重要阵地，这给大学生思想政治教育工作带来了严峻挑战。因此，高校必须牢固树立网络空间的"阵地意识"，通过网络媒体唱响主旋律、传播正能量，引领社会思潮、凝聚社会共识，旗帜鲜明地同错误思想作斗争，有效引导大学生构筑牢固的思想防线，使大学生思想政治教育的科学性、针对性和实效性不断得到增强和提高。

2.要鼓励学生历练自身综合能力

要积极为大学生开展调查研究、志愿服务、艺术赏析、演讲辩论等各种实践活动，使之在其中充分调动自身的成长要素，逐渐开发潜能、提升素养。同时，鼓励学生在实践历练中有效发挥自己的首创精神，彰显内在活力和创造力，在实现全面发展中提升成长的获得感和幸福感。高校要始终坚持以立德树人为中心环节，以强化理想信念与价值养成提升"德"育，以启发科学思维与创新意识科学"智"育，以练就健康体魄与平和心态加强"体"育，以培养文化底蕴与高尚情操推进"美"育；真正实现文化知识学习与思想品德修养的统一、理论学习与社会实践的统一、全面发展与个性发展的统一，着力提高大学生服务国家、服务人民的社会责任感，勇于探索的创新精神和善于解决问题的实践能力。

（四）激励大学生在新时代奋发有为

1. 大学生思想政治教育要激励学生勇于挑战、坚毅前行

在无比接近中华民族伟大复兴的关键阶段，中国特色社会主义建设面临的挑战绝不会少。高校要将"行百里者一半九十"的朴素道理传递给学生，使其在成长发展的过程中始终保持旺盛的斗志，以饱满的精气神迎接挑战、担当重任。远大抱负如果只是停留在主观领域，就只能沦为空想，只有把理想转化为行动的热情和意志，才会成就伟大事业。因此，我们必须脚踏实地，把理想付诸行动。

脚踏实地要求当代大学生要具有重视实践、深入实践的意识，要有"纸上得来终觉浅，绝知此事要躬行"的求索精神。要求当代大学生要勇于实践，以科学严谨的态度努力探索客观事物发展的本质和规律，凡事不"想当然"，不轻率浮躁，不能纸上谈兵、坐而论道。还要求当代大学生要持之以恒，不能浅尝辄止，要锲而不舍、精益求精，扎扎实实、一丝不苟。当代大学生要想顺利地完成学业，以良好的成绩毕业，关键在于"力学笃行、注重实践、学以致用"。要把勤勉进取、努力践履所学、以求真的态度做踏实的功夫当作一种责任、一种追求，集中精力、心无旁骛，不断提高与时代发展和事业要求相适应的素质能力，练就建设祖国、报效人民的过硬本领。

艰难困苦玉汝于成，要成大器必经磨砺。要实现远大抱负，在艰苦奋斗中磨炼意志是最为重要的途径。人类的美好理想，都不可能唾手可得，都离不开筚路蓝缕、手胼足胝的艰苦奋斗。我们的国家，我们的民族，从积贫积弱一步一步走到今天的发展繁荣，靠的就是一代又一代的顽强拼搏，靠的就是中华民族自强不息的奋斗精神。当代大学生应当立足本职、埋头苦干，从自身做起，从点滴做起，用勤劳的双手、一流的业绩成就属于自己的人生精彩。要不怕困难、攻坚克难，勇于到条件艰苦的基层、国家建设的一线、项目攻关的前沿，经受锻炼，增长才干。要勇于创业、敢闯敢干，努力在改革开放中闯新路、创新业，不断开辟事业发展新天地。大学生要把自己成长的根深深植入祖国的沃土，使祖国的事业熠熠生辉，这是当代大学生成就自我、报效祖国应有的选择。

高校应着力提升思想政治教育的阐释力、说服力和可接受性，帮助学生将远大理想和共同理想内化为奋发进取的价值取向，外化为拼搏奉献的实际行动。

2. 大学生思想政治教育要激励学生勇于创新、引领时代

中国特色社会主义新时代是一个创新引领发展的崭新时代，而大学生则是承担创新使命、推动创新发展的最重要力量。广大青年一定要勇于创新创造。创新是民族进步的灵

魂，是一个国家兴旺发达的不竭源泉，也是中华民族最深沉的民族禀赋，正所谓"苟日新，日日新，又日新"。生活从不眷顾因循守旧、满足现状者，从不等待不思进取、坐享其成者，而是将更多机遇留给善于和勇于创新的人们。青年是社会上最富活力、最具创造性的群体，理应走在创新创造前列。大学生要有敢为人先的锐气，勇于解放思想、与时俱进，敢于上下求索、开拓进取，树立在继承前人的基础上超越前人的雄心壮志，"以青春之我……创建青春之国家，青春之民族"。要有逢山开路、遇河架桥的意志，为了创新创造而百折不挠、勇往直前。要有探索真知、求真务实的态度，在立足本职的创新创造中不断积累经验、取得成果。

高校要把培养学生的创新意识、创新精神、创新品格作为思想政治教育的核心内容，鼓励学生善于审思、敢于超越，努力用富有成效的创新实践成果为新时代添能增力。

第二节 大学生思想政治教育面临的机遇和挑战

一、大学生思想政治教育面临的机遇

（一）全球化给大学生思想政治教育带来的机遇

1. 为大学生思想政治教育注入强大的力量

全球化的发展需要科学知识提供的强大智力支持，而全球化的发展又反过来有力地推动了知识经济的发展。所谓知识经济，是指以信息、知识为主要资源，以知识阶层为主体，以科技创新、人力资本为主要动力，以可持续发展为宏观特征，以服务业、高新技术产业为支柱产业的新型经济形式。在知识经济时代，创新、智慧、知识成了重要的代名词，这就从理论、方法、地位等方面为大学生思想政治教育带来了强大的动力。

首先，知识经济使大学生思想政治教育的地位更加突出。知识经济时代呼唤以人为本，知识经济对人才的要求是具有高尚的道德情操、先进的思想、正确的政治方向和高级智慧。这一目标与大学生思想政治教育的方向是十分吻合的。随着知识经济的持续推进，大学生思想政治教育将受到越来越多的关注。

其次，知识经济使大学生思想政治教育的方法得到优化。近年来，由知识经济所带来的一些先进教学方法（如数据统计分析、数学模型构建等）越来越广泛地应用到大学生思想政治教育中，这不仅使思想政治教育的定量分析能力得到极大增强，定量与定性相统一的方法还明显提升了思想政治教育的准确性。

2.为大学生思想政治教育提供了开放的环境

全球化意味着在全世界范围内进行资源的有效配置，这其中当然也包括教育资源。换句话说，基于全球化的教育资源的开放与共享使大学生思想政治教育具有了更加开放的环境。

首先，全球化赋予了大学生思想政治教育新的内涵。具体来说，大学生思想政治教育除关注马克思主义理论的发展与创新以及中国的具体国情之外，还应将目光投向丰富多彩的世界文明，不仅要用世界眼光来重新审视中国的传统文化，还应把握世界文化、思想、道德发展的最前沿。

其次，全球化有利于培养、强化大学生的全球意识与竞争意识，有利于他们解放思想、更新观念、扩大视野，从而使大学生思想政治教育具有更加先进的思想基础。此外，在全球化环境下，对国外思想政治教育的先进理念进行学习，对他们的先进经验进行借鉴也变得更加便捷。

3.为大学生思想政治教育提供了发展机遇

全球化以市场经济体制为前提，市场经济体制的建立与稳固为大学生思想政治教育创造了良好的环境。

首先，市场经济为大学生思想政治教育奠定了稳固的物质基础。自从我国推行市场经济体制以来，国民经济保持了稳定、健康、持续的增长势头，不仅社会生产力快速发展，人民的生活水平也得到了大幅提高。这一方面为大学生思想政治教育创造了稳固的物质基础；另一方面也为思想政治教育提供了有力的佐证，大大提高了思想政治教育的感染力与说服力。

其次，市场经济为大学生思想政治教育注入了新的活力。在过去很长一段时间内，大学生思想政治教育将马克思主义理论作为指导，并以帮助大学生树立科学、正确的价值观、世界观、人生观为主要内容，这对于大学生的成长与发展具有积极的促进作用。随着时代的进步，市场经济体制所倡导的价值规律与优胜劣汰思想逐渐深入人心。在这样的时代背景下，大学生思想政治教育在原有内容的基础上将公平、自由、正义、民主等观念也列为基本内容，从而使大学生思想政治教育获得了新生力量。

（二）社会转型给大学生思想政治教育带来的机遇

1. 促进大学生思想观念的改变

第一，思想解放，富有开拓创新精神。在社会转型阶段，各种思想观念得以共存，人们的思想得到更大的解放。在这样的环境下，大学生得以接触到多元的文化，他们的视野更加开阔，很少受到传统观念的束缚，也具有更强的合作意识与创新意识。

第二，主体意识与竞争意识增强。在社会转型的时代背景下，高等教育以扩招为起点，逐渐向"后勤社会化""弹性学分制""自主择业，双向选择"的方向发展。面对社会上纷繁复杂的新问题，当代大学生不附众、不盲从，他们对自我进行重新审视，并用一种全新的眼光来看待周围的现象，体现出令人欣喜的主体意识。市场经济体制下，优胜劣汰的竞争机制对社会各个领域、各个层面都带来巨大的影响，高等教育也不例外。身处竞争氛围当中的大学生更加注重独立性、能力性的提高，更加注重个人素质的提升与创造力的加强，以此来应对日益激烈的竞争环境。

第三，价值取向多元化。自从将改革开放确定为我国的基本国策以来，社会转型全面开展，并使人们的就业观念发生了明显改变。具体来说，血亲、地域等传统归属格局不再成为人们就业的障碍，传统的被动服从型人员流动逐渐向主动选择型转变。在这样的时代背景下，易于接受新观点的大学生受到多种思想观念的影响，其价值取向必将呈现出多元化的趋向。

第四，民主与法治意识增强。市场经济有序运转的重要前提是法制的完善。市场经济对国家、社会、单位、个人的法制意识都提出了更高要求。经过多年的法制教育与宣传，广大公民特别是大学生的法制意识有了明显的提升。具体来说，不论是对学校的教育教学管理制度还是国家的法律法规，大学生大都能自觉遵守，他们对自身行为的约束力也有显著加强。

2. 为大学生思想政治教育创造了一个新的环境氛围

社会转型使高校面临着一个新的社会环境。市场经济倡导的民主、平等、自由、竞争、合作等新的观念逐渐成为人们的共识，这些新观念也渗透到大学生思想政治教育工作中，形成民主和谐、平等协商、创新进取的思想环境。市场经济的科学、民主、高效和务实的管理模式极大地影响着大学生思想政治教育的管理体制和模式，新的大学生思想政治教育的管理体制和模式正在形成。社会和高校之间的界限逐渐变得模糊，两者在多层次和多领域进行交流和合作，既促进了社会主义市场经济体制建立的步伐，又加快了高校改革和发展的进程。

3.为大学生思想政治教育增添了新活力

社会转型给传统的大学生思想政治教育注入了新的活力，开拓了新的视野，丰富了大学生思想政治教育的内容，为改进和加强大学生思想政治教育提供了新的思路。处于不同经济地位的社会成员具有不同的精神追求和不同的价值观念，人们的视野从国内到全世界，接触的东西在增多，可供选择的范围在增大，促使人们的思想更加活跃、趋利性日趋明显。人们在政治、经济、文化生活上的选择性更加自主、灵活、多样。这些变化都给大学生思想政治教育提出了新的课题，要求大学生思想政治教育要尽快地适应这些新形势，积极主动地吸收利用各方面的有利因素，不断深化对在社会转型条件下做好大学生思想政治教育的特点和规律的认识。

（三）新媒体给大学生思想政治教育带来的机遇

在新媒体的影响下，大学生思想政治教育教学步入了新情境。新媒体对大学生思想政治教育产生了广泛而深远的现实影响，其技术手段在大学生思想政治教育中的实际运用为教师的教育教学活动提供了更为便捷的条件，极大地丰富了教育教学的形式，并在一定程度上深化了教育教学的内容。

相较于枯燥的传统思想政治教育，新媒体时代大学生思想政治教育更有活力，我们称之为"思想政治教育的激活理论"。

1.促进大学生思想政治教育实现了信息交流双向化

新媒体时代使得信息接受者和传播者的交流更加紧密，并且参与者不仅是信息的浏览者也是信息的生产者。网络新媒体正式成为舆论新格局的重要组成部分，成为思想文化信息的集散地和社会舆论的放大镜。当代大学生通过网络媒介及时有效地关注公共事务以及时事热点，并通过网络发表自己独特的看法和见解，积极地参与到社会的发展中。这种参与公共事务的方式更加方便也更有活力，同时又能给社会带来其不可估量的正面效应。

2.使大学生思想政治教育内容、手段更具多样性和灵活性

以往高校对大学生所进行的思想政治教育，主要采用的是授课或是读报、做报告的形式，这种形式耗费的人力、精力巨大，需要教师花费很多的时间对资料进行收集、整理等工作，则传授知识的方式通常也是直接对学生的"灌输"，这种单方面的授课方式对大学生的成长的帮助是极为有限的。随着网络科学技术的不断发展，新媒体的不断普及，思想政治教育信息的传播效率大大提高，这是其优于传统媒体的重要一面。通过对新媒体的使用，思想政治教育的工作者就可以在收集、整理、选择、分析资料方面节省更多的时间，有利于教学合力的形成。通过利用新媒体技术进行教学，学生的多种感官可以同时感知到

知识的传播，最终的学习效果要比单一感官感知的效果要好得多。尤其虚拟现实技术的开发和使用，可以让人身临其境地感知学习，利用图片、音乐、动画及仿真画面等充分调动起人们的感官，最大限度地提高学生的学习效率。因此，在新媒体时代环境下，大学生思想政治教育工作者必须要改变以往的教学模式，改进教育方法，充分利用现代科技成果和现代传播手段，以此来提高大学生思想政治教育的实践效果。

3. 给大学生思想政治教育注入了新的知识

众所周知，创新是新媒体发展的主要动力，而思想政治教育也离不开创新精神，因此思想政治教育可以有效地借助新媒体发展过程中体现出来的创新意识和先进思想并以新媒体为依托，顺应时代的潮流，思想政治教育定将焕发新的活力。思想政治教育工作者在对大学生思想政治教育过程中若能够立足实践进行创新，创新教育内容、创新教育方式，契合大学生自身的特点，这样的教育方式就会更加贴近实际，并且能够拓宽知识来源，加强对知识的内化和吸收。

4. 开阔了大学生思想政治教育的空间

网络自身所具有的开放性，使得人们之间的交流打破了地域上的限制，变得更加自由与便捷。随着互联网技术的不断发展和普及，使世界仿佛变成了一个"地球村"，人们不用走出屋子就可以了解到世界各地的实事动态，拓宽了人们的眼界。将新媒体作为大学生思想政治教育的载体，这就拓展了教育的空间，增加了教育的覆盖范围，与传统教育模式相比，这就使得受教育人数的有限上升为无限，为我们传播马克思主义真理与社会主义核心价值观提供了有利的条件。例如，如果人们想要获取某一方面的知识和信息，不再需要在规定的时间和规定的地点去聆听，只需要一个可以联网的终端就可以获取到任意你想了解的东西，包括世界各地在政治、经济、文化、教育、军事、生活等方面的信息。

以互联网为基础所发展起来的交互式远程教育，为大学生思想政治教育提供了更广的传播途径。这种互联网教育模式突破了以往"学校"和"围墙"的限制，无论是处于什么地方的学生，都可以在互联网的帮助下实现教育资源的共享，同时还可以与其他的学生进行交流和讨论，自由地与教师进行咨询和探讨。此外，通过互联网，家长还是可以随时关注学生的学习动态，同时也可以与学校保持密切的联系，双方共同合作，加强对学生的监督，提高学生的学习效果。交互式的远程教育的使用，使得原本面对部分人群的有限的教育空间，变成面对社会公众、更加开放的教育空间，这就在很大程度上拓宽了思想政治教育的范围，有利于提高全民的思想政治素质。

一般来看，传统大学生思想政治教育，通常是通过课堂讲授的方式向学生传授知识，在高校教育中占据主导地位。新媒体思想政治教育的出现，就为学生提供了一个更大的学习空间，通过互联网学生就可以了解到世界各地的思想观点、风俗习惯和文化思潮等，全方位提高了思想政治教育的社会化程度。互联网的出现，打破了学校与社会的限制，学生不再是只生活在象牙塔之中，他们可以通过网络来逐渐接触社会，为进入社会打下坚实的思想基础。

5.为大学生思想政治教育创造了动力条件

新媒体创设了虚拟与现实共存的环境，所以其具有的开放性和共享性为提供教育动力创造了条件。虽然新媒体因其本身的虚拟性会存在一定的局限性，但是它的虚拟却是建立在与现实相联系、反映现实的基础上的。学校可以利用新媒体这一特性，充分发挥其作用，更好地利用资源对大学生进行思想政治教育，并能够积极探索新媒体环境下大学生思想政治教育的特点，开发与大学生身心相适应的思想政治教育模式，使思想政治教育更能体现时代的特性，焕发新生的活力。

综上所述，大学生离不开新媒体，并深受新媒体的影响，同时新媒体的信息量大、交互性强等特点也为开展思想引领工作提供了更为丰富的渠道和方法。作为高校思想政治工作者，必然要利用这一天然的契合点，正确引导大学生树立科学的发展观与成才观，引导他们走上正确的人生道路。大学生思想政治教育工作者们必须全方面地了解大学生的实际情况，根据大学生自身的特点，通过新媒体激活思想政治教育的相关内容，引导他们对新媒体有正确的、客观的、全面的认识，并学会运用新媒体为自己综合素质的提高服务，自觉抵御不良信息的干扰，客观评价事物及个体的属性，形成自我的全面发展。

二、新时代大学生思想政治教育面临的挑战

当前环境的变化在给大学生思想政治教育带来机遇的同时，也给大学生思想政治教育带来了巨大的挑战。了解这些挑战有助于我们采取相应的措施来提高大学生思想政治教育的实效性。

（一）全球化给大学生思想政治教育带来的挑战

1.使大学生思想政治教育难度加大

全球化为大学生思想政治教育带来一些过去不曾遇到的困难，从而使其难度增加，主要体现在以下两个方面。

一是全球化将经济效益最大化作为追求的目标，这就使经济因素在社会发展过程中的作用得到强化，并在无形之中降低了道德因素在人们心目中的位置，使经济利益逐渐在价值观构建中产生更大的影响。反映到大学生思想政治教育领域，则出现了大学生对思想政

治教育逐渐轻视的趋势。大学生是民族的新生力量，是社会主义事业的接班人与建设者，对于国家的未来具有举足轻重的作用。因此，一方面要继续做好大学生的学科知识教学；另一方面更要坚持"德育为先"的原则，不断巩固思想政治教育在整个教育体系中的地位。

二是市场经济还使大学生的心理环境发生变化，并为他们带来思想观念上的冲击。具体来说，当代大学生的成长阶段正好是我国社会主义市场经济的蓬勃发展阶段，因此大学生的个体意识比较强烈，他们大都追求经济上的独立自主与个性的自由发展，因此集体主义意识相对薄弱。若没有得到及时有效的引导与教育，他们极可能出现极端的个人主义倾向。此外，当他们面对充满诱惑的物质环境时也很容易抛弃道德因素与政治立场，出现思想上的困惑，有的甚至陷入拜金主义的泥潭。因此，为使大学生坚持一条正确、科学、良性的发展道路，强化思想政治教育是十分必要的。

2. 加大了社会不公和教育不公

全球化使市场竞争的作用逐渐凸显，而竞争的结果就是优胜劣汰。中国幅员辽阔、人口众多，区域经济发展的不平衡性更加突出。具体到教育领域，则表现为一些边远地区与经济落后地区的教育水平严重滞后于东部沿海地区与经济发达地区。

长期以来，一些地区的教育滞后问题是有目共睹的，越来越多的学者都将关注的焦点投向农民工子女与贫困家庭子女的受教育权利领域，即教育公平领域。对在校大学生来说，他们只有在得到基本的物质生活保障的前提下，才有可能全身心地投入到科学知识的学习与思想政治学习中来。因此，贫困生的思想政治教育仍是大学生思想政治教育体系中的难点与重点。

3. 挑战社会主义理想信念教育

全球化国际分工体系和市场体系的形成，使商品、资本跨越不同社会制度自由流动，把整个世界联结成一个有机整体。社会主义经济与资本主义经济相互交织、相互融合，社会主义制度与资本主义制度的关系也由"遏制—对抗"为主转变为"接触—合作"为主，既对抗又合作成为当今资本主义和社会主义相互关系的基本态势。然而，在这种时代条件下，有些人淡化了"两种制度"之间的差异与对立，社会主义信念不再坚定；一部分人尤其是一些领导干部盲目推崇西方价值体系，往往用西方的理论、制度、发展模式、价值观念、生活水平等来解构、批判中国现实，丧失应有的国家和民族精神的独立性。对此，中共中央组织部印发了《关于在干部教育培训中加强理想信念和道德品行教育的通知》（以下简称《通知》），要求各地区各部门加强理想信念和道德品行教育，引导和帮助干部始终坚定共产主义理想和中国特色社会主义信念，始终坚守共产党人的精神家园。《通知》指出，开展理想信念教育，关键是要引导干部把理想信念建立在对科学理论的理性认同上、对历史规律的正确认识上、对基本国情的准确把握上。要深入开展马克思教育，使干部真正领会贯穿其中的马克思主义立场观点方法，坚定对马克思主义的信仰，防止在西方宪政民主、"普世价值""公民社会"等言论的鼓噪下迷失方向，防止在封建迷信和宗教的影响下失去自我。要深入开展中华优秀传统文化教育，引导干部继承和弘扬传统美德，捍卫国家和民族的精神独立性，防止成为西方道德价值的"应声虫"。学校是社会的重要组成部分，领导干部的腐败及理想信念的丧失，在很大程度上挑战着大学生思想政治教育"以理服人"的传统教育模式，"身教胜于言教"、国家综合治理能力的提升胜于"苦口婆心"的教育。

4. 冲击了爱国主义教育

全球化对爱国主义教育的冲击这主要表现在两个方面：

一是全球化条件下爱国主义的相关理念受到了冲击。在全球化的推动下，各国之间的相互联系、相互依存空前加强，各国利益相互交织，加上现代交通、通信、网络技术的飞速发展，联合国等国际组织作用的增强等，国家、地域的概念趋于淡化，世界仿佛已经变成了"地球村"。在全球化进程中，人们所处的环境与看问题的角度等都发生了变化，传统的国家观念、主权观念、民族观念及爱国主义思想均受到了不同程度的挑战，一部分人的爱国理念与爱国情感受到冲击。这主要表现为民族虚无主义和狭隘的民族主义思想并存。民族虚无主义认为，世界各民族正在融为一体，国界正在消失，没有必要把个人同特定的国家、民族捆绑在一起，应该淡化国家民族观念。这种观点实质上是丧失民族精神，丧失国家认同感和民族自信心的表现。狭隘的民族主义者认为，在全球化背景下本民族的利益绝对高于其他民族的利益，为了维护本民族利益，必然排斥甚至牺牲其他民族利益。

二是全球化条件下高校爱国主义教育方式和途径面临挑战。全球化的开放性使得家庭、学校、社会形成更加直接、有机地联系和相互渗透的态势，家庭尤其是社会对人们的影响越来越大，这就使得爱国主义教育途径由传统的"家庭的基础地位、学校的中心地位、社会的辅助地位"转向"家庭的辅助地位、学校的基础地位和社会的中心地位"，社会性途径在爱国主义教育中的地位和作用越来越凸显。同时，全球化也使得传统的以"灌输为主"的教育方式面临诸多不适。在政治多极化、文化价值多元化的开放环境中，教育对象无时无刻、随时随地都会受到来自四面八方各种思潮的冲击，特别是西方价值观念、思维方式和意识形态对个人的影响无处不在、无时不有、潜移默化。讲究"灌输"的策略和方法，提高爱国主义教育方式的艺术性与开放性，是当代爱国主义教育迫切需要解决的问题。全球化背景下以经济和科技实力为基础的综合国力的竞争日趋激烈，国家利益的发展和维护也面临更加复杂的国际环境。随着中国的崛起，某些大国把中国当作战略竞争对手，企图破坏中国安定团结、稳定发展的大好局面，对中国的内政外交进行各种阻挠、干涉和遏制。中国作为一个发展中的社会主义大国，要真正自立于世界民族之林，在增强综合国力的同时，必须大力增强民族凝聚力。当前，既要克服盲目排外、自我封闭的狭隘民族主义，又要旗帜鲜明地加强爱国主义教育，弘扬和培育民族精神，积极维护民族的独立和国家主权的完整，为实现中华民族伟大复兴营造良好的国际环境。

5. 反华势力和西方文化意识形态霸权的挑战

随着世界经济全球化趋势的不断强化，各国把拓展知识产品出口，强化知识产权的保护和加大对他国开放服务和知识市场作为对外政策的重要组成部分，使得不同社会制度和价值观念之间的意识形态领域的冲突与斗争日益剧烈，大学生思想政治教育的国际化成为必然趋势。一方面，全球化的发展对高校、对人才培养质量提出了新的要求，谁能够培养高素质的人才，谁就能在日益激烈的国际竞争中赢得主动权；另一方面，教育国际化又促进了世界范围内的广泛交流与合作，在交往促进各民族各类文化相互交流和融合的过程中，不可避免地引发或激化全球化与民族文明、民族文化的矛盾。国际化人才的培养必将面对的是中国文化和其他国家文化之间的差异，包括宗教信仰、文化形态、民族意识、价值取向等诸多方面。作为国际化人才，既要保持本土文化，吸取西方文化中精华的部分，也要对其糟粕有警惕意识，不能任其侵蚀。国际化人才在面对文化冲击时，需要是文化免疫力的提升。人才在实现自身价值和维护国家利益时，如果完全被异国文化同化，就达不到培养国际化人才的目的。

（二）社会转型给大学生思想政治教育带来的挑战

1. 大学精神面临困境

所谓大学精神，是指大学校园群体所表现出来的共同一致的思想追求。具体来说，大学精神既包括科学精神、人文精神、超越精神、独立批判精神，也包括功利主义、现实主义、理想主义以及顺应潮流的价值取向等。

大学精神在社会转型时期所面临的困境主要体现在以下几方面。

第一，人文精神发展相对滞后。人文精神是一种人类对自身给予关注的价值观念，是人类以深邃的眼光、宽阔的眼界对人的实践规范、激活状态以及自觉意识进行的总结与概括，涉及生态结构、生命活动、生存理念等问题。具体来说，大学的人文精神倡导个性的解放以及人与自然的和谐发展，坚持建立和谐、平等、自由的人际关系，主张终极追求，重视主体意识与理性原则。此外，大学的人文精神还追求理想的实现与理想人格，主张充分发挥人的价值，对超越现实的理想世界要执着探索，以体现大学教育所应具备的历史使命感与社会责任感。科学精神是一个范畴很广泛的概念，既包括科学思维方式、科学理念，又包括科学实践。它随着人类科学活动的产生、发展而不断前进，主要表现为勤于研修、勇于创新、敢于怀疑、大胆求是、勇于探索、积极思考等品质。人文精神与科学精神是大学精神的重要组成部分与体现形式，也是大学精神的核心，充分体现了大学揭示本质、探索真理的精神内核。人文精神与科学精神两者是相辅相成的，人文精神的丰富有利于科学精神的完善，科学精神所带来的物质现实有利于人类的自我解放、自我提高与自我完善。需要特别说明的是，人文精神与科学精神的差异也是比较明显的。功利性、实用性、真实性是科学的典型特点，这使得科学成为人类生产力进步的推动力量以及物质文明进步的重要途径。但是，单纯的科技主义易使人成为单向度的人。相比较而言，人文精神不断向单纯化的生活状态进行反抗与挑战，它摆脱功利主义的羁绊并返回生命存在的本源，从而促使人们找寻自己的精神渊源以及现代社会所失落的意义。科学技术在社会转型的过程中发挥着不容忽视的作用，这使科学的地位得到极大提升。在大学中，理工科学生通常对人文科学没有兴趣，且常常认为自己比文科学生更优秀。一般来说，学科的资金支持也多偏向于理工学科。值得注意的是，科学技术是一把"双刃剑"。科学技术在为人类创造福利的同时，也常常带来一些意想不到的后果，如人格失态、环境失序、生态失衡、精神失落、道德失范、资源失调等。如果科学技术没有得到必要的规范与正当的约束，甚至会给人类带来毁灭性的灾难。因此，在认可科学技术积极作用的同时，应对人文精神进行大力倡导与加强，使科学技术的发展遵循基本的道德要求与人伦精神，从而尽最大努力遏制科学的消极作用，充分发挥其积极作用。换句话说，科学技术离不开人文精神的规范与指引。

第二，对理想的追求现实化。大学精神鼓励莘莘学子为理想而奋斗，要有对理想无限追求的雄心壮志，并对现实永不满足，这正是大学精神昂扬向上的风帆。具体来说，大学的理想主义主要表现在：保持自己应具备的社会责任感与使命感，追求精神超越，主张现实是澄明有序的，坚信未来是美好的。在社会转型期，大学精神遇到了现代工具主义理性观点的冲击，理想主义不再占据主导地位，大学生的价值观失衡，大学校园充斥着庸俗、浮躁、功利的思潮。从教师方面来看，由于受到功利主义思想的影响，原本对学问的执着追求逐渐沦为功名的敲门砖、虚荣的装饰以及用来满足个人私欲的手段。清华大学前校长梅贻琦曾言："大学者，非有大楼之谓也，大师之谓也。"视学术为生命的大师常常苦心孤诣、皓首穷经，终生与青灯黄卷为伴。这种耐得住寂寞的大师精神几乎成为绝唱，在很多现代人眼中已成为久远的记忆。相比较而言，学术失范、学术不端、学术作假、学术"泡沫化"现象则屡见不鲜。从学生方面来看，现实主义的影响使大学生减少了对理想的追求与对真理的执着，他们也不再注重精神品位的提升。相反，他们终于忙于学习，在表象上与过去无异，但在内心只用好成绩来换取几张有市场前景的文凭，有的甚至把文凭当作跻身上层社会、换取物质财富的工具。可见，大学生面临的是价值理性与工具理性的错位，以及由此所带来的学子精神的缺失。他们正由理想主义逐渐下滑至现实主义的窠巢。

第三，独立批判精神的缺位与媚俗的价值取向泛化。在任何社会中，大学都是社会的高等学府。纵观中外大学的发展历程，独立性与批判精神是大学永恒魅力的生命点。其一，大学是独立的。只有人类理智与自由精神的最高表现才是真正的学术。因此，学术不是被动的，而是主动的；学术不是依赖的，而是独立的。换句话说，不能独立自由的学术在本质上不是真正的学术，学术必须是自由的。因此，具备独立精神是以学术研究为使命的大学的基本追求。其二，大学应具备批判精神。大学的批判精神既涉及知识分子对社会生活的审视性，也包含着知识分子对社会生活的超越性。知识分子既要对直接利益与经验以外之意义的符号问题予以关注，还要对社会规范问题展开研究，并在此基础上展开批判性、创造性的思考，这是一个知识分子的天职，更是其不能推卸的责任。因此，大学的判断能力、自觉意识与社会责任感会自然促使批判精神的产生。当今的大学生随着社会转型一起成长的。自他们出生之时起，迎合性、顺从性等时代因子就伴随在他们左右，从而成为他们成长过程中的营养品。所以，当他们即将成年之时，通过个人努力来为自己赢得一个富足的人生就成为自然而然的事情，独立精神与批判精神的减弱成为一个不可避免的结局。在这样的环境下，甚至连大学的存在价值都会受到挑战。

第四，物质的实用主义遮蔽了大学的超越精神。一般来说，大学的超越精神具有两个层面的含义。首先是对物质功利的超越。企业从事的是物质生产，是以赢利为目的的机构，而大学与企业的最大区别就在于大学从事的是精神生产，且不以赢利为目的。这正是大学的本质所在。其次是对现实社会的超越。现实社会为大学提供了精神基础，大学精神是对现实的反映。但是，基于大学的特定功能，大学精神在反映社会时不是被动的、机械地反映，而必须持一种批判态度，既要独立于社会，又要超越社会。大学在社会转型期从原来的社会边缘逐渐走入社会的中心，社会赋予的经济职能逐渐增多。与过去相比，大学面临着更多的经济利益诱惑。于是，当遇到一些能够很快投入实际应用并能带来直观收入的学科，诸多大学人往往趋之若鹜，一些有益于人类心灵的成长与精神境界提升的学科则少有人问津。此时，大学校方采取了多种课程调整的方案，不能带来经济效益的课程比重被削减，一些实用性学科的投入得到加强。虽然人文课程的意义一再被强调，但其实际效果却差强人意。由此可见，商务气氛已笼罩了大学校园，大学已变为一个企业化的大学。

2．校园文化价值冲突

社会转型使得校园文化价值冲突产生，主要表现在以下四个方面。

第一，"中"与"外"的文化冲突。社会转型不仅带来中国社会内部的变化，还是一个由封闭向开放的转变过程。我们不仅将国外的人才、资金、技术等引入国内，国外的文化也随之同时进入国门。这就使本土文化受到西方文化的直接冲击，其直接表现就是本土文化的情感理念、顺从观与西方文化的理性意识、主体观之间的矛盾。在西方文化的影响下，越来越多大学生的主体意识被唤醒。他们开始用一种理性的观点来重新审视社会，反思历史，形成了自己的怀疑精神与批判意识，这在客观上对中国传统文化所倡导的群体意识、顺从意识来说是一种巨大的改变。

第二，"旧"与"新"的价值冲突。社会转型期是新旧两种社会体制相互斗争、相互融合的过程。因此，在进行价值选择与价值判断时，不可避免会遇到新旧价值的冲突。具体来说，一种是指向未来的新生力量；另一种是来源于历史的守旧力量。大学校园也处于社会的价值观的变革之中，因此，大学生必将面临现代价值文化与传统价值文化之间的冲突。

第三，"科技"与"人文"的冲突。近年来，科学技术知识的更新周期越来越短，学科分类也逐渐趋于精细化。越来越多的大学生将更多的精力投入到专业知识的学习中，这就使得他们的思维方式被科学的工具理性所左右，有的学校甚至出现了科学主义意识过度膨胀的倾向。但是，当大学生走出校园、步入社会之后，其残存的人文精神很容易被科学理性异化或吞噬。社会转型为校园文化带来了价值冲突，校园生活受到这种矛盾性的巨大影响。从积极的角度来看，各层面的价值冲突出现在校园文化中有利于校园文化的整合与进步，其价值体系也会得到更新，因为文化的发展常常遵循从冲突到融合的规律。从不利的角度来看，校园文化中的价值冲突为大学生的信仰、价值观、道德标准等所带来的消极影响也是不容忽视的。具体来说，当错综复杂的价值冲突出现在校园中时，大学生面临的不再是单一的传统价值体系，而是多元的价值标准。于是，他们不得不面对价值选择的困难。当遇到庸俗文化模式时，优秀的文化价值观念常常被披上放荡不羁的价值外壳，并因具有神秘色彩而逐渐消融。在这样的情况下，只有经过哲学思考才能保持自己的价值判断，但大学生又常常懒于思考，于是，他们对价值选择逐渐失去理性与耐心。尤其是当大学生面临激烈的价值冲突时，他们常常对校园整体文化因素和现代传播媒介全盘、被动、盲目地接受，而很少注意到思想家的睿智与深沉、殉道者的执着与悲壮、先行者的超俗与崇高，这就必然使他们陷入与他人、与自身的矛盾中。

第四，"通俗"与"高雅"的冲突。在社会转型期，多样的文化形态纷纷在社会大舞台亮相，其中，既有通俗的，也有高雅的。通俗文化常常传递着对未来表示怀疑、对永恒表示漠视、崇拜眼前利益、重视偶然因素的价值取向，且大都具有浅显、媚俗的文化形态，极易满足大学生的某些感官需要。相比较而言，高雅文化具有理性、智慧的精神内核，大力倡导真善美的价值观念，竭尽全力地将人类文明中至纯至真、至上至高的内涵传递出来。就目前的情况来看，通俗文化在大学生心目中占有更加重要的地位。这一方面来源于社会转型所产生的浮躁氛围；另一方面也与大学生急功近利的价值取向密切相关。

3. 大学生道德信念危机

信念是认识、情感和意志的"合金"，是人们在生产、生活实践中所形成的对事物、观念的高度信服与绝对真诚，是人的精神活动的重要组成部分。同时，信念还能够赋予人们一种身体力行、执着追求的精神动力。从存在形式、发挥意义等方面来分析，道德就是信念的存在方式与活动方式。因此，道德信念不仅指一个人对于某种道德要求、道德理想、人生观的坚信，还包括由这种笃信所外化的履行某种道德义务的强烈责任感。由此可见，作为一种存在于人们内心的内化规范，道德只有被真心诚意地接受，才能在现实生活中被转化为人的行动。

社会转型使社会大环境在很多方面都发生了改变，人们的道德信念也发生了偏离。部分大学生也由此受到不良影响，出现了道德信念危机，其具体表现就是借贷不还、信用缺失、抄袭和剽窃别人的学术成果、考试作弊等现象的增多。

（三）新媒体给大学生思想政治教育带来的挑战

1. 新媒体环境中存在对大学生思想政治教育的一些不利因素

在新媒体环境中存在对大学生思想政治教育的一些不利因素，主要表现在以下五个方面。

第一，文化环境的多元化。由于新媒体的作用，整个世界的距离被大大拉近，因而就有了"地球村"这个名词。新媒体的出现使整个世界发生了重大变化，"不出门就可知天下事"变成了现实。各国各界人士都可以通过新媒体进行交流。不同的地域文化之间因为新媒体的出现交流更加通畅，各个地域的文化在相互交融中使自身朝着新的方向继续发展的同时，也带来了不同文化之间的间隙和碰撞。在新媒体环境中就难以避免东西方文化的冲突，本土文化与外来文化的冲突，甚至一些消极的不健康的西方文化也伺机侵入，这给文化领域带来不小的冲击。新媒体由于其相对自由性，因而比起现实世界中来，文化更容易传播渗透，不良文化也更容易滋生肆虐。而所有这些，无疑加重了大学生思想政治教育的难度。

第二，政治环境具有潜隐性。以互联网为代表的新媒体最初在美国兴起，后来在西方国家迅速流传开来。作为发达国家的美国和西方国家喜欢把他们的东西强加给发展中国家，并利用网络的便捷性来宣传他们的政治言论。标榜他们政治制度的合理性和所谓的"民主"，竭力将他们的政治文化、政治理念、政治意识形态等塞给发展中国家，我国也不可避免地遭受到这种压迫。在我国，发达国家的这种做法目的在于降低我们的民族认同感，从意识形态方面侵略我们。近几年，在我国发生的突发性政治事件几乎都与海外网络有关。因此，新媒体的作用不容小觑，无论是政治思想还是意识形态，新媒体的不利影响都会带给我国许多潜在的威胁，由于我国仍然处于社会主义初级阶段，因而在新媒体技术等方面还不太成熟，对信息的控制力与屏蔽能力还十分有限，这就使我国整体处于弱势地位。

第三，舆论环境在一定程度上具有不可控性。新媒体的出现使得人们的言论变得比起以前自由得多，通过新媒体，我们看到无论是哪个阶层，哪个地区，人们都可以相互交流，而且言论范围无所不及，这就使得大众传媒对舆论的控制力与监督力受到空前的挑战。由于媒介信息的流动性和随意性，不良信息肆意滋生扩散，因而依靠政府的力量来控制新媒体不良信息的流动散布，是一个十分困难的事情，可能暂时控制住某一个事件，但是在别的时刻对于别的事件的发生并不能保证也能及时控制。因而就要依靠法律的力量来进行约束。

第四，理性环境缺乏。通过新媒体许多人可以畅所欲言，而且言论不受时间、地域的限制。这就给一些不法分子提供了可乘之机，使许多不法分子蠢蠢欲动，做出一些违背道德伦理的事情，而且同时使一些人患上当下流行的"网络综合征"。许多未成年人因为迷上了网络而辍学，甚至做出一些违法行为，当今青少年犯罪已经不是新鲜的事情。除此之外，由于网络的频繁使用，人与人之间的关系变得越来越冷漠。家庭关系、同事关系、朋友关系因为网络的介入而变得大不如从前，甚至许多家庭因为网络而发生破裂。综上所述，新媒体给整个社会环境带来了安全性的缺失，人变得越来越感性，考虑问题不再周全。

第五，伦理环境具有困惑性。许多人看到了新媒体的虚拟性，因而觉得利用新媒体干任何事情都是自由的，这就引发了许多伦理道德问题。随着新媒体的发展，道德相对主义、无政府主义和个人主义也甚为流行和泛滥。

因为人们普遍会错误地认为，在新媒体这个虚拟的自由世界中，自己的所作所为不会被人所知，也不会被轻易看到，更不会因行为不当、不道德而受到舆论的职责，因此，新媒体成为许多人不良思想、不良行为滋生的温床，传统的道德观、价值观、伦理观受到严重的冲击。

正是由于上述新媒体环境的现实问题，因而对于大学生思想政治教育形成了巨大的冲击，增加了大学生思想政治教育工作的难度。

2. 网络话语的解构功能过于强大

大量流行的网络话语，都是与传统的话语思维有着很大的差异性，可以说它们都是颠覆传统的政治语言或者社会语言。例如，一些看似寻常的社会事件在微博上受到追捧时，会迅速发生链式反应并在用户中快速扩散和传播，获得持续的关注和舆论反应，最终把网络上的舆论热点变为社会公共舆论热点。"郭美美事件"所受关注的热点由美女、炫富、豪车，慢慢牵扯到社会机构、高官、"富二代"，在网络上掀起一阵阵舆论狂澜。而这些被人们不断联想到的网络热门词汇却是与传统意识形态相背离的。

3. 复杂环境不利于马克思主义的传播

新媒体的信息覆盖面广，内容繁多，由于其自由化和碎片化的特征，使得信息在传播过程中容易发生偏向，导致人们断章取义地引用和理解，歪曲事实真相。例如，在微博上信息真伪难辨，由于把关的缺失，导致微博上充斥着大量直接炮制的假信息，直接影响到社会舆论的客观性。由此可见，媒体信息传播的一系列特性都为反马克思主义理论和反社会主义等一些负面以及别有用心的假信息扩散提供了一种特殊的渠道，对当代大学生的思想产生了恶劣的影响。一些不道德西方国家以"民主""人权"和"普世价值"为借口，妄想来分裂中国人民的凝聚力，因此，"普世价值"掩盖下的种种违反马克思主义的思维逻辑潮流，极大地考验了大学生思想政治教育工作者的持久毅力和内心意志。

4. 新媒体的发展使得人际关系疏离从而不利于大学生思想政治教育

新媒体中人们的交往主要是人机对话或以计算机为中介的交流，表面上，人们可以通过 E-mail、QQ、微信、BBS（电子公告板）、IRC（网络实时交谈）、Net-meeting（网络会议）、IPPHONE（网络电话）等方便、快捷的方式进行交流，与古代书信来往相比，大大缩小了实践和距离上的差距，同时也拉近了人与人之间的距离。但事实上，由于每个人都会抱着手机电脑去上网，因而也就在现实的人与人之间建立起一道厚厚的屏障。人们在人际交往中变得越来越冷漠，缺乏安全感。

大学生在遭遇了上述问题时，大学生思想政治教育者在与其沟通时，会出现一些障碍，教育者与学生之间如果缺乏精神上的交流与沟通，那么两者在思想、情感和感受上就不可能实现相互的渗透。一些学生不愿意打开心扉，使大学生思想政治教育工作难度加大。

5.新媒体对思想政治教育工作者提出了更高要求

信息社会中，教师的职能虽然还是教书育人，但是与传统教师的具体职能相比已经有了很大的不同。在过去传统教学过程中，教师拥有绝对的知识权，被学生簇拥在讲台中央。而新媒体时代的到来打破了这种传统，学生可以通过新媒体获得渴望得到的知识，而且与教师的讲解比较起来，知识内容更加丰富具体，展现知识的方式也更加多样化、形象化和动态化。这就需要教师不断提高自己的知识水平，不仅要有大量的知识存储，同时要想办法将这些知识用更加生动形象的方式表述出来，这就对教师的思维能力、语言能力、灵活应对能力提出了相应的挑战。因而，教师要与时俱进，不断提高自己传授知识的能力和技巧，在纷繁复杂的新媒体时代提高自身教育素质和教学能力。

第三节 大学生思想政治教育的现状

一、当前思想政治教育的特点

随着时代的发展变化和改革的纵深推进，高等院校的思想政治教育也发生着深刻的变化和调整。新时期背景下要着力增强思想政治工作的时代性感召力。对于高等院校来说，"政治性"是其鲜明的特点。在人员组成上，高等院校的教育人员以硕士以上的高学历人群为主体；在工作性质上，高等院校工作复杂且非单一化，主业在于科研但同时又要遵守高等院校相关的条令条例；在思想政治工作的参与度上，除了统一教育内容外，还要加强思想政治教育教学内容的创新性探索。

开展高等院校思想政治教育创新性研究，首先要对高等院校教育实施者和受教育者现状进行分析。

（一）相关主体方面的特点

高等院校是以高学历人群为主体的一种教育形式。与小学、中学的不同主要有以下几点：在人员结构上，不同于常规学校按比例混编，高等院校教育实施者为高学历人群，占比达80%以上；在工作性质上，高等院校主要以科学研究为主，常规性重复性训练相对较少；在学历要求上，硕博以上的高学历人员占比逐年上升，学历已成为高等院校准入门槛的必然要求；在年龄层次上，高等院校较为注重人才保留，人员流动性慢，骨干力量集中在35—40岁年龄段内。高等院校特殊的结构特点，使得开展高等院校的相关人员的分析具有很强的必要性。

1. 教育人员思想状态稳定

从价值取向方面看，整体上高等院校教育人员的思想状态比较稳定，在大是大非的问题上有较强的政治定力，政治觉悟较高。价值取向的塑造得益于高等院校长年累月、较为系统的政治教育体系，更在于教育人员在不同成长阶段逐步累积的认知经验。在高等院校，思想政治教育工作按照上级统一的要求开展，但对于教育人员理想信念、道德观、价值观的塑造更为具体化，例如爱国主义教育，往往以实地见学的形式开展，比如，结合大型任务、特殊节日活动等；同时考虑到人员学历结构层次，在政治教育上更趋向于灵活化，一人一事的谈心教育模式将渐渐取代统一集中教育模式。

2. 教育人员职业规划面临挑战

在职业规划方面，教育人员和学生都面临着不少挑战，从教育人员的情况来看，他们对于自身的职业前景无法做出合理的规划，比如，一名教师谈到的换岗问题，由于种种原因导致岗位人员缺乏，则必须由其他岗位人员补充，这就导致了部分人员不得不放弃原有专业而转岗，这对职业规划相当不利。比例的限制导致很多中年优秀骨干无法晋升而选择离开，不合理的人才评价体系无法很准确地对教育人员进行量化评价，加之目前的高等院校改革尚未完成，这些现实矛盾催生了很多不确定性，同时困扰着教育人员进行长远的职业规划。

相似的问题还有对学生的职业教育情况，就业模式所带来的学生所学专业与所从事岗位不符问题也较为突出，相当一部分学生在参加工作后从头起步，这对学生的思想政治教育是十分不利的。因此，很多学生觉得学校的思想政治教育在今后的工作实践中将会没有用处。

3. 学生心理问题的出现

很多大学生在大学阶段出现一定的心理问题，同时也具有强烈的本领恐慌。心理问题诱因较多，而且不易于发现，一旦出现表征就已经发展到较为严重的状态，所以关注教育人员和学生的心理健康，开展心理健康教育，给予心理健康指导和关怀，是每一个高等院校思想政治工作者应重点关注的问题。

4. 学生生活方面的变化

很多高等学校的氛围较为浓厚，管理正规但不封闭，学生有很多时间可以自由支配，所以学生的生活理念比较开放，在合理范围内较为关注自身的生活品质。同时年轻学生思想活跃，对网络游戏、电影、外卖等新鲜事物接受较快，所以思想政治教育工作者必须要正视现状，并基于此开展思想政治教育工作。

（二）思想政治教育的时代特征

随着国内外形势的不断变化，我国的时代任务也不断改变，高等院校的地位不断提升，坚定地在党的领导下保持着旺盛的活力和蓬勃的生命力。在目前国际局势不容乐观的形势下，只有加强理论层面知识的学习，才有可能在未来的竞争中打好主动仗。同时，如今的重点问题，还在于网络上的不良思想，可以说高等院校思想政治教育还需要坚持不懈地与网络上的反动言论、错误思潮和灰色段子做斗争，要理直气壮地坚决抵制，绝不能人前人后"两张皮"。

高等院校思想政治教育强调要"真"，将工作做到心坎上。以实动人，要求思想政治教育者将所学、所想、所讲、所做有机统一起来，做到学用一致、知行合一、言行统一，当好学生的"排头兵"。对于从事研究的高等院校，"两弹一星"精神是其思想政治教育工作的最好凝练和概括：一是热爱祖国、无私奉献精神。例如，参与整个"两弹一星"工程的科研人员都是怀抱着一颗爱国心，不讲条件、不讲困难，毅然决然走进了戈壁试验场，隐姓埋名，硬是将神秘的罗布泊建设成中国第一个核试验基地，也让我国成为拥核大国，形成了强大的战略威慑，为后续经济建设打下了良好基础。二是自力更生、艰苦奋斗精神。在原子弹研制过程中，科研人员从无到有，白手起家，从基础理论开始，用简陋的计算器和计算尺通宵达旦进行计算，正是靠着这股不服输的拼劲，我们最终走向了成功。三是大力协同、勇于攀登精神。两弹一星研制过程中大量的工作需要团队共同配合完成，依赖于集体的智慧、整体的效率和创造力，更依赖于人员思想的高度统一。虽然老一辈科研人员的思想觉悟是由内而发的，但必须要肯定思想政治工作在整个系统工程中的重要性，包括人员的思想动员、定期的谈心交心、长期的心理疏导等工作的开展，都为整个事业的成功奠定了坚实的思想基础。

如今，高等院校思想政治教育的特点还表现在以下方面：一是强调将精神培育、理想信念教育、法治教育等内容进行本土化，以内容的创新来拓宽学生的视野，提升教育的档次和质量。二是强调要创新教育理念，以更富活力、更具生机的方式满足学生所思、所想、所需。三是强调要创新教育方式，借助社会、家庭、院校等，挖掘更为优秀的教育资源。四是强调讲好大道理、正道理、实道理。

二、思想政治教育存在的问题

教育改革、教育创新一直是教育工作者的职责和使命。在我国经济发展新常态、中国特色社会主义进入新时代的今天，思想政治教育中的很多问题也逐渐显现。不只是时代与外部发展变革给思想政治教育带来新的挑战，而且思想政治教育自身也存在一些矛盾。只有在矛盾凸显，问题暴露，问题的解决中我们才能实现新的完善和进步。

（一）社会思潮的竞相登场

改革开放以来，不仅国外先进的技术传入我国，各种社会思潮也以势不可当之势涌入。高等院校学生正处于世界观、人生观、价值观形成的关键期，各种社会思潮的竞相登场，直接考验大学生明辨是非的能力，影响大学生的文化认同。

1.各种社会思潮的不利影响

各种社会思潮的竞相登场某种程度上威胁着高等院校学生的文化认同。诚然，新自由主义关于市场经济的论述将"诚信意识"提到新的高度，大学生也在日常交往中具有较强的诚信意识，无论是勤工助学还是创业，基本都会按照市场经济秩序，讲究诚信，为更好地进入社会打下了较好的基础。但新自由主义对大学生的金钱观、消费观等产生了消极影响。部分大学生的思想越来越自私，将金钱放在第一位，盲目追求自身利益的最大化，进而迷失了人生方向，把追求感官享受作为人生目的，把世俗的快乐作为人生追求，渴望无节制的物欲享受、超前消费、物质至上。比如，一些大学生不考虑家庭经济实力，盲目追求品牌，大肆购买奢侈品，攀比心理严重，进行炫耀消费。近年来，"校园贷"、"裸贷"、电信诈骗等在大学校园并不陌生，少数大学生甚至因无力偿还高利贷而付出昂贵的代价。

此外，如今"民主"一词频现各大新闻媒体，中外学者对"民主"的概念和内涵进行了较为深刻的探讨，一定程度上强化了大学生的"民主"意识。但资产阶级民主和社会主义民主存在着本质的区别。这种区别是两种不同社会制度的必然结果，同时也是社会主义优越性的巨大体现。资本阶级民主是适应资本主义私有制经济基础并为之服务的，社会主义民主则是建立在生产资料公有制基础上并为人民群众服务的。然而，各种西方不良社会思潮本质上代表着资产阶级利益，突出个人本位、个人利益至上。受其影响，部分高等院校学生盲目鼓吹资产阶级政治观，传播资产阶级自由化观念，缺乏强烈的本土文化认同，给社会造成不良影响，甚至威胁社会安全。

我们可以看到，在大学生群体中，麦当劳、肯德基在我国很受欢迎，欧美大片受学生追捧。这些行为表征着我国当代大学生对外来文化认同的增强，甚至产生一定的依赖。在多元文化冲击下，青年学生作为社会的栋梁若对本土文化陌生而盲目崇拜外来文化，将对我国社会安全造成严重的威胁。

2. 主流意识形态被弱化

处于社会转型期的当代中国，迫切需要正确的价值观念引领社会的发展。而新自由主义及"普世价值"等冲击我国主流意识形态，阻碍了正确的价值观念的形成及发展。新时期多元开放的价值观念，以及复杂交互的传播土壤，助长了不良社会思潮的蔓延。这些不良社会思潮在给高等院校的人才培养带来极大挑战，甚至决定着高等院校人才培养的质量。

一些人希望通过较为完善的理论建构在广大青年大学引发共鸣，以引起大学生的重视，进而潜移默化地向大学生渗透西方的价值观念。同时，自媒体的发展，使得西方资本主义国家开始以新的传媒作为助推器，利用网络媒介方便快捷、门槛低、时效性强、参与度高、具有直观性等特征，争夺受众群体。大学生虽具备了一定的理论思维，但仍不够理性成熟，尤其现代大学生逐步进入读图时代，他们对理论性的文字并没有太多兴趣，反而喜欢关注图文并茂的信息以及娱乐性的视频。一些不良社会思潮利用学生的这些特点，制造一些虚假的图片或者错误嫁接事实增强其真实感，以此迷惑学生，冲击高等院校校园主流意识形态的话语权。

3. 全球化增加思想政治育人难度

"全球化"最初是从经济领域开始，但却不仅仅单指经济的全球化。经济全球化直接或间接带来了国与国间政治、文化等的交流。当前全球化已成为我们无法回避的时代潮流，在给我们带来诸多便利的同时，也带来了挑战，尤其对思想领域的冲击较大。

其次，部分西方资本主义大国欲通过文化全球化进行文化渗透，以此影响和改变我国青年人的文化取向和价值观念。影视大片是文化全球化中推行西方文化的重要工具，也是广大青年所乐于接受的。然而，这些影片中宣扬的个人主义、拜金主义、享乐主义等西方资本主义思想观念也随之涌入，使得部分大学生产生较为严重的不劳而获思想，企图通过各种急功近利的手段过上美好生活，盲目追求名牌效应。大肆消费、超前消费在青年群体中较为盛行，反而以节约为耻以浪费为荣，抛弃了中华民族长期以来艰苦朴素、独立自强的优良传统。这就使得高等院校的思想政治育人遭到前所未有的挑战和威胁。

4. 新问题干扰马克思主义指导地位

改革开放40多年来，在经济全球化、现代信息技术等的冲击下，思想领域出现了一系列新问题、新挑战，来干扰马克思主义的指导地位。部分高等院校负责人片面地将学校主要任务放在教学工作上，对思想文化领域的教育重视不够，常常通过做一些空洞的文章应付了事，大话、套话、空话盛行。虽然也有专家学者套用马克思主义经典著作，大搬中央文件，但写出来的东西单调乏味，很难激发大学生的兴趣，甚至在部分高等院校出现"文化圈地"现象。部分高等院校管理者对新问题的认识不足，尚未采取强有力的举措，也未能健全高等院校党委的统一领导。这些问题不仅给高等院校思想政治育人带来不良影响，也会影响国家政治安全。

（二）思想政治教育的教学滞后

1. 教育模式落后于时代发展

习近平意识形态工作论述的网络论述表明网络已经成为意识形态斗争的重要战场。大学生作为时代先锋产品的追随者，必然会受到网络信息的干扰和迷惑。在这样的现实背景下，已有不少高校反映时代的要求，建立起网络思想政治教育平台，但仍然有部分高校疏于网络思想政治教育平台的建设和发展，甚至有部分高校并未感悟到网络教育的重要意义、没能触及该领域，依旧保持传统的高校思想政治教育课堂讲授教学模式，教育模式呈现老化，无法吸引学生注意力、激发出学生对思想政治相关内容的学习兴趣。对此高校应及时反映时代要求，进化其教学模式。

2. 思想政治教学主体发生转变

我国思想政治教学的主体现今正处在变革的过程之中，尊师重道是我国教育传统形式，从我国古代延续至今的传统观念决定了教师地位与学生地位的不平等性特点。在新时代的教育和社会新的要求促使下，我国逐步由教师主体向学生主体转变。思想政治课教师如何开展教学，如何认识、对待学生，这都要体现学生的主体性原则。学生不仅仅应该是学习的受体，更应该是发挥主观能动性的主体。在思想政治教学积极倡导以学生为主体的大背景下，各学校积极开发新的教学模式以取代旧的思想政治教师主导的教学模式。"翻转高校思想政治课堂""微课"教学、"慕课"教学等都得到积极运用。但这其中就存在一个"度"的问题，思想政治教学内容的特性、教学科目的特点、学生年龄特点和学习能力等决定了应该进行有针对性地发展，而不应该盲目、仓促开展新的教学模式。

3. 思想政治教育内容落后

对于高校而言，时代化是思想政治教育的内在要求。高校面向学生讲授，包括马克思主义理论，以及马克思主义中国化的内容，这些内容是马克思主义理论在中国时代化背景下的产物，彰显了强烈的时代特性。然而，从教育实践来看，高校思想政治教育在内容上并未真正满足时代要求。尽管当前大多数的高校能够及时传达重大会议精神并及时更新思想政治教材内容，但仍然有部分高校忽视这一工作，导致思想政治教育内容依然是陈旧的理论，没有体现出时代化的特点，学生缺乏对国家新政策及会议精神的正确认识；高校思想政治教师应具有较强的政治敏锐性和觉悟性，将时政内容合理地融入课堂上，唤起学生的学习热情，提升思想政治教育效果。

4.思想政治教学形式因循守旧

教学内容的切实贯彻，教学任务的完成总需要一定形式的高校思想政治课堂或者其他教学方法来实现。近年来，学校教育开始注重以学生为主体，思想政治教学课堂形式的重心开始向学生交流谈论为主偏移。为激发学生学习动机，学校开始用一些奖品、积分等激发出学生积极的状态，期望以此来激励学生去认真学习知识、提高能力。其中活动式教学法作为一个比较新的教学方式得到很多学校的推崇。但对于活动式教学也是需要注意"度"的问题，活动是激发学生兴趣，引导学生独立动手实践完成任务的好方式，可是如果在思想政治教学的课堂中活动滥用往往本末倒置，引起负面效果。比如，在政治课程中，新教材中插入了法治方面的内容。对于这一教学内容，高校思想政治教学课堂开展活动往往采取一些新形式的情景剧与图片等，这显然不适应于普及严肃理性的法治知识、树立法治意识和观念发展。因此，对于教学形式的转变，教学内容的相关问题还需进一步完善，关于使用活动等新颖形式激发学生学习的动机问题也需要进一步探讨。

5.思想政治教学课堂局限性过强

思想政治教学不同于其他学科的学习，它有明确的核心理念的教学内容倾向，是对某些思想内容的强化和灌输。因而很多高校思想政治教学课堂中经常会出现设计性过强，局限范围过窄的问题。21世纪不可避免的全球化影响和改变了包括教育在内的人类生活的方方面面。我们越来越受到多元文化与知识的渗透，对于思想政治教学中发现的问题应该有一个更合理的态度。

（三）思想政治教育的教师能力不足

随着国家对培养马克思主义理论学科专业人才的重视，各高校选聘该课程教师标准的规范化和对此课程教师培训力度的加大，使得该课程教师的整体素质较以前有了很大的提高，这在一定程度上增强了大学生对此课程的认同，但仍存在因部分该课程教师的综合素质尚待提高而影响着大学生对此课程认同的情况。部分高校思想政治教育课程教师综合素质有待提高的方面主要表现在。

1.职业使命感及其地位、待遇有待提升

造成部分高校思想政治教育课程教师职业使命感有待提升的原因是多方面的：首先，部分高校思想政治教育课程教师的专业认同感和专业理想信念有待加强。专业认同感和专业理想信念是此课程教师爱岗敬业的重要精神支柱，然而现实生活中，一部分教师因对此课程的价值和作用认识不到位，而只把自己所从事的该课程教学看作谋生手段，认为只需

要按部就班地完成学校、学院安排的教学任务即可；同时，部分教师因自身的共产主义理想信念不够坚定，而对自己以前所学专业和课堂上所讲内容不信服，这在一定程度上影响着他们的教学热情和动力。缺乏专业认同感和专业理想信念的教师是不可能把此课程教学作为一项神圣的事业去追求，从而产生自豪感和使命感的。其次，高校思想政治教育课程教师的现实地位有待提高。虽然国家极为重视高校思想政治课程的建设和发展，赋予了其较高的理论地位，但现实中，此课程教师却因此课程被冷落、不被需要而被其他学科教师、学生、家长和社会所看轻，使他们得不到相应的尊重和关注，感受不到作为一名高校思想政治教育课程教师应有的荣誉感，这使得他们逐渐丧失了原有的自信和教学热情。最后，高校思想政治教育课程教师的经济待遇有待提高。虽然高校思想政治教育课程教师扮演着道德示范和具有无私奉献精神等的社会角色，理应追求高尚的精神境界，不被名利和金钱所左右，可只强调无私奉献精神，不追求物质利益是不现实的。因此，作为一名生活在经济社会中的高校思想政治教育课程教师，同样有追求自身利益的权利和现实需求。但现实情况是，一方面，该课程教师所从事的塑造人、培养人的教学活动和社科类科研均属于理论性质的，很难直接转化为现实生产力，使得他们所获得的实际经济收益与社会其他行业或同行业的其他学科教师相比不占优势；另一方面，此课程教师不仅承担着全校的思想政治理论课程，而且担负着对大学生进行日常思想教育和道德引导等的职责，然而他们所获得的报酬和福利待遇与其所承担的责任和实际工作量却是极其不匹配的，这会极大地削减他们的工作热情。

2. 理论素养有待加强

高校思想政治教育课教师要具有深厚的思想政治素质。作为高校思想政治教育课教师，党员身份是硬性条件，而且必须具有较强的政治素养。高校思想政治教育课教师是中国共产党的坚定拥护者，是先进文化的传播者，是学生健康成长的引导者，应坚持正确的思想政治方向，当好学生成长道路上的引路人。

高校思想政治教育课程不仅具有特殊的功能属性，还具有学术性，需要此课程教师能够对一些专业问题做出观点鲜明、有说服力的解读，以增强个人学术魅力，这就要求此课程教师要具备较高的专业知识素养。同时，该课程又是一门综合性较强的学科，涉及哲学、经济学和法学等学科知识，这就要求该课程教师不仅要有较好的专业理论素养，还要具备完善的知识结构和敏锐的观察能力，保障其能够站在理论研究的前沿和社会现实，准确地为学生分析、解答一些复杂的社会现象和疑难问题，彰显自身学识魅力，进而增强大学生对此课程的学习欲望。

3. 教材体系转化为教学体系的能力有待提升

高校思想政治教育课程教材体系向教学体系的转化需要教师具备能根据教材体系组织好授课语言、科学整合教材内容和合理重塑授课内容等能力。但现实中，部分高校思想政治教育课程教师特别是资历较浅教师的这些能力却有待提高。具体表现在：首先，语言艺术有待提高。高校思想政治教育课程教师要能将晦涩难懂，且带有浓厚政治色彩的教材书面语言经过加工，通过通俗化、幽默诙谐的教学语言表达出来，从而让大学生更容易理解和接受，然而现实中部分此课程教师只是照本宣科，照读教材或PPT，这样不仅不利于大学生理解教材内容，也容易触发他们的抵触情绪，从而影响着此课程的教学效果。其次，整合教材内容的能力有待提升。一方面，高校思想政治教育课程的内容丰富、理论众多、信息量大，在仅有的上课时间里，教师不可能做到面面俱到；另一方面，高校思想政治教育课程的内容在纵向上，与中小学阶段的思想政治理论课有重复，同时在横向上，该课程内部的不同课程之间也有重复的地方，虽然它们有所侧重，但内容的重复性会客观地削弱大学生的学习热情，这就需要该课程教师在结合教学大纲，对此课程教材体系内容整体把握和大学生已有知识水平的情况下，对教材内容有所取舍和侧重，准确把握教学重点。然而现实中，有部分教师分不清教材内容主次，在教学中"平均用力"，在有限的课时内为完成教学任务而采取单项式的教学模式和"满堂灌"的教学方法，忽视了大学生的接受能力和课堂效果，严重影响着教学实效性。最后，重塑教材内容的能力有待加强。高校思想政治课程的理论性、逻辑性较强且较为枯燥，不容易引起大学生的学习兴趣和被其所理解，这就需要该课程教师将教材内容与现实生活相结合，把大学生在日常生活中能体验到、接触到的东西或疑难问题融入教学实践中，使大学生觉得教材上的高深理论离自己并不遥远，进而产生熟悉感和亲近感，这样更容易被大学生所接受，然而现实中，部分此课程教师的这种能力却有待加强，影响着此课程的教学效果。

三、思想政治教育存在问题的原因分析

（一）经济全球化的影响

首先，经济全球化的发展使世界各国的政治、经济和文化都能够进行深入的交流，拉近与彼此的距离，将世界变成了一个能够相互联系和影响的整体。但是，东方国家和西方国家还是存在一定的差异性，包含在许多方面，无论是在意识形态方面还是在物质方面，都体现出一定的区别。

其次，伴随着科技的高速发展与进步，文化传播的速度日新月异，同时新兴的网络媒体与自媒体等频道，也让文化传播的渠道变得更加广泛与便捷。科技的进步让世界各国

之间的联系更加紧密，文化的开放程度不可避免地让不同的文化和价值观潮水般地涌入国内，与国内传统文化与价值观进行激烈的碰撞。对高校大学生价值观的形成产生了或多或少、直接或者间接的影响。而且新时代在互联网下成长起来的高校大学生，其对文化与价值观念的接受范围也更加广泛，时刻面对文化之间碰撞带来的困惑与斗争，比较容易受到各种不良文化和思想观念的影响而导致盲目推崇国外文化。

1. 大学生方面

当今社会信息化迅速发展，其中对人们生活影响最大的就是互联网的发展。互联网的蓬勃发展为人们提供了更多的信息资源，其中包含着大量的没有经过筛选的信息。一些不良的信息使得人们无意识地卷入了享乐主义的大潮，在不知不觉中已经沦为了享乐主义的精神奴隶，他们生活的全部希望就是挣钱和花钱，只能在这个过程中寻求一种虚幻的满足感。在这种浅薄的满足感的背后隐藏着很多消极的后果，如焦虑、不了解生命存在的意义等情况。全球一体化很容易会让人们的主权意识变得模糊，没有了明确的界限，并且极大地削减了人们对国家和民族的感情，这样将会极大地影响以民族和国家感情为基础的思想政治教育。经济全球化、政治全球化和文化全球化造成了人类面临的全球化问题已经愈演愈烈，比如，核武器的扩散、温室效应、贫富差距以及人们对本国的感情淡化，等等，这些都需要人们注重全人类的利益，从全人类的利益出发，要求人们在价值观方面不能固守成规，要超越国界，思维方法也不能拘泥于一定范围，因此思考问题的主要方式也要从不同的角度出发。

不同的历史条件和环境的差异，造成在这些条件下产生的思想政治教育理论体系也存在很大的差异。并且这些理论特点由于文化背景的不同存在一定的差异性，各自都有特殊性，而且是符合人类的发展规律的。全球化的影响造成各国文化不费吹灰之力就涌进了我国的市场，他们利用产品的文化魅力吸引着我国的消费者，久而久之，人们就对他们的价值观念潜移默化地接受。

那些表面看上去轻松活泼的文化表象对我国的青少年的影响力也是很大的，这些新鲜事物让他们觉得耳目一新，因此，强烈地吸引着他们的眼球。全球化使得国家意识形态面临着危机，极大地影响我国思想政治教育的地位。因此，研究如何应对意识形态边缘化的挑战是很有必要的，努力使得大学生对思想政治教育更有兴趣，这项工作的进行已经迫在眉睫。

2. 高校方面

随着社会的不断发展，网络已经成为一种必然趋势。全球的网络信息化普及创造了一个平台，为思想政治教育工作提供了新鲜的血液和一种崭新的传播载体。当来自不同国家的文化相遇产生碰撞时，事实上最终的冲突结果不仅仅是表现在军事上或者是地域上的，而应该是文化上的。这样的结果通常表现在一种语言文字对另一种语言文字的吞噬，并且在意识形态领域得到体现。

（二）我国国情的影响

1.教育方针

我国的国家教育方针开始转向了学生的素质教育，对高校大学生的政治思想教育带来了影响，一方面，其为我们的教育提供了更多的空间和综合素质教育，促进了我们的教学水平的提升；另一方面，其带来的是更加多元化的背景，各类教育目标罗列在我们的面前，我们需要不断地提升自己的教学素养，并且需要去正确地区分后再进行学生的教育实施，这对我们的教育来说增加了一定的难度，提出了较大的挑战。

2.市场经济体制

高校大学生的思想政治教育工作在一定程度上说，是与某些经济基础相匹配的意识形态的工作。近年来，我国经济水平不断提升，社会经济体制发生了较大转变，意识也发生了很大的变化。这样的价值观念的冲击，对高校大学生起到了较大影响，学生在品德教育的重视程度上普遍低于对知识技能的认识程度，学生们在学习中很难提升学习的积极性，这成为高校思想政治教育中的一个挑战。

3.教育工作体系疑难问题

在高校思想政治教育的实施过程中，教育工作体系对提升教育效果提出了一定的挑战。思想政治教育要面对的是学校，以及教师等方面的教学思想认识和素养等方面的疑难问题，这些也是当前我国高校教育中的弱势所在，对我国的教育起到了一定的阻碍作用。在日常的教育中要重视这样的教育挑战，将挑战转变为机遇，将弱势的教育问题进行有的放矢，积极扭转困境，从而对学生们的学习效果提升起到促进的作用。

4.科技发展变化

随着社会经济的不断提升，信息技术带来了飞速的发展，为人们的生活提供了较多的便利。随之而来的是大量的信息传递，网络的发展让信息传递更加迅速，面积更加广泛。在这样的背景下，高校大学生的政治思想教育得到了更好的技术支持，知识的获得变得更加快捷，但与此同时，庞大的信息量也容易使辨别是非能力较低的学生误入歧途，因此，提高学生素养势在必行。

四、思想政治教育存在问题的解决方法

（一）传统文化与思想政治教育的融合

民族精神是一个民族的魂，是建设中国特色社会主义的思想支柱。高校的任务除了传授高校学生相应的专业技术，还应教会学生如何做人，如何成为一名高尚的人。因此，传统文化的熏陶有利于大学生了解我国灿烂的文明，树立其文化自信，培养其民族自尊心。通过思想政治教育，学生了解到民族精神的内涵，对当前的社会现状、国际形势有更加明确的认识，从而更加坚定社会主义的信念，能够塑造正确的价值观，提升建设社会主义事业的积极性与责任意识。

将传统文化融入思想政治教育同时有助于提高思想政治教育课的质量。高校思想政治教师通过革新教育观念，发挥传统文化的积极引导作用，有助于大学生的理解，通过学习传统文化中的榜样人物，使高校生了解思想政治教育的核心内涵，从而提高自己的道德素养。

高校思想政治教育，还要让学生拥有更多的获得感。学生的"获得感"是指学生在教育教学过程中实现教育认知之后的主观体验，表达了学生对所学知识的一种心理状态。只有当高校思想政治教育课为高校学生带来了满意感，才是真正的成功。

（二）多元教学引导学生合理释放情绪

当前竞争压力空前，有的学生看到一些高校毕业生找不到理想的工作，产生了厌学情绪。这种情绪会随着学业压力而越来越大，导致焦虑或抑郁的情绪，产生负面想法，这无疑会影响高校思想政治教育的效果。新时期，在高校思想政治教育中，教师必须加强和学生的交流互动，了解其精神状态及存在的情绪问题，对其问题如专业方向或学习成绩问题、竞争压力问题及时予以回复，而对学生的人际关系问题、生活问题、家庭问题也应随时关心，帮助解决。思想政治教育不应仅仅停留在思想政治教育本身，还应同其他学科诸如音乐、美术等共同发展。通过培养学生的兴趣爱好，转移、缓解压力，同时培养学生的自信心，提升其审美能力，更重要的是，激发学生自我发展的意识，这对学生身心健康大有裨益。对学生压力的调解，还应发动学生组织进行互帮互助，在学生的日常生活中，除了学习之外，学生在学校里最多的时间就是与同学间的交流，朋友之间可以交流情感，增进友谊，也可以缓解学业的压力，在互相帮助中提高学习成绩，提升个人素质。学生之间的互相帮助，可以增进学生之间的了解，相对于思想政治教师与学生之间的关系，同辈之间的交流可以更加紧密，更有助于传播积极的信号。一些平日里不方便交流的话题也可以更好地进行交流。因此，发挥同龄人优势，可以更好地化解矛盾，及时反馈学生存在的疑

难问题，使思想政治教育达到更好的效果

（三）搭建"一体三面式"教育框架

在新时期，高校必须树立与时俱进的教育理念，利用先进的教育技术和手段对思想政治教育赋能。教育工作者需对学生的思想成长轨迹和行为动机进行全面了解，令思想政治教育更具有实效性、时代性和开放性。基于既定的教育大纲与基本的教育需求，搭建层次分明的"一体三面式"的思想政治教育逻辑框架。新时期背景下，高校思想政治教师应对思想政治教育的理论课程、实训课程、校外实践等进行科学合理的设置，将学校教育与社会教育以科学的理念和方法进行融合。在实践育人的过程中，能够使学生针对社会和世界建立多维的审视视角，将自我价值实现与社会的发展进行密切的联系。高校思想政治教育的实效性建设，应切实回归价值理性，即培育出具有社会主义核心价值观的复合型人才。将高校思想政治教育与社会和现实生活进行有效的联系，构建一个可培养学生独立思考能力和辩证思想的育人空间。利用理论课程帮助学生形成良好的政治素养和态度；基于实训课程强化学生的社会适应能力；在不同规模的校外实践活动中，思想政治教师多维地观察和了解学生的责任意识，以及他们面对困境和挫折时所展出的态度和行为。思想政治教师利用"一体三面式"教育框架，使学生在知识素养、思维素养、政治素养等方面都可获得良好的培养。

（四）转变传统教学模式和体制

一方面，高校思想政治教育应改变传统的"灌输式"模式，把直接由思想政治教师讲课改为与学生互动相结合，变"说教型"为"参与型"。通过"灌输式"的教学很难产生良好的效果，这就需要高校首先要解决怎么教的疑难问题。因此，充分整合现有资源，针对不同类型的学生展开分层次教学，结合思想政治课需求，有目的地开展引导式教学。通过理论联系实际，将马克思主义理论和高校学生的生活与社会经历进行结合，争取体现思想政治课应有的功能。

另一方面，高校的思想政治考评制度也应有所改革，改变传统的以单一的期末考试为主的考评方式，向全方位、多维度测评发展。应开展个性化测评，变刚性要求为柔性要求，满足当前高校学生的需求。从做人抓起，从整体上提升当前高校学生的综合素质。

（五）加强与爱国主义教育的结合

新时期背景下，爱国主义是中华民族的核心民族精神，是自立自强的强大精神动力。民族精神对当代高校爱国主义教育具有非常重要的指导意义。失去了民族精神这一核心价值观，爱国主义便失去了最基本的价值。随着我国对外开放大门的打开，大量多元化的价值观相继涌入，高校思想政治教育正遭受到前所未有的挑战。为此，强化民族精神教育，培养民族自尊心、自信心，坚定共产主义思想，对提升大学生辨别能力、自我约束能力及认清现实，增强自信心，避免悲观主义、消极情绪影响有十分重要的意义。

学校的爱国主义思想政治理论教学，是当代大学生形成民族精神的理论基础，对形成旗帜鲜明的民族精神具有指导作用。因此，围绕爱国主义理论应开展相应的时事政治学习、英雄事迹学习、革命历史学习，全面提升高校学生的精神文明素质。高校教育是为我国提供优质劳动力的源泉，是应对我国产业转型时期高素质人才缺口的有力保障，因此进行高校思想政治教育改革有助于人才的全面发展，同时也有利于建设中国特色社会主义精神文明。

第三章

全媒体时代概述

第一节　全媒体的界定

一、全媒体概述

（一）全媒体产生的背景

随着信息全球化进程的推进，信息的传播手段已经产生了革命性的变化。每个时代，传播的手段和技术都在变革，并不断促进信息交流和知识共享。15—17世纪，世界各地尤其欧洲发起了广泛的跨海远洋活动，这些远洋活动促进了世界上各个大洲之间的沟通与交流。远洋活动除了建立众多新的贸易路线以外，还为东西方之间的文化交流建立了通道。早期的报纸成了这种交流的媒介，殖民者携带本国的报纸漂洋过海，把信息带到世界各地，甚至在世界各地创办具有本国色彩的报刊，以此传播西方文化。这种传播方式虽然效率低下，并依赖于远洋航运，但不可否认的是，这是信息全球化的起点。19世纪中叶，电报和电话的相继出现促使欧洲国家建立了连接全球的电报电话网络。随着无线电技术的兴起和繁荣，无线电广播诞生了，其覆盖面广、传播迅速的优势立即显现，并在20世纪初快速发展，彼时，各国都在建设自己的广播台站，初步形成了全球性的广播网络。几乎与此同时，通过电话电缆进行机电式电视广播的试验和短波电视试验都取得了成功，英国广播公司随即开始了电视节目的播发，由此，信息传播进入了动态可视的时代。

此后的几十年，在全球信息化进程的推进过程中，广播电视作为一个行业迅速发展壮大，并使人类信息传播的广度和深度都得到了空前的发展。随着科学技术不断发展，信息传播进入了数字时代，20世纪40年代，美国数学家香农证明了采样定理，奠定了数字通信技术的基础。与此同时代的"计算机之父"冯·诺依曼提出了冯诺依曼体系结构，其理论要点在于：一是抛弃十进制，采用二进制作为数字计算机的数制基础；二是计算机应该按照事先编制好的程序顺序执行数值计算工作。在此基础上，20 世纪人类最伟大的发明——计算机诞生了。随着数字化理论、信息论的产生以及数字计算机的出现，信息传播进入了全新的时代。

信息传播依靠"媒介"，此时的媒介由于时代的进步和科学的发展，其外延已经无限扩张，从单一的文字、图片扩展到音、视、图、文的交叉组合。促使这种改变产生的重要原因是信息的数字化进程和互联网的出现。一方面，信息的数字化是现代信息传播的基础，其具体概念是文字、图片、图像、声音，甚至是虚拟现实等所有可视、可听、可感觉的各种信息，实际上都可以通过采样定理，并最终用 0 和 1 来表示，并被引入计算机进行处理。广播和电视的数字化是媒介数字化最好的范例，广播、电视节目从生产到最终被用户收听收看必须要经历的环节包括采集、制作、存储、播出、接收，数字化使这些环节可以通过计算机软硬件来控制，并提供给用户更好的视听体验，此外，最重要的一点是，数字化为广播电视应用 IT 技术提供了无限的可能性，为原本有差异的技术提供了融合的基础。另一方面，互联网的出现掀起了信息传播的革命。互联网发展到现在，已经超越了其被发明出来时的目的，它的根本作用已经变成了为人类提供便捷快速的交流服务。它提供了一个使人们能够相互沟通、交流的互动平台，让接入网络中的个体既能够与其他个体点对点地交流信息，又能够通过访问公开的互联网站点来接收与发布信息。互联网相比其他信息传播方式都更快速、更直观、更有效。

数字化和互联网是新媒体出现的先决条件。众所周知，新媒体是数字、网络等新技术在信息传播应用中所产生的新的媒体形态，相对于传统的报刊、广播、出版、影视等"旧媒体"，其外延仍在不断扩张，目前十分流行的移动应用就是新媒体的一种表现形式。移动应用的流行一方面是由于中国手机用户的数量基数巨大且不断增长；另一方面是由于移动网络技术、多媒体技术的不断革新。归根结底，数字化进程和互联网发展使信息传播进入了新媒体时代。

新媒体涉足的产业类型不仅限于传统的传媒产业，如广播电视，还包括互联网应用、动画、游戏、电子商务等一系列新兴产业。基于这个原因，目前对新媒体的分类是较为困难的，但人们仍然按照终端载体的属性将新媒体分为网络新媒体、手机新媒体、新型电视媒体以及其他新媒体（包括路边媒体、信息查询媒体等）。这种分类方法并不见得准确，因为融合与发展是新媒体本身的一个重要特性，分类只能帮助人们更好地认识新媒体的形态，而无法准确描述新媒体的概念及特征。

此外，不仅新媒体在发展与融合，传统媒体也在整合自身资源，提高发展速度。随着数字化进程的推进，传统报业、广播电视等传统媒体正在逐渐走向融合，报纸、电视、广播作为传统传播手段，其传播能力并未因为新媒体的冲击而减弱，反而，传统媒体越来越多地开始利用互联网技术提升自身的传播能力。在应用新技术的同时还能够找到传统媒体与新媒体的融合点，使各种媒体形态不断革新，不断发展。在这样的背景下，新的媒体形态不断出现与变化，旧的媒体形态也没有因此消亡，而是出现了新旧融合、共同发展的局面，媒体的含义越来越广泛，表现形式越来越丰富，于是，全媒体的概念诞生了。关于全媒体概念和形态的研究从此展开，全媒体应用不断兴起，信息传播进入了全媒体时代。

（二）全媒体的定义

自2007年开始，"全媒体"一词开始广泛使用。目前无论是学界还是业界还没有形成统一定义，对这个概念的理解是仁者见仁，智者见智。通过对现

有"全媒体"问题研究的归纳，主要有以下四种代表性的看法。

1. 媒介形态说

该种观点认为，全媒体是一种全新的媒介形态，即"综合运用文字、图片、声音、视频等各种表现形式，来全方位、立体化地展示传播内容，同时通过广播、电视、网络、通信等传播手段来传输的传播形式"。例如，在美国，"坦帕新闻中心"将传统媒体——电视、报纸与新媒体——互联网整合成一体，实行开放式办公，所有工作人员围坐在同一个圆桌前进行统一报道部署。在英国，BBC围绕"360度全平台"传播理念，将电视台、电台及网站的编辑部整合成统一的多媒体编辑中心；在日本，以"I-MODE"为代表的手机终端将互联网、电视、广播等多种媒介融合成一体，以为用户提供多样化的服务为宗旨，形成了多家共赢的局面。

2. 媒介运营说

该种观点认为，全媒体是一种媒介运营模式，"不再是单落点、单形态、单平台的，而是在多平台上进行多落点、多形态的传播，报纸、广播、电视与网络是这个报道体系的共同组成部分"。在我国，新华社作为业界权威的传媒集团，不仅拥有《参考消息》《新华每日电讯》等传统社办报刊，还拥有新华TV、新华08金融信息交易服务平台，新华网、新华手机报等新媒体终端。新华社不断尝试融合新媒体的运营模式，使传播效应最大化。

3. 媒介整合说

该种观点认为，理解全媒体概念的关键在于"全"字，它不是一个个体的概念，而是一个集合的概念，是建立在媒介组织结构角度上的，大众媒介要转变过去独立经营的现状

实现组织的调整与变革。在新闻采集上要联合行动，减少资金、设备与人力的投入，降低成本。同时，通过不同媒介之间的联合运作，对已经占有的媒介市场起保护作用，如国家新闻出版署提出的"数字报业"概念，将传统报纸与网络、手机相结合，逐步推出网络报纸、手机报、手机二维码与电子阅览器等数字报业战略，使传统媒体向全媒体状态发展。

总体来讲，媒介融合说强调全媒体就是新媒体和传统媒体的融合。凤凰卫视董事局主席、行政总裁刘长乐认为，全媒体的终极就是新媒体与传统媒体之间的融合。全媒体不仅是一种新闻报道形态，它还是媒体在业务运作的整体模式和策略上的思想变革，传统媒体和新媒体将实现融合，构建大众传媒的信息传播、互动、服务平台。

4．媒介营销说

该种观点认为媒体作为一种全新的媒介营销管理理念，是建立在媒介融合基础上的媒介营销策略，包括整合性的媒介内容生产平台的创建，以及相同媒介内容的不同呈现方式的组合性使用。中文在线总裁童之磊认为，所谓"全媒体出版整合营销"就是将产品通过各种媒体和渠道传播出去，以期能够尽可能地覆盖所有读者。深圳广电集团 2011 年提出"一站式全媒体广告运营模式"，取得了良好效果，2016 年将广告管理中心更名为媒体运营管理中心，则是从整合营销的角度提升了全媒体传播的价值。

以上四种观点是学者从媒介的角度对全媒体做出的阐述，在现实生活中，全媒体经常与"新媒体""自媒体""媒介融合"等概念混合使用，我们有必要将其进一步厘清，为下文的论述做好铺垫。

（三）全媒体的发展模式

当前，我国传媒业的全媒体发展主要体现在三个方面。一是传统媒体实现全媒体转型。传统媒体依据自身内容优势资源，向网络、手机媒体、移动终端、户外屏媒体等新媒体领域进军，通过采编、传播流程再造，达到传统媒体与新媒体之间的聚合与互动。比如，一些平面媒体积极进入数字领域，丰富纸媒表现形态；一些广电机构利用原有的音视频资源优势，大力发展新兴媒体，组建多媒体中心，朝着全媒体业态迈进。二是新兴媒体全方位发展。网络新兴媒体致力于数字技术平台打造，不断优化 Web2.0 的技术呈现，丰富图文和音视频内容生产，拓展多媒体传播渠道，在更高层面实现视频、音频、图文全方位发展的运营和盈利模式已经形成。三是多媒体竞合成为传媒业发展的选择。新旧媒体、不同市场主体乃至媒介和其他相关行业在竞争态势下开始走向合作。新一轮的广电媒体联盟侧重于传媒产业链上下游传媒企业实施战略联盟、跨媒体跨区域合作与制播联盟，以整合经营资源，补充延伸产业链，实现效益最大化。新媒体机构则注重与更多的机构与团体建立战略合作伙伴关系，并建立拍客联盟、原创联盟等，多媒体竞争已经成为日益凸显的趋势。综观我国典型的全媒体发展模式，主要包括"全媒体新闻中心""报网合一""台网融合""中国移动多媒体广播电视"等。

1."全媒体新闻中心"模式

该模式主要以报业集团为代表。他们将旗下所属报纸的采访部门合并在一起，组建全媒体新闻中心，相当于集团内部的"通讯社"。全媒体新闻中心一般由三部分组成，一是总编室，在中心内部起新闻指挥作用，在子媒体间起协调作用；二是采访部门，负责日常采访；三是数据信息部，负责稿件标引、背景资料搜集、针对大事件的前期资料整理以及音视频素材的编辑整理。"全媒体新闻中心"的组建，优化了集团原有的产品生产流程，推动集团实现从报纸生产商向内容供应商转型。

2."报网合一"模式

该模式指一些报业集团建立了全方位、全天候的报网紧密合作模式，整合报纸和网络两个编辑部，两者紧密互动、界限模糊，作者队伍、稿件发布、资料库、话题征集、读者反馈，都可以在同一个网络平台实现。报网共用同一个编辑部，同一批采编人员，同时运行两种媒体形态，创造了"报即是网、网即是报"模式。同时，实现新闻在手机上实时发布，打造了报纸、网络和手机三合一终端的全媒体。"报网合一"在采编、发行、广告等环节实现全面结构融合，形成了一体化运作机制，逐渐将数字化内容发展成主产品而不是衍生品。这类方式也正在不断演进中。

3."台网融合"模式

该模式是目前广电部门发展新媒体的普遍做法。一般是广播将信号同步网上直播，实现广播频率、门户网站、有线数字广播电视、手机广播电视、平面媒体五大终端的融合。广播与网络第一时间同步发稿，图文、视频多媒体传播，相关议程及时通过社区 BBS、博客、微博等实时互动，实现广播与网络传播策划、采访、编辑、发稿、互动等环节一体化高效运行。电视台与互联网的结合更是如虎添翼。从 2006 年开始，各大电视台纷纷开始运作台网合作项目。目前，湖南、江苏、浙江、安徽等地方广电系统都建立了自己的网络平台。电视平台和网络平台的内容互为所用，形成台网通融的平台，一方提供内容的深度整合，一方提供具有忠诚度的用户。用户不再是传统媒体中的受众，拥有极强的自主性。

4.中国移动多媒体广播电视（CMMB）

这是国家从 2008 年起全面推进的我国自主创新的广播电视新技术。从 2009 年 7 月的文化产业振兴规划到 2010 年 1 月 13 日国务院常务会议加快推进电信网、广播电视网和互联网三网融合的决定，我国一直致力于利用 CMMB 新技术，大力发展适合移动人群使用的新媒体。我国已建成全球最大的移动多媒体广播电视网，截至 2011 年底，移动多媒体广播电视已基本覆盖全国 336 个地级以上城市、855 个县级城市，终端用户超过 3500 万，付费用户达到 1600 万。移动多媒体广播电视的特点是通过卫星和无线数字广播电视网络向七寸以下的小屏幕手持终端，如手机、PAD、MP4、MID、数码相机、笔记本电脑及在车船上的小型接收终端点等，可以随时随地地提供广播电视服务，搭建视频、音频、图像、文字"四位一体"的全媒体系统。

总体来讲，这几种典型的全媒体发展模式，都是根据不同媒介机构的传播特性和市场定位来进行整合的全媒体平台。通过灵活多样的信息传播模式，全媒体充分发挥了其综合处理信息的能力，将信息传播发挥得更加有效合理。应该说，这几种模式的探索都是有效的，但都有限。因为真正的全媒体需要更广更深的资源整合。

二、对全媒体的全面解读

（一）宏观视角下的全媒体

1. 全媒体是一种全新的观念

它不仅表现为各种媒介形态的综合，也表现为不同的媒介表现形式的综合应用，还应该是媒介内容生产方式、营销方式、媒介内容、传播手段及消费方式等各方面的综合性应用。现代传播技术的迅猛发展已经表明：任何一种媒介形态都在不断地变化，并呈现出加速融合的趋势，不同的媒介形态与媒介要素可能内化成企业的一个部门或一个生产阶段，这使不同媒体的生产流程逐步由独立走向统一。基于此，全媒体是建立在媒介融合基础上的观念革新，使任何一种新媒介或跨媒介的产生成为可能，它的出现，从观念上改变了人们对传统媒介的认识习惯。

2. 全媒体是新的信息生产方式

过去，人类信息生产是通过生产工业的专门化或专业化的方式来完成的。在此基础上形成不同的媒介形态，如报纸、广播、电视，因生产方式的不同继而形成不同的媒体生产部门。在具体的媒介内部，又因分工上的差异进一步细化，如对报纸而言又分为编辑部、记者站等。全媒体则打破了这种分工的状态，是以传播对象的专门化、受众对信息的不同需求为基点组织内容生产的，在此种情况下全媒体更像是一个资源平台，能够满足不同受众的需求，进而组合成不同的媒介内容。

3.全媒体是新的传播手段

信息与通信技术的迅猛发展促使人类的传播观念发生转变，催生了全媒体的出现。全媒体综合运用文字、声音、图像、音频、视频等方式全方位、立体化展示传播内容，也综合运用广播、电视、报纸、网络、手机等传播手段来传播信息，充分调动人的感知器官综合参与对信息的认知。总体来说，在技术能达到的范围内，全媒体能够不断跨越现有各种媒介的固有障碍，实现对媒介信息传播手段的超越。

4.全媒体是新的媒介形态

传统的媒介形态强调各自为营、独立运作。而全媒体将传统媒体与新兴媒体整合为一个整体，架构起几乎包含所有媒介形式的传播状态。它所呈现出的是让人耳目一新的状态，无论是传播主体还是传播渠道，无论是传播内容还是传播方式，都可能成为全媒体形态的构成要素。综上所述，全媒体是"媒介融合"的产物，这个概念的产生与通信技术和信息技术的发展密切相关，从"跨媒体""新媒体"逐步衍生而成。它是一个集合概念，主要指"通过不同媒介间的交融和媒体发布通道的多样性，在全媒体的环境下，使受众获得更及时、更多角度、更多听觉视觉组合的信息阅读体验"。

（二）批判视野下的全媒体

为了应对新媒体的冲击，传统报业纷纷选择了全媒体转型，但是对这种新的发展方向，究竟该怎么走，走向何方，引起学界跟业界思考。有研究者撰文表示，目前报业集团的全媒体转型，因对整体环境（竞争对手）的研判和控制、自身流程改造步骤及方案、新媒体产品框架及盈利模式都未明朗，属于不安全动态博弈。有研究者称，全媒体的前提是一个传媒集团拥有多种不同的媒介，有多种内容的传播渠道，按照流行的话语来说，就是"什么都有"。但是，传媒集团的全媒体发展道路不是拥有的媒体越多越好，也不是种类越多越好，而是精，尽量形成某个媒介的核心价值，占有产业价值链的关键一环。然而，全媒体是不是报业发展的必经之路呢？许多的专家学者也提出了质疑，彭兰教授在其文章中提出了四大问题：全媒体新闻如何才能成为融合新闻？"背包记者"是否是融合时代理想的记者？全媒体化是否是媒体产品发展的唯一思考？全媒体化是否一定要构建全媒体平台？在新媒体给传统媒体带来越来越大挑战的今天，传统媒体在深入分析自身优势的前提下，结合自身的客观实际，提出了全媒体发展战略。传统媒体的全媒体发展战略要立足于打破现在制约其自身发展的行业化分割和区域化分割，进而充分发挥规模经济和范围经济效应。

但是目前很多对全媒体的理解仍各不相同，有的把全媒体完全等同于新媒体，有的则

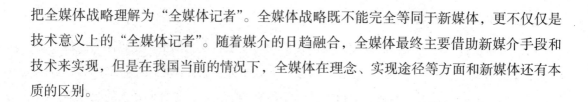

把全媒体战略理解为"全媒体记者"。全媒体战略既不能完全等同于新媒体，更不仅仅是技术意义上的"全媒体记者"。随着媒介的日趋融合，全媒体最终主要借助新媒介手段和技术来实现，但是在我国当前的情况下，全媒体在理念、实现途径等方面和新媒体还有本质的区别。

第二节　全媒体时代的特征

一、全媒体的基本特征

（一）全媒体的系统性

全媒体可以是多媒体融合发展的表现形式，也可以如传统媒体一样，呈现单一表现形式，在整合运用各媒体表现形式的同时，全媒体仍然很看重传统媒体的单一表现形式。传统媒体在全媒体体系中占有非常重要的位置，是全媒体的有机组成部分。此外，全媒体的组合是系统有序的，强调对各种信息资源的统一发布，通过统一平台，实现一次性无缝采集所有信息资源。

（二）传播媒体形态的融合性、开放性

总体来讲，全媒体不是跨媒体时代的媒体间的简单连接，不是各种媒体的简单组合，而是共存互补、有机结合，强调的是各种媒体介质的融合。全媒体不仅将新闻领域的相关信息加以整合，同时将传播技术、传播形式和手段、营销方式等全方位整合。通过融合不同的媒介载体形式、内容形式以及技术平台，形成传播技术、内容、渠道、营销的集成体。

此外，全媒体传播的最终形态应是所有人对所有人的传播。这一方面需要全媒体内容数字化、渠道网络化，适应当下生活潮流；另一方面需要表现形式多样化和操作使用人性化，适应当下受众碎片化的趋势，针对受众个体提供超细分服务。总之，全媒体能用更经济的眼光看待媒体间综合运用，以求实现投入最小、传播最优、效果最大的目的。

由此可见，随着媒体之间的不断融合与渗透，全媒体在发展过程中的开放性与包容性特点也更加突出，人们获取信息内容的渠道更多、选择性更强、速度更快。

（三）媒体传播与接收方式的多元性、可选择性

在全媒体背景下，媒体传播形态是多样化的，且随着全媒体技术的不断发展，所有的信息都可以通过包括手机、互联网或电视在内的多种媒介传播，人们也可以通过多种媒介接收或获取信息。同时，人们又能够选择适合自己的媒介传播方式获取信息和传播信息，其选择性明显增强。但是，也容易出现盲目性选择的问题。

（四）媒体传播内容的丰富性、大众化

随着互联网技术与全媒体技术的发展，网络所提供的信息源为海量内容，多种多样、纷繁复杂、开放性强，可供人们根据自己的需求与爱好自主选择。

由于全媒体提供多层次与多方式的媒体传播形态，能够满足不同层次受众的细化需求，因此，媒体的传播特点呈现大众化趋势。受众不仅能够根据自己现有的条件、不受时空限制地参与媒体的传播活动，能够更加及时地获取视听等方面的媒体体验与快乐，而且受众会更广泛，并且受众也乐于接受，传播速度也非常快。但在这种情况下，人们很容易产生依赖心理。

（五）媒体传播的互动性、受众的自主与平等性

全媒体打破了传统媒体传播的主体与客体之间的单一主动与单一被动关系，使得传播的客体也具有了接收信息的积极性和主动性以及与该传播的主体或其他传播的主客体进行交互信息的积极性与主动性。其中的传播主体为传播者或信息发布者，传播客体为受众或信息接收者。当传播的客体在向他人发布信息的时候，该客体就变成了传播的主体，即传播者，而促进全媒体上述突破性变革的物质性条件就是互联网技术的广泛运用。借助于互联网技术，传播媒体形态的互动性功能不断增强。诸如，网上购物、QQ聊天、微信对话、电子邮件等都显现出互动性特点。同时，在互动过程中，每个人的地位都是平等的，能够自主选择媒体信息内容、自主选择交流对象或传播客体、自主地发布信息。

二、全媒体时代的表征

（一）媒介网络化

全媒体时代最重要的特点是媒介网络化。无论是传统媒体还是新媒体，都不再以单独的方式呈现，而是转变成了一个网络。不仅媒介网络化了，整个社会都被网络化了。众多的媒介开始向一个系统收缩计算机互联网。近几年来，互联网的影响力日渐突出，不仅用户规模逐渐扩大，而且网络建设的速度也持续加快。互联网的应用呈现出"媒介化"的

特点，无论是报纸还是电视都开始将互联网作为一个信息传播与内容服务的平台。在媒体内部的资源整合与流程再造的过程中，互联网扮演了重要的角色。互联网本身就兼具了文字、图片、视频、音频等多种媒体的表现形态，又同时兼具传播范围广、互动性强等优势，基于此，各种媒介都纷纷向互联网系统靠拢，形成一个庞大的网络。

正如历史上曾多次出现过的技术变革一样，互联网技术在社会中的广泛应用既会带来技术本身的进步问题，也会带来由此而引起的社会结构和人们思维方式、生活方式改变等一系列社会问题，如互联网上的言论自由问题，信息安全与治理问题、网络民意的表达问题等，对于执政者而言，其既要充分掌握与运用互联网，同时也需要对互联网进行规范，以促使它的正常有效运转。

（二）空间虚拟化

美国麻省理工学院教授尼葛洛庞帝在《数字化生存》中写道："计算不再只是和计算机有关，它决定我们的生存。"全媒体时代到来，人们将生活在由电子计算机、电脑网络等基于二进制数码原理的机器所构成的虚拟空间中。"比特将作为信息的DNA迅速取代原子而成为人类社会的基本要素，比特是数字化信息的最小单位，是数字化计算机中的基本粒子，数字信息是由一串串比特来代表的""出于实用的目的，我们把比特想成二进制中的'1'和'0'"。尼葛洛庞帝教授认为，在电脑和互联网迅猛发展的今天，人类正奔向突发巨变的临界点。人类的所有信息在电脑中将转化成"1"和"0"，在虚拟空间中人类可以实现在现实社会中的所有活动，包括购物、聊天、娱乐、交友，甚至是在网络上构建虚拟社区。

互联网突破了地球上时间、空间、地域与媒体的界限，使得各种信息都能以文字、图片、声音乃至动画、影像等各种形式传播，全天候在世界各地间海量、迅速、互动式地交流。在互联网中，信息的融合与冲突形成各种各样的信息圈或信息共同体，社会信息圈还会进一步演化成虚拟的空间，与现实的生活相对应，就构成了虚拟与现实的二重结构，人也生活在两个世界中。在由计算机、网络多媒体构成的虚拟世界中，人们可以自由地游览世界，可以对空间进行自由的选择、组合，人与人之间不必受地域的限制，可以拥有共同的信息，可以进行充分的对话。

（三）传播全球化

传播学家麦克卢汉曾经提出"地球村"的说法，今天由于互联网和通信卫星的出现，使这一说法转变为现实。同步卫星高悬在地球上空好比一个高约三万六千公里的超高电视发射塔，一颗卫星的覆盖面积平均相当于地球表面的三分之一，也就是说，只要是在赤道上空每隔 120 度发射一颗同步通信卫星，那么用三颗卫星就可以实现全球性的电视传播。卫星通信技术在边远地区通信、特种通信以及移动通信方面具有无法比拟的优势，而全球卫星通信网的建立使信息在瞬间就可以由地球的这一端传向另外一端。再加上互联网的不断普及，在世界范围内不断延伸，使整个地球变成一个小小的村落。

传播全球化是全媒体时代的一个重要特点，是国家之间在意识形态、文化方面的较量。各个国家的电视台都在按照自己的价值观念、文化传统与伦理标准来编制节目，吸引异国受众。互联网和通信技术的快速发展，推动了全球信息化的进程，同时全球信息网络的蔓延与媒介文化的泛滥也导致社会的信息环境遭受严重的污染。因此，在全媒体时代，面对信息传播的全球化，政府要具有掌握媒体话语权的能力，对内能够运用媒体进行主流价值观的宣传与教育，对外能够树立良好的形象，避免不良言论对社会发展造成阻碍。

第三节　全媒体传播环境

一、全媒体传播环境的综合特征

（一）融合性

全媒体传播注重多种传播手段并列应用。全媒体时代的大势所趋就是媒体融合，发展多种媒体有机集合的融合新闻，各种媒体机构的简单叠加将发展成真正有利于媒体运作的机构组织，媒体机构寻找新定位，构建适应多媒体需求的产品平台；媒体融合也离不开网民的互动和参与。全媒体传播具有集成性的特征，它将传播技术、传播内容、传播的形式和手段、营销方式等进行全方位的整合，从而形成媒体载体的新形式，能够实现同步性、多元渠道的信息传递，丰富受众的感官体验，增强互动性。

（二）系统性

全媒体传播的一个具体特点是全面，但面对不同的个体则有非常细致化的服务。如展示一个楼盘的时候，会分别用不同的媒介展示不同的方位来更多地满足顾客的需求；顾客则可在线观看样板间的三维展示及参与互动性的在线虚拟装修小游戏等。全媒体不是大而全，而是应根据需求和其经济性来综合运用各种表现形式和传播渠道。全媒体已经超过了跨媒体，就在于它用更经济的眼光来看待不同媒体形式的综合运用，以求投入资金和时间最少、传播效果和途径最优、获得收益最大。

（三）开放性

在全媒体传播环境下，海量的信息、传播的迅速、传播过程双向互动、跨地域跨文化传播、无中心传播、传播语言变异等特点都充分说明了全媒体传播环境的开放性，其要实现的就是"所有人对所有人"的传播。一方面，需要更好的表现形式和更加人性化的操作，能够更好地适应当下受众的碎片化阅读习惯，针对受众个体提供更好的服务；另一方面，需要全媒体内容更加数字化、相应的渠道更加网络化，更加适应当下的生活潮流。

（四）自发性

全媒体时代，传播主体和传播受众的角色定位将进一步模糊，传播者的身份伴随着媒体的发展而变化，信息的发布者可以成为信息的反馈者，而信息的反馈者可以成为新的信息发布者，传播媒体再也不是单纯的传播媒介，而是成了一种渠道。数码相机、DV 的发展，多功能手机的普及都使得信息的记录更加简单方便，打破了媒体对新闻采集的控制，使普通人也可以轻松地对发生在自己周边的事情进行记录。互联网 Web2.0 时代的到来则从技术上推动了"自媒体"的发展，使受众能够选择自己感兴趣的内容，而不再完全依赖媒体推送的新闻。论坛、微博、微信的兴起则培养了公众的主体意识，并提供了便捷的信息发布平台，使得公众也能够享有信息发布和分享的渠道，能够发出自己的声音，并且使自己的声音被更多的人听到，打破了媒体对新闻信息的建构和垄断，传者和受者的界限开始变得模糊，公众既是信息的接收者，也可能成为信息的发布者。

三、全媒体传播环境形成的原因

（一）丰富多样的个性需求提供了动力

随着社会的不断发展，人们在物质生活日益丰富的同时更加追求精神世界的满足，探索未知世界、了解未知领域是人类感官上的自然需求。在单一地传播媒体条件下，人类只能依靠视觉、听觉等单一感官获取外界信息，随着科技的发展和通信设备的不断进步，人们对信息全方位、多角度的传播形态的需求无疑为各媒体不断融合形成全媒体传播环境提供了空间和动力。人类社会从群居到以家庭为单位，再到个性的解放、受众的"碎片化"，表明受众的需求心理更加丰富、多元，并渴望获取更及时、更多角度、更多听觉和视觉满足的媒体体验，由此决定了媒介产品的多样性。在人类获取信息的过程中，限制信息传播活动的主要因素是时间和空间，因此，任何传播媒介的发展，首先是对时间或空间限制的突破。全媒体无疑实现了这样的突破。同时，全媒体将文字、图片、声音、视频等各种媒体表现手段融合起来，这些功能真正的核心就是重新审视和满足用户的体验，并在此基础上实现"大众平台"的建设。传播面更广的是老媒体，但精准度高是新媒体的特点。动静结合、全时在线、深浅互补、即时传输、实时终端、交互联动的特点，在某种程度上会消解传统意义上出现的媒体的严肃性和专属感，但强化了传媒关于信息流通传达的本质功能。在此基础上，全媒体所展现的功能更加丰富，形式更加多元，更能满足不同个性需求的受众群体。

（二）传统媒体的锐意改革奠定了基础

任何一种媒介形式都因某一群体的特定关注而存在，当这种媒介形式提供信息的方式及信息的内容无法打动关注的群体时，这种媒介形式将退出历史舞台。同时，借助新技术的兴起，媒介形式也会主动引导群体转型以保证持久的关注。借助数字技术，新媒体在传播信息、知识上的优势让传统媒体在不同程度上望尘莫及，同时也给传统媒体带来将要失去群体关注的沉重压力。而传统媒体日积月累的品牌效应却是新媒体无法相比的优势，也就是说既成的群体特定关注程度不会很快消亡，并且传统媒体并没有因群体关注度优势而止步不前，因为社会发展到今天，只有差异化、特色化的内容才能真正掌控行业话语权和主导权，才能保障群体的持续关注。因此，传统媒体进军新媒体领域并进行锐意改革，它们在保留传统媒体资源的同时，融合新媒体手段重新转型，并引导受众共同转变关注方式，同时也把失去的受众重新集结。与此同时，新媒体华丽的外表下也需要填充更加丰富的信息，新鲜感过后的失落是新媒体失去关注的最大原因。在整个全媒体的推进过程中，传统媒体针对表现形式进行了补充以改进无法吸引群体关注的缺陷，融合新媒体形式提供了更多的资源整合、平台互动、后台保障等功能，提升了品牌的持久影响度和对受众的吸引程度。而新媒体则实现扬长避短、优势互补，把短期的新鲜感变成习惯性，不断整合信息内容和创新信息传播形式，这无疑使受众从信息的获取形式到信息的具体内容方面都得到了满足。因此可以说是传统媒体的转型推动了媒体间的融合并形成了全媒体传播环境的基础。

三、全媒体传播的产业实践

（一）国外传媒集团的跨媒体战略成效显著

自 20 世纪 90 年代开始，随着信息技术的快速发展，西方传媒巨头已窥见传媒数字化的发展趋势，为维护并扩大其垄断地位，纷纷逐步实施跨媒体战略转型，一些跨国传媒集团的跨媒体运营目前已相当成熟并卓有成效。如，创办于澳大利亚的新闻集团以先进的战略思维，凭借既有优势，及时抓住信息技术快速发展的机遇，连续实施跨国、跨媒介并购，成为全球跨媒介经营的成功范例。英国的BBC已成功实现在统一的编辑部中，对先前独立运作的电台、电视台和网站的新闻采编业务加以整合，尝试开展全媒体化的"360度采编"。

虽然国外传媒界除了"跨媒介"以外尚未提出与"全媒体"对应的概念，但国外先进传媒机构的跨媒体运营通过新闻信息的多形态呈现、多媒介传送、多终端阅读，实现了内容的多次销售，从而获得了内容产品尽可能多的增值机会，实际上体现的就是我国传媒界今天所说的全媒体的新闻生产理念。

（二）我国媒体积极开展全媒体运营的探索与尝试

近年来，我国各类传媒也积极响应媒介融合的发展趋势，在政策推动下，积极进行全媒体运营的探索和战略布局。在信息传播数字化背景下，媒介融合已是大势所趋，对于传媒机构甚至传媒产业而言，媒介融合不仅是挑战，更是新的发展机遇。因而，要在未来的传媒竞争中占有一席之地，传媒机构必须积极面对媒介融合趋势，积极思考自身发展战略的转型与布局。目前我国业界的全媒体传播的实践仍处于起步与探索的阶段，虽然一些媒体已先行先试，进行着自己的全媒体实验，但还没有太多成功的模式和经验可供一般传媒机构借鉴。作为各级传媒机构仍然要根据自身资源条件，思考自己该如何应对媒介融合的发展趋势，形成适合自身发展的全媒体运营战略。

（三）人际传播与大众传播相结合

在人人网中，信息主要是通过人际传播方式进行扩散的，即以人际传播为出发点，经由群体传播和群体间传播，最终实现大众传播。这就成功地将个性化信息以大众传播的方式进行扩散，成为真正展现自我价值的"自媒体"。但同时凭借着好友关系的保障，个性化信息可以得到快速、大规模的传播，又使其具有了大众传播的效果。网络的出现使人际传播进入一个完全不同的时代。然而，早期的网络人际传播只是单纯地扩大了虚拟世界的人际关系范围，而现实世界中的人际传播范围却逐渐缩小。但是，社交网站的出现逐步打开了封锁人类的"盒子"，使人际关系"重新部落化"，并日渐实现虚拟世界与现实世界的融合。

第四章

全媒体环境下高校思政教育的属性

第一节 全媒体环境下高校思政教育的属性分析

一、全媒体作为思政教育的环境

（一）全媒体环境对思政教育起着潜移默化的作用

包括手机、网络在内的多种多样的全媒体形态已经出现在人们的生活、学习和工作等领域，时时刻刻影响人们的思想观念、生活方式、学习方式和工作方式等，也对包括大学生在内的人们的思想道德的培养与思政教育工作具有重大影响。这种影响在很大程度上是人们在获取媒体信息内容的时候主动或被动、自觉或不自觉地接受的。因此，全媒体环境下的思政教育需要充分利用全媒体环境的功能与作用，让大学生在全媒体中受到"浸泡"，要力争多接近全媒体的正面文化。

（二）全媒体形态传播内容所形成的舆论环境效应

全媒体形态通过传播信息会形成一定的舆论导向环境，引导人们的态度与思维方式或行为过程。良好的舆论环境能够引导和催人奋进，不良的舆论环境会阻碍思政教育的顺利开展。一旦社会成员认识到全媒体所传播内容的价值取向的时候，人们大都会趋利避害，在无形的压力下积极选择适应和接受社会发展的主流价值观，从而促进思政品德的健康发展。为此，要充分运用全媒体舆论环境加强大学生"三观"教育，提升大学生的综合素质。

二、全媒体作为思政教育的介体

在大学生思政教育过程中，全媒体作为教育介体，是指教育者把全媒体视为教育的方式或手段，即综合运用全媒体形态、各种多媒体传播手段，以及全媒体技术向受教育者传播思政教育的信息，让大学生在接收信息的同时接受思政教育的熏陶。

全媒体作为教育介体，是现代大学生思政教育进一步改革深化的客观需要。运用全媒体教育介体进行思政教育，必须要注意综合运用全媒体的形态以及多媒体传播手段与全媒体技术，必须注意传播手段的综合运用、传播方式的多样化、传播内容的丰富多彩；要在注重思政教育的系统化与科学化的进程中，扩大思政教育的全民性或普及面，不断增强工作的实效性，通过提高全媒体形态传播的持续性与覆盖率来强化全媒体的思政教育服务功能。

三、全媒体作为思政教育的平台

（一）全媒体带来高校思政教育载体创新的主体要素

全媒体条件下，高校思政教育的主体既包括传统意义上的教师主体，也逐渐将大学生置于主体地位。全媒体既带来了高校思政教育主体的新平台、新途径，又带来了其工作能力的新要求。在传统的思政教育载体形式下，主体对大学生的思政工作主要是通过课堂教学、课堂讨论、座谈会、主题班会、实践教学、个别谈话、个别活动创设、各种实物和口号性的宣传等方式进行的，大学生往往只是处于客体的、被动的地位，他们的参与积极性不够高，教育主体对大学生的思想状况、政治鉴别能力的判断往往不够全面和准确。传统载体的一对多形式，也很难关照到每个学生的个性化思想，大学生的思想动态和需求很难进行即时的反馈，因而难以达到对大学生进行思政教育的效果。

全媒体条件下，教师可以通过网络教学平台、网络互动平台、手机网络终端、微信微博交流平台、数字电视等平台进行思政资源的新整合，让大学生利用学习和交流的新载体，便捷快速而有效地获得信息、提供信息，也在潜移默化地渗透性教育中获得思政素质的提高；大学生可以在虚拟世界中敞开心扉，打破传统的教师与学生的主客体划分界限，突破面对面教育的一些"难言之隐"，不受拘束地表达情绪与心理状态，在教师和学生间可以轻松架起沟通信息和掌握动态的桥梁，便于促进积极教育、个性教育、自我教育的开展。但同时，这也带来了高校思政教育主体能力提升的需求，需要不断增强他们的全媒体素养、全媒体技术，让他们能够从新的方法途径上加强对话，不受阻碍地进行沟通和交流，使得教师能够具有先导性地设计一些新载体活动，加强潜移默化式的、常态化的教育能力的提升，使同学能够主动参与思政教育活动，参与自我管理、自我教育的过程，发挥在载体活动设计、实施、反馈与调整等过程中的主体作用。

全媒体既带来了高校思政教育主体的高效率、实效性，又带来了工作的无屏障化、无序化。全媒体不受时间、空间和气候等条件的限制，承载信息多，传播速度快，覆盖范围广，方式方法多，可以实现瞬间的到达和即时的回应。全媒体为高校思政工作者进行大规模、快速化、主动性的正能量传播，高效率地传播正确的思想、政策和理论提供了有效的平台，而且还可以避免信息衰减和失真，避免信息传输过程中的阻塞和变形，快速实现与大学生的对话，促进了主体的平等性。但从另一方面来说，全媒体也带来了信息传播的无屏障化和无序化，教育主体很难构筑起过滤或阻止一些无效信息和负面信息的有效"屏障"，无法规范鱼龙混杂、良莠不齐的海量信息，难以把握对信息的筛选，尤其大学生主体，他们涉世未深、思想不够成熟、经验不够丰富，对问题还缺乏全面、深入的了解，甚至有时候难以分辨真假黑白，容易盲从盲信，无法在"资讯轰炸"的情况下找到正确的方向、坚持正确的立场、做出正确的选择，甚至有些人进行了历史虚无主义的解读、非理性的判断，进而散播谣言、参与不良事件等。无屏障化和无序化是影响主体能力发挥的重要因素。

（二）全媒体带来高校思政教育载体创新的客体要素

全媒体环境下，大学生生活方式的快餐化、便捷化、虚拟化和对现实生活的逃避化倾向的矛盾。全媒体带来了生活的便利，大学生可以通过网络轻松完成消费、活动的许多环节，生活的便捷度越来越高，他们越来越依赖手中的手机、各种各样的应用程序，依赖互联网或物联网的生活，甚至出现了许多虚拟化的生活社区，更有甚者变了"僵尸族""低头族"。但从另一方面来看，当他们改变了手机和网络的工具理性之后，就变成了"异化"的对象，往往表现出对现实生活的无趣感、对现实生活实践的逃避感。

全媒体使大学生拓展了人际交往空间，却带来了潜在的人际交往障碍。全媒体环境下，大学生获取知识的主动性与全媒体知识内容的碎片化的矛盾。传递知识、探索未知是高校的责任，也是大学生自己的责任，大学生在全媒体的推动下，可以轻松获得海量的知识信息，轻松完成学习的各个环节。全媒体提供的诸多搜索引擎几乎没有"不知道"这个结果，老师在课堂上的讲授，他们可以通过"搜索"轻松得到答案，这一方面拓宽了大学生获得知识的途径，提高了获得知识的效率，加强了大学生获取知识的主动性；但另一方面来看，大学生也面对着海量信息和知识的无序化、碎片化、非体系化，甚至是片面化的影响，难以让自己通过系统学习的引导获取体系化的知识，特别是在大学生正处于思维和思想都不成熟的阶段，更容易片面理解、断章取义，甚至出现走极端的现象。

全媒体环境下，大学生主体意识强化、网络民主觉醒和一定程度上的价值取向混乱、道德情操淡化的矛盾。一方面，大学生可以担任全媒体主体的角色，他们的民主意识正在逐渐觉醒。网络民主作为全媒体的产物，把大学生作为草根的声音以"滚动散发性"的方式逐渐散出，他们广泛参与一些社会事件的意见表达，增强了民主主体的意识，带来了民主参与的积极性。另一方面，大学生在"慎独"不足和自律性不够的情况下，又缺乏"他人在场"的监督，在道德、价值和法律观念尚未成熟的前提下，容易出现价值取向的混乱，有些大学生甚至出现道德情操低下的情况，出现民族认同、国家认同的危机感。

第二节　全媒体环境下高校思政教育的主体分析

一、思政教育主体

（一）思政教育主体的内涵

思政教育过程中提到的主体是从马克思主义哲学意义上讲的，是指依据一定社会或阶级的要求，对思政教育对象的思想品德施加教育影响的个体或群体，是思政教育活动的发动者、组织者和实施者。

（二）思政教育主体的特点

思政教育主体作为教育过程中能动的因素，它具有鲜明的特点。第一，阶级性。马克思曾指出："统治阶级的思想在每一时代都是占统治地位的思想。"第二，主导性。教育者在思政教育过程中处于支配地位，起着主导作用。第三，客体性。思政教育者的教育活动受思政教育对象和环境的制约，被客体所审视。这是在思政教育过程中主体客体化的典型表现。

（三）思政教育主体的客体性

马克思指出："教育者本人一定是受教育的。"有人也曾以此强调主体性，因为这意味着有另一个主体来作用于教育者。但是，马克思这句话无论如何也引申不出教育者要受受教育者的教育这样的意思。一方面，教育者本人有一个成长过程。在受教育阶段，教育者还不是主体，而是教育的客体，成长后可以转换成主体，成为教育者，这时他要教育其他客体。另一方面，教育者本人还要受继续教育，从而是具有客体性的主体。显然，思政教育的不幸就是主体的思政教育没有得到客体的认同，没有使客体成长为同质的主体。而要使思政教育得到客体的认同，主体和客体必须是同一个阶级的人，主体本身还必须以身作则，身体力行，成为能够鼓舞和推动客体前进的人。

因此，要抓好高校的思政教育，首先要抓好高校的教师队伍建设，必须淘汰那些从事反面思政教育的教师，尤其思政理论课的教师。对于专业课的教师，如果他是可以替代的，就用思政意识合格的教师替代他；如果他是不可以替代的，就对他进行批评教育，转变其思想观念，或者加强教学监督，增加相应的思政教育活动，消除其负面的影响。其次，要抓好高校教师的思政教育工作，使教育者接受（继续）教育。要求各地党委书记和有关部门党组书记去抓好高校教师的思政教育工作，使高校教师成为合格的即能履行党的思政教育方针的主体。

只有这样，高校教师才会主动地履行思政教育主体的职能，按照习近平同志的重要讲话精神，去"加大对学生的认知规律和接受特点的研究，发挥学生主体性作用"。只有这样，高校教师才会"不断增强思政课的思想性、理论性和亲和力、针对性"。只有这样，高校教师才会主动地去"学原著、读原文、悟原理"，不断增强自己的马克思主义理论水平，"以透彻的学理分析回应学生，以彻底的思想理论说服学生，用真理的强大力量引导学生"。

二、全媒体时代思政教育主体面临的困难

（一）思政教育工作难度提升

全媒体环境下信息传播迅速便捷、信息内容碎片化、观点多元化以及信息传播呈现出高度自由和随意等特点，给对信息分辨和判断能力尚不够健全的高校学生带来了极大冲击，对他们人生观、世界观、价值观的形成和塑造造成了较大影响。我国当前正处于向信息社会过渡的加速转型期，网络空间里各种信息纷繁芜杂、良莠不齐，思想观点多元迸发、激烈交锋，各种不良的社会思潮利用全媒体技术广泛传播，无形中消解了高校思政教育思想引导的功能，再加上某些西方国家借助于全媒体平台，以更加隐蔽多样的手段推送各种信息和利己主义、享乐主义等价值观，试图颠覆我们的主流意识形态和主流价值观，这种情况下如果不能及时地加以正确引导和教育，大学生很容易产生认知扭曲和价值偏离，甚至出现政治信仰缺失和意识形态危机。全媒体在价值导向方面影响力的不断增强无疑增加了高校思政教育的难度。

当然，全媒体环境是科学技术不断创新条件下思政教育环境演进的一个特定阶段，它

在给思政教育工作带来挑战和负面影响的同时，也在很大程度上为开展思政教育工作提供了新的条件和机遇。全媒体环境下，思政教育工作的开展可以变得更加多元化，较好地克服传统媒体传播环境下思政教育方式相对单调、单向、平面化等问题，使得思政教育工作更加深入、丰富、细化，相对能够更为有效地解决学生的学习、思想和心理问题。但是，不可忽视的一点是，在达到提升思政教育实效这一目的的过程中，学生关注的内容越来越庞杂，而且对信息的价值取向呈现明显的发散性。

（二）思政教育传统的育人功能受到冲击

高校思政教育工作者在大学生成长成才过程中扮演了极其重要的角色，教育主体综合素质的高低直接影响着思政教育的效果。在当今信息技术高度发展的全媒体时代，高校思政教育工作者作为教育主体的角色定位并没有发生根本性的改变，但其主导地位有所动摇的情况却不容忽视。在传统的思政教育工作理念和教育模式下，教育者所拥有的知识、信息在质和量上都有压倒性的优势，学生多为单向被动地接受。但在全媒体传播形态下，单一的信息传递方式被打破，传播者和受传者具有平等地位和很强的双向流动性，每个用户都是传播者和受传者的集合体，大学生的参与意识和话语权空前增强，他们不但积极地搜索、推送信息，还主动参与到信息的创造和传播过程之中，这种参与的过程激发了大学生的主体价值意识和自我教育意识，大学生更趋向于相信自己的独立判断，他们的思想活动和思维模式不再拘泥于传统，对权威不再盲从，而是服从于自己的感觉、认知和观念，成为思政教育体系中积极活跃的一部分，这促使思政教育者和受教育对象的相互关系发生深刻变革。

全媒体时代的到来，意味着一个媒介化生存时代的生成，身处其中的人和工作都不可能摆脱其带来的影响，乃至"人与媒"之间的关系逐渐成为这个时代作为一个人的社会属性的组成部分。全媒体传播技术的迅速发展使得思政教育的方法手段更加灵活多样，在客观上拓宽了思政教育的平台和途径，并且通过文字、图片、视频等多种方式使得这项工作的内容和方式更加丰富多彩，但与此同时，对思政教育主体的媒介素养也提出了更高的要求。由于全媒体的载体技术含量较高，高校思政教育工作者除了应该具备过硬的政治素养和道德品质、全面的知识结构和工作能力之外，还需要具备适应全媒体传播和发展要求的媒介素养。只有具备较高的媒介素养，才能更好地适应全媒体带来的挑战，才能担负起对全媒体信息的解构和建构的重任，才能增强思政教育工作的实效性。当前的高校思政教育者，尤其年龄偏大的群体，在相关媒介素养方面与全媒体环境下的思政教育工作要求上还有一些差距，在运用网络为主的技术教育方面尤显不足，其能力有待提升。

（三）思政教育的组织领导工作变得更加复杂

思政教育环境作为思政教育工作的基本构成要素之一，具有一定的独立性，具有对于教育对象的导向功能和感染功能，以及对教育效果的强化功能。同时，又由于它与其他要素紧密联系在一起，对于教育者以及教育内容、教育方法等也都有着很大的影响。

全媒体环境给思政教育增效带来了诸多便利的同时，也使得思政教育的组织领导工作变得更加复杂。全媒体环境的一个重要特征是自媒体的能量得到充分的释放，虽说教育者和受教育者这种一对多的关系依然存在，然而对于从事思政教育的教师队伍而言，传统的近距离、面对面的工作形式已相对成熟，倚重传统的教育模式已经很难提升其教育效果，而对于全媒体的认识和利用还处于适应和探索阶段。全媒体是一种自媒体，在网状结构的媒介平台上，每个人既是信息的接收者和消费者，又是信息的创造者和传播者。再加上全媒体具有即时性、裂变式的传播特点，信息的接收和传播过程非常迅捷，而且以微信为代表的传播方式还具有私密性和隐蔽性。对信息终端难以控制的特点，在一定程度上更增加了把握学生思想动态的难度，组织领导思政教育工作也由此变得更加复杂。

三、全媒体时代思政教育主体面临的机遇

（一）思政教育资源的共享

全媒体时代各种信息传媒层出不穷，它的超大信息量使思政教育内容丰富而全面，具有更多的客观性和选择性。同时，全媒体的即时性克服了传统媒体信息传递时效性比较差的缺点，使思政教育工作者可以在第一时间内把信息资源通过专门的网站、网页、电子邮件等传递到网络空间，供学生浏览、学习大大提高了教育和工作的效率。

全媒体的不断发展使思政教育内容的形态从平面化走向立体化，由静态变为动态，从现实走向网络。思政教育工作者可以通过面对面的形式，也可以通过手机媒体、电脑网络媒体与大学生进行交流、沟通。大家都处在一个虚拟的世界中，彼此既"熟悉"又"陌生"，无论是发言者还是回复者，大家都是平等的，彼此可以建立联系并互相交流信息、传播信息，使大学生思政教育克服传统空洞乏味的缺点，朝着形式多样、生动活泼的方向发展。

全媒体也扩大了思政教育的覆盖面和影响力，使大学生通过全媒体获得广泛的社会信息的同时，也能接受思政教育信息，受到思政教育的影响，从而不断提高思想道德素质，极大增强思政教育的影响力和有效性。

（二）思政教育工作手段的创新

传统的思政教育过程主要是建立在课堂、书本上，教师充当教育者的角色，教育手段

较多地采用摆事实、讲道理的方式，更多地局限于"照本宣科"的讲授方式，教育主体与受教育客体之间只是一种传输与被动接受的模式，使得思政教育的空间变得狭窄。全媒体的出现改变了思政教育受限的尴尬局面，思政教育的理念和内容以全媒体为载体展现在受教育者面前，改变了传统思政教育受教育者只是被动地接受教育主体教育的单一模式，使得一个教育者对应多个受教育对象的新模式成为可能。

在全媒体时代，手机信息、博客、网络论坛等因其灵活、快捷等特点日益成为崭新的思政教育工作的载体和手段。对于大学生的思政教育，不必按传统方式在规定的时间到规定的场所进行，而是可以通过移动通信网络和电脑互联网等途径来进行。较之传统的思政教育，全媒体作为思政教育的载体，使思政教育知识、价值传播手段更为灵活、丰富。网络全媒体运用多媒体方式，将声音、文字、图像、视频、数据等多种通信媒体集合为一体，给受教育者带来了全新的视觉和听觉感受，其所独有的感官刺激功能使得受教育者在愉快的氛围中认识和学习思政教育的内容，体味思政教育的理念。它改变了传统的、单一的听觉感受，使得受教育者的学习积极性明显提高，学习效果提升更加显著。同时网络全媒体的多种展现方式能够更好地激发受教育者的想象力和求知欲，调动了受教育者的积极性和自主性，从而使得思政教育理念能够更好地渗透到受教育者的内心，通过内化的方式实现受教育者思想质的转化和飞跃。

（三）思政教育工作方式的改进

思政教育信息传授应建立在教育者与受教育者互动基础上的思想观念与情感意识的交流过程中。但传统的思政教育采用较多的是单向灌输的方法，生硬地把社会要求的思想观念、道德规范传授给受教育者，忽视了受教育者的需求和接受能力，使受教育者处于从属地位，抑制了受教育者接受教育的积极性、主动性和创造性。

全媒体的交互性赋予了思政教育平等交流的权利，提供了互动交流的便利。这种平等互动交流的方式为大学生创设了接受思政教育更宽松、更自由、更愉快的学习交流环境，使大学生可以自由地选择自己所要学习的内容或自己想要获取的信息，并且可以及时方便地参与信息的反馈与再创造，使自己教育自己成为常态和可能。在日常的学习和生活中，大学生可能接触不同的价值理念和价值形式，面临无法排解的困惑时，不必因不方便求教于人而独自纠结，可以通过论坛交流、辩论等多种方式展开积极主动的思想交流，在思想交流中实现自我意识的转变，从而形成更加符合社会发展要求的思想观念，在多种思想的碰撞当中树立正确的价值观念，从而能够极大地增强思政教育的效果。

（四）思政教育可接受性的增强

在思政教育工作中，教育者与被教育者之间的信任程度是影响和制约教育效果和教育质量的重要因素。在传统的思政教育关系中，教师总是处于"我讲你听、我打你通"的居高临下的地位，这就使大学生往往不愿意向教师讲真话，师生之间缺乏有效沟通与良性互动，导致大学生思政教育效率低下。

全媒体作为一种现代化的交流平台，打破了现实世界与虚拟世界之间的界限，从根本上改变了人们的交往方式。角色虚拟使交往者保持着相对平等的心态，平等地利用论坛、QQ等工具，自由地畅谈自己的思想、观点，对自己感兴趣的话题发表真实的建议和看法，赞成什么、反对什么，都可以在网络中表达，畅所欲言。因此，在思想感情传达上，交往者可以直抒胸臆，容易达到交往的较深层面。全媒体条件下教育者与受教育者的交流也是如此。借助手机短信、博客、论坛等全媒体，能够减少大学生的思想顾虑和心理负担，使其敞开心扉说实话，自由发表意见、观点。因而也带来了双方在人格、权利和地位上平等的感觉，有利于形成一种融洽轻松的氛围，从而消除师生之间的隔阂，增强师生双方的信任程度，使思政教育能产生良好的教育效果。

四、全媒体环境对大学生思政教育主体的影响

（一）大学生思政教育主体的地位

1.大学生思政教育的主体与主体性

马克思和恩格斯指出："主体是人，客体是自然。"而在哲学范畴意义上的主体，理应是"有目的、有意识地从事实践活动和认识活动的人"。那么，按照一般的通说，从人的实践性角度、主客体关系角度、狭义的角度，具体地、有条件地考察，大学思政教育的主体是指教育者，客体是教育的对象，即受教育者。而教育者和受教育者又都各自有自己的主体性，只是二者的主体性含义不同：教师的主体性就是指教师要充分发挥主观能动性，充分利用其主导地位，以生为本，从学生实际出发，主动、创新性地组织和教育学生开展思政教育；大学生的主体性就是指学生要发挥主观能动性，自主学习、选择学习、自我思考、自我教育、自我探索和创新教育方法，自己吸收和消化德育知识，并自觉内化为自己的行为。

2.思政教育者的主体地位

根据一般的通说，思政教育者是指"依据一定社会或阶级的要求，对思政教育对象的思想品德施加教育影响的个体或群体"，也就是"思政教育活动的发动者、组织者和实施

者"，是"思政教育的主体"。从这里可以看出，思政教育者是大学思政教育中的主体，且往往处于支配地位，并起着主导作用，承担着重要的教育与管理职责，发挥着重要的育人作用。在传统媒体环境下的教师处于绝对的支配"权威"地位，而大学生大多处于绝对被动的接受地位。显然，这悖逆了马克思主义关于"主体"的内涵以及马克思主义学者关于思政教育主体地位的内涵的科学诠释。

（二）大学生思政教育主体地位的变化

1. 教育者主体地位变化成因分析

随着科学技术的进步与全媒体的不断发展，大学生思政教育者主体性的支配地位出现了弱化趋势，而客观性的特点明显增强，导致这一现象出现的原因主要有以下几点。

（1）全媒体的发展特点与全媒体技术提供的教育环境制约。全媒体提供的信息丰富、内容纷繁复杂、涉及的领域庞大、传播方式多样化、传播速度快捷、网络技术性强，这些都势必会导致大学思政教育工作者在短时间内很难适应新的教育载体或教育环境，很难全面了解和及时准确地回答大学生的问题，很难满足学生对相关知识的需求，也很难及时选择恰当的教育方式来解决问题，教育的效果难免大打折扣。

（2）大学生的主体性特点明显增强促使教育者主体地位减弱。一方面，大学生自觉接受教育的积极性不断增强。全媒体信息传播的无障碍与双向互动特点，有助于大学生在思政教育过程中积极发挥主观能动性，自觉或自主地搜寻资料、分析思考、及时与老师进行交流互动与质疑，把知识内化为自己的思政素质，并最终转化为自主行为。更重要的一点是，有助于师生间的人际关系的和谐、良性互动，即大学生积极主动地参与在线交流、通过自己质疑与教师答疑的过程、通过反馈与分享或共享的方式，促使教师不断反思和完善教育内容与方法，从而实现思政教育方面的"教学相长"。另一方面，大学生接受教育的自主性逐渐增强。全媒体信息传播的内容丰富鲜活、方式灵活多样、速度即时快捷等特点，有助于大学生打破传统媒体下单向性的教师指导、学生阅读和查阅教材与教辅资料的被动型封闭学习模式；有助于吸引大学生积极主动地搜索感兴趣的教育信息，自主思考和判断教育信息，自主选择和接纳思想教育的指导者或途径或内容信息，自主控制自己的生活与学习方式，自主养成和完善自己良好的行为习惯。

2. 全媒体对传统思政教育主体"权威"的消减

全媒体在动摇大学生思政教育者主体的地位的同时，其传统的"教育权威"和"教师权威"也面临着严峻挑战。由于全媒体传播形态的多样性、传播信息内容的丰富性与开放性、媒体网络的虚拟性与隐匿性的特点以及大学生自主学习与教师和同学互动学习的增强，教师的教授不再是学生获取思政教育知识的唯一途径，灌输不再是学生获取知识的唯一手段，教材不再是学生获取知识的唯一媒介或来源，课堂不再是学生获取知识的唯一场所。在这种情况下，教师很难全面了解学生，教师在传统思政教育中的绝对主导地位、优势信息地位以及原有的威信等都在下降。

第三节　全媒体环境下高校思政教育的客体分析

一、思政教育客体

（一）思政教育客体的内涵

客体也是借用马克思主义哲学的概念，指在活动中采取被动、消极态势，居于受动、受控地位，具有非主导性、受动性、依附性的特点和功能的一方。这一概念不同于其他哲学中的客体概念。其他哲学中的客体是物，即马克思所说的："主体是人，客体是自然。"而思政教育过程中的教育客体是人，是具有能动性的对象。

（二）思政教育客体的特点

思政教育对象是一个复杂的集合体，其不同的部分具有各自不同的特征，需要具体分析。如不同文化程度、不同地区、不同年龄阶段的教育对象都具有不同的思想特点，这些都是我们在具体的教学过程中应该考虑的重要问题。

首先，思政教育客体具有广泛性。思政教育活动在我国有广泛的群众基础，涉及社会的各个部门、各个单位、各个领域。

其次，思政教育客体具有层次性，即层次众多、思想因素多而杂的特性。在现实的社会生活中，每一个人成长所处的社会环境、生活环境不同，因而表现出不同的思想特点。

再次，思政教育客体具有可塑性。思政教育客体能够在教育者的影响下，在教育活动中改变自己的思想和观念，向着社会要求的目标靠近。

最后，思政教育客体具有主体性。它是一种"自觉能动性"，是接受教育的主动性，而不是教育的主动性，它依然是思政教育对象的客体性的特殊表现形式，是教育对象客体主体化的表现。

（三）思政教育客体的主体性

思政教育的客体是思政教育的承受者，或者说是思政教育的实施对象。有些人把思政教育的内容作为客体，以便让承受者可以作为主体，以支持主体间性这一观点。这种做法只适合编写思政教育教材的作者，在这个作者手里，思政教育的内容可以是他作用的客体，但是，在面对面实施思政教育的师生之间，思政教育的内容只是主体作用于客体的工具。

思政教育的客体可以只是被动地承受思政教育，中国共产党历史上最成功的发挥客体的主体性作用的思政教育工作是解放战争时期的诉苦整军运动。上台诉苦的解放战士即参加解放军的国民党军俘虏，既作为思政教育的客体在台上诉苦，同时又发挥了主体性作用，对台下的其他解放战士起到了培养阶级意识的思政教育的作用。列宁要求的"用先进工人的影响去教育和提高粗工""依靠群众，通过先进分子教育他们"也是发挥先进分子在思政教育上的主体性作用的表现。

在发挥学生主体性作用方面，习近平同志还提出："要坚持灌输性和启发性相统一，注重启发性教育，引导学生发现问题、分析问题、思考问题，在不断启发中让学生水到渠成得出结论。"事实上，恩格斯也曾用类似的话语告诫在美国的德国人如何教育美国人，他在致弗洛伦斯·凯利·威士涅威茨基的信中写道："我们的理论是发展着的理论，而不是必须背得烂熟并机械地加以重复的教条。越少从外面把这种理论硬灌输给美国人，而越多由他们通过自己亲身的经验（在德国人的帮助下）去检验它，它就越会深入他们的心坎。"因此，在加强学生的理论学习的同时，还需加强学生的社会实践活动，以便学生能通过自己亲身的经验，在教师的引导和启发下，水到渠成地得出结论并检验它。

二、全媒体环境对大学生思政教育客体的影响

（一）全媒体对大学生价值观念的影响

当前，大学生的人生价值取向总体来说是积极向上的，绝大多数大学生能够认真思考人生价值，认为实现人生价值最主要的是在实现社会价值的过程中实现个人目标。他们思想活跃、积极进取，能够自觉接受中国的主导文化，信仰马克思主义，系统学习掌握马克思主义基本理论和中国化马克思主义理论成果，认同党的全心全意为人民服务的宗旨，希望不断提升自身综合素质，不断自我完善。但全媒体的开放性使信息的传播多元化，导致不同国家和不同民族之间的思想观念、价值取向、道德标准、生活方式、文化类型等相互碰撞，也使当代大学生受到多元文化潜移默化的影响，如赞同人生的重要价值在于奉献，

但同时又不能很好地在自己的行为中付诸实践。官职至上、金钱至上、学术成就至上等价值观成为一些大学生的多元价值取向。这些价值取向与现实生活紧密联系，使一些大学生向往媒体宣传中的"美好生活"，在择业标准上，把大城市、好单位、高收入等作为主要目标。这种多元化的趋势表现出全媒体时代大学生价值取向由相对统一走向差异，也看出了大学生在人生观、价值观方面的矛盾和困惑。

1. 全媒体发展对大学生价值观念的积极影响

全媒体提供了丰富的信息资源，而且这些资源的获取既快捷又方便，这就为大学生及时了解国家大政方针或思政教育的信息内容提供了便利的平台。例如，大学生可以通过全媒体学习中共十八大精神、关心时事新闻，了解社会主流思想；可以通过学习先进模范的精神来提升自己的思想道德修养，增强爱国主义情怀，可以将其作为提高自身素质的工具。全媒体能够提供网络交流平台，其隐匿性可以提供宣泄与缓解个体心理困惑的机会，有助于大学生逐渐培养正确的人生观。

2. 全媒体发展对大学生价值观念的消极影响

信息庞杂与内容复杂的全媒体环境会影响大学生价值观的正确选择。具体来说，大学生的社会经历和阅历较浅、知识和经验不足制约着其判断能力、鉴别能力、自我控制能力；大学生对于网络海量信息的需求具有依赖性，对庞杂和复杂的信息的选择存在盲目性，对良莠不齐信息的接受会出现思想混乱或沉沦；加之国外敌对势力或国内非法组织利用全媒体散布不健康信息或谣言等对价值观或文化的侵蚀渗透。对全媒体的过度依赖与盲目选择容易导致大学生政治立场或"三观"与辨别是非的能力出现偏差。

（二）全媒体对大学生道德养成的影响

就像硬币的两面，全媒体传播环境对大学生的道德养成可能带来正面的影响，也可能带来负面的影响，而正面和负面的影响有时候既来自正面的宣传，也来自负面的宣传，从这点出发，高校思政教育工作者应从正、反两个方面考量全媒体传播环境对大学生道德养成的影响，同时通过设置参加志愿活动的原因的问卷调查探究大学生对服务社会的看法。

有关模范人物和先进事迹的正面宣传对大学生所产生积极影响的调查发现，21.12%的受访者表示"以获选人物为榜样，提高自己的道德修养"；34.15%的受访者认为"觉得感动，偶尔拿来勉励自己"；30.46%的受访者认为"节目播出时很有感触，但是一段时间后影响就淡了"。这说明媒体对于模范人物和先进事迹的正面宣传还是非常重要的，有利于促进大学生良好思想道德的形成。关于对大学生参加公益活动的原因进行调查的结果也进一步证实了这一点，13.89%的大学生的积极参与是由于"深受相关网络报道的感染"。

但是，不容忽视的是，对于模范人物和先进事迹，部分大学生有反面认知，如有 7.92% 的受访者感到"排斥或者讨厌，都是包装出来骗人的"，同时有 6.34% 的受访者觉得"无所谓，与我无关"。这说明，当前的媒体传播环境对大学生思想道德的影响是较为复杂的，一些大学生对于媒体缺乏信任，甚至对好人好事的宣传产生较为极端的抵触情绪。

此外，媒体有关"做好事反而被讹诈"的类似报道对大学生的价值观念或多或少产生了一定的负面影响，导致部分大学生在面临此类假设场景时有些顾虑或不能做出正确选择。不过在媒体的正面引导下，这种负面信息可能也会起到一定的积极作用，如激发大学生改变社会风气的责任感。这一点在下面的反向调查中有所体现。

全媒体传播环境下对大学生的思想道德养成起到的不管是正面的还是负面的影响，实际上积极作用大于消极作用，或者说，负面的信息在某种程度上起到了积极作用，那就是在正面的引导下，负面信息可能更加激发大学生的担当意识。全媒体传播环境使得当今社会全方位、立体地呈现在大学生面前，象牙塔中的大学生虽然没有进入社会，但从来没有像现在这样能更加直接地了解社会、参与社会，甚至影响社会风气。可以看到，因为大学生在校园中持续受到良好的教育，在公民的道德素质饱受质疑的当下，对于当代大学生的公民道德问题不必持有悲观态度、批判态度，当代大学生坚守着他们的责任底线这方面的特征在大学生参与社会公益活动的原因调查中也有体现，超过半数的大学生积极参与社会公益活动的原因是想"锻炼自己、服务社会"，可见，大学生的公民道德状况总体向上向好，不必对大学生的思想道德状况过于悲观。而且，也能看出，大学生变得日益理性，不但倾向于在富有担当与责任的过程中积极采取措施保护自己的权益，还能够客观对待负面信息，具备一定的信息辨识能力。

（三）全媒体对大学生思维方式的影响

全媒体时代，信息垄断的局面被彻底打破。网络为大学生织就了一张信息大网，把全球政治、经济、文化、教育、科学、艺术等信息网罗其中，便于大学生收集和获取，促使他们开阔眼界、增长见闻，为他们提高文化知识素养提供了便利的条件，成为大学生交流信息、开阔视野的重要平台，也是他们学习工作和生活中重要的组成部分。大学生可以畅游在知识的海洋中，随时随地探索世界，接触新事物，吸收新观点，不断地解放思想、更新观念。学习方式、交流方式的创新和改变造就了思想观念的更新和变化，也给大学生提供了更多的认识社会的机会，拓宽了他们的视野，在一定程度上摆脱了对知识权威的从众心理，激发了他们的竞争意识。更多的大学生努力通过各种方式的学习武装自己的头脑，他们对自己充满信心，主动适应社会的发展和变革，从德、智、体、美、劳几个方面完善自我，增强竞争力，确保在竞争大潮中立于不败之地。全媒体传播的开放性、包容性特点有助于扩大大学生的思维视野；全媒体形态的多样性与传播内容的及时快捷性特点促进了大学生的思维敏捷活跃与更新；全媒体传播内容的丰富性也有助于大学生思维的丰富与充实。

但在另一方面，有的大学生把人与人之间的关系简单地归为金钱关系、竞争关系，把所有人都当成了自己的竞争对手，不信任别人，所谓"看破红尘"，偏离了良性竞争的轨道。微博、QQ、微信等全媒体形态传播内容的只言片语或碎片化特点会造成大学生在思考问题方面的内在逻辑性、全面性与系统性缺乏。同时，一些大学生对全媒体的依赖会促使其容易受媒体倾向思维的左右而"随风飘荡"，缺乏独立思考能力；一些大学生开始不注重书籍阅读，只注重网上信息搜索、复制或抄袭，这样容易产生思维的惰性，导致大学生思维肤浅僵化，综合与分析能力、科学的批判和质疑精神和创新能力大大降低。

（四）全媒体对大学生个性形成的影响

1. 对大学生个性形成的积极影响

全媒体为大学生提供一个现实中无法寻觅的虚拟世界，为他们提供了方便、私密的沟通方式，最大限度地排除了干扰，确保能在自由、平等、安全的环境中交际。在这里，大学生可以自主、自由地表达自己的意志、观点和看法，更

好地传递情感。基于此，大学生普遍形成了自主个性和独立意识。同时，全媒体所呈现的高效、方便、互动等特性，充分调动了大学生的积极性和自觉能动性。有了便捷的全媒体，大学生可以自主地浏览信息，选择学习内容，下载学习资料，转变了以往学习靠学校监督、教师传授的传统学习方式。他们可以依靠自己的力量解决在学习中遇到的难题，根据自己的实际情况制订学习计划。

当生活中面对困难和挫折时，大部分人能够摆脱无助、不安、难过的情绪，主动从困境中走出来，勇于直面困难。他们有思想、有主见，向往自由、独立，崇尚自我奋斗，追求自我价值的实现，主张个性解放，并且富有批判精神，乐于通过观察、思考发表自己的意见和看法，对人对事都有自己独到的见解，不盲目附和别人的观点，不喜欢人云亦云，为自己独特的个性区别于其他人的存在而感到自豪。但值得注意的是，全媒体信息传播的"无障碍性"，恰与一些大学生崇尚个性自由与解放的心理相吻合，有些大学生将虚拟世界中的个人中心意识转化为现实世界中人际交往的准则，处处以自我为中心，以满足自我需要为标准，强化个人意志，这是不可取的，应当给予正确的引导。

2. 对大学生个性形成的消极影响

由于网络的信息传播是跨时空、超地域性的，因此在全媒体环境中，信息产生的源头

广泛、内容庞杂，新闻信息、学术信息、娱乐信息、体育信息、财经信息混杂在一起，使全媒体网络成了信息的万花筒。与此相关，全媒体网络的"草根性"、虚拟性等特点使信息生产者数量极其庞大，信息的产出已无法经由法律加以有效的控制，而且在网络信息世界里，法律规范的强制力作用并不明显，法律的控制处于自身提倡言论自由却又要控制言论自由的两难境地之中，这样，更增加了无意自律的信息生产者向社会大众倾泻反伦理道德的内容，并借此获得利益的机会。良莠不齐、杂乱无章的信息同时生产，造成了大学生用以判断是非对错的整体认知被打乱于真假难辨的信息细节之中，大学生只能按照自己在现实社会中的人生体验来约束自己，依靠个人的内心信念来维系，至于是否遵从了道德规范，不易察觉也很难监管。一些自制力较弱的大学生往往出于好奇或冲动心理去寻找不健康信息，表现出意志决断力弱化的倾向。

（五）全媒体对大学生学习方式的影响

1. 对大学生学习方式的积极影响

（1）有利于综合性学习。全媒体传播以其内容丰富、快捷的特点极大地拓展了大学生思政教育信息的获取渠道与数量，拓宽大学生的知识视野或知识的广度，有助于大学生及时了解相关专业的前沿信息，有助于丰富综合知识，克服传统授课方式中的知识单一性和封闭性的缺点。

（2）有利于开放与交互式学习。全媒体内容的丰富性和传播的开放性使得大学生更易于获取丰富的教育资源，诸如，下载有关知识的文件、视频与音频等资料，有助于补充课堂内容、提高教与学的趣味性和多样性；大学生通过网络查找资料，进行资源共享，有助于师生之间、同学之间的交流互动，形成自主开放的学习模式，打破传统封闭的学习模式。

（3）有利于主动性学习。全媒体的发展迎合了大学生敏感与追求时尚个性的特点。因此，全媒体形态的多样性与传播内容的丰富性、快捷性有助于大学生改变传统的单一依靠书本和教师传授的学习模式，可以及时、主动"随心所欲"地猎取知识；全媒体内容的娱乐性特点有助于大学生养成自主学习的习惯，自主接受新知识与技能，主动探究学习。

（4）有利于选择性学习。全媒体传播内容的丰富性与快捷性有助于满足大学生个性化学习的需求，帮助大学生及时了解社会职业需求，调整专业知识体系，提升就业竞争的能力。

2. 对大学生学习方式的消极影响

在逐渐摆脱传统学习模式的过程中，全媒体环境也使学习和获取知识在某种程度上脱离正规教育系统，给青少年融入社会生活的过程带来严重影响。具体表现在：首先，全媒体传播内容的丰富性与开放性使得大学生动辄"一搜即灵"，简单复制即完成作业或论文，学习的依赖性和惰性增强、独立性不足，实践及研究能力与学习的意志力降低；另外，沉溺于网络也会挤占大量的学习时间。其次，全媒体的虚拟性特点使得沉溺于网络的大学生出现虚幻的认知方式；网络海量信息的复杂性特点使得诸多依赖性强的大学生盲目地选择内容，以至于自主学习、自主思考、分析和解决问题的能力不足。

（六）全媒体对大学生心理健康的影响

1. 对大学生心理健康的积极影响

（1）全媒体满足了大学生自我认知的需要。全媒体为大学生的自我认知的发展提供了一种全新的社会环境和社会比较方式，在这样的环境中自我认知将会获得健康的发展。一方面，全媒体有利于大学生对自己的存在产生全面的认识。人的自我是一个多侧面的统一体，在现实社会中由于各种条件的限制，自我的真实面貌被隐藏起来了，而在全媒体环境下，那些平时被压抑的真实的自我层面浮现了出来，这样就有利于个体对自我进行客观的评估，从而形成更为正确的自我意识。另一方面，全媒体有利于大学生对自己与他人的关系展开全新的评估。全媒体的虚拟性使得人与人之间的交往少了一些防备，彼此之间没有利益方面的冲突，有的只是虚拟的或真实的情感交流，彼此之间可以无所顾忌，敞开心扉，自在交流。在这样的交流氛围中，大学生对自己与他人的关系展开全新的评估，有助于自我意识的健康发展。

（2）全媒体满足了大学生情感的需要。传递情感是人们生活中的重要内容之一，每个人都要花费很多时间与人交流、沟通情感，得到心灵的慰藉。大学生由于心智尚未成熟，容易产生孤独感、失落感，导致情绪失控、行为失常，他们迫切需要获取他人的信任和帮助，融入群体之中，这种与他人的亲密关系能够有效地消除他们孤立无援的感觉，给他们一定的安全感。大学生喜欢与志同道合的人交往，相同的兴趣、爱好是交流感情的前提之一。全媒体在此基础上发挥作用，它为大学生的交往提供了广阔的空间，并在技术和手段上予以支持，使大学生的交往不受时间、地域、文化乃至人种的限制，能尽情地分享喜悦和痛苦，展示自我的才华和魅力。

（3）全媒体满足了大学生对尊重理解的需要。全媒体为大学生创造了一个平等的交往环境，使他们在交流感情的时候不受年龄、地域、语言、性别、国籍的束缚，在网上可以畅所欲言、自主交流，充分享受这种互相尊重、互相理解的交往模式。大学生还可以从互联网上获得在日常生活中难以得到的认同感和归属感，增强自尊心和自信心。在网上参加讨论时，具有逻辑思维能力和语言表达能力的大学生会受到追捧，他们具有深刻的思想、观点和看法，甚至被人们奉为至理名言。这就极大地满足了他们的自尊心，使他们获得了必要的认同感，在交流过程中体会到爱与尊重。

（4）全媒体满足了大学生审美的需要。全媒体的平等性和互动性最大限度地辅助大学生完成其审美活动，使他们在这一过程中体验美感，得到美的享受。全媒体是一个拥有海量信息的平台，它为大学生进行审美活动提供了多种渠道。应当说，全媒体推动了大学生的审美不断发展，把审美变得异常简单、容易。

（5）全媒体满足了大学生消遣娱乐的需要。全媒体为大学生提供了多种新的娱乐方式，网上冲浪、网上聊天、网上游戏、网上购物等，似乎网络能为大学生提供其需要的任何娱乐形式。大学生是追求新鲜、刺激的一代，他们具有猎奇心理，总是倾向与众不同的娱乐活动，并且认为这是时尚的表现。因此，以全媒体为媒介的消遣活动成了大学生释放压力、愉悦身心的首选。全媒体的互动性和便捷性使大学生不用走出家门，无论是听音乐、看小说、观剧集，只需轻松一点就能搞定，大大提高了他们消遣娱乐的主动性，为他们放松心情、收获快乐提供了有利条件。

2.对大学生心理健康的消极影响

（1）影响现实情感的交流。全媒体虽然具有交互性，但交互的情景不是完全对等的，一边是活生生的人，另一边却是符号，虽然透过这些符号也可以传递思想和感情，但毕竟与面对面的交流是有区别的。网络媒体的介入使人与人之间交往变得间接化、数字化。他们无法通过信息源、信息传递过程、信息双方的互动这些现实中人际交流的过程来修饰和填充信息的感情色彩。久而久之，必然引起情感的匮乏和冷淡，进而产生各方面的焦虑。长期沉溺于网上交际的大学生，或多或少会表现出待人冷漠、虚伪，缺乏真情实感及真诚等问题。

（2）对尊重和理解的误导。全媒体时代过分强调尊重和理解，很可能造成不必要的误导，如大学生会为了追求受重视的感觉就发表一些不负责任、有损人格的言论，乃至产生行为偏差等，甚至会产生一些心理问题。

（3）影响思考能力。全媒体强调更多的是给予人感官上的刺激，即在视觉、听觉上吸引人们的注意。生动的画面、鲜活的形象、悦耳的声音能够获得人们的关注，带来前所未有的感官享受。不过这种享受只能停留在表面，有时是以损害思维能力为代价的，大学生的审美活动如果长期仅仅满足其感官需要，就会使思维变得直观、单一，缺乏理性思考。

（4）影响判断力。网络具有不确定性和不可控性，大学生在进行娱乐活动的时候，健康与不健康、积极与消极的信息和资源倾盆而来，大学生处在心理尚未成熟阶段，一旦失去警觉、降低防范，就会受到不良信息的侵害，诸如暴力游戏、色情电影等也将对大学生产生极为严重的影响，并阻碍其健康发展。

（七）全媒体对大学生信息关注与获取的影响

思政教育工作无疑是主体通过媒介平台传递信息给客体，同时也要考量客体获取信息的方式偏好和内容偏好，主动介入媒介平台建设、主动改良信息传递方式、积极整合筛选提炼信息内容，从而达到对工作客体实现教育的目的，因此对教育客体的信息偏好进行研究意义重大。

1. 大学生对不同类型媒体关注的程度

在校园日常学习生活中，大学生最常接触的媒体范畴可大概分为两类：一类是社会媒体；另一类是校园媒体。社会媒体以多种形式不分人群地呈现在大学生面前，供其主动选择和接受。校园媒体则根据大学生的特点，以大学生为主要受众，参考社会媒体形式呈现在大学生面前，供大学生主动或被动地选择和接受。两者有区别，但共同的目的是最大可能地被大多数大学生选择从而实现各自的功能。从这一点出发，校园媒体在学校相关职能部门的管理下，形式与内容均可控，社会媒体除国家法律法规对内容有所规范外，形式与内容均不可控。

2. 对大学生信息接收机制的影响

（1）积极影响。一是信息获得的渠道增多。在全媒体环境下，大学生通过多样性的形态可以获得多种多样的信息资源，知识结构不断完善；信息资源的共享性、开放性与社会性加强使得大学生个体与社会关系的紧密性与互动性不断增强；全媒体已成为大学生思政教育中积极作用突出的新型载体。另外，传统的灌输式课堂教学模式已经被现代信息接收机制打破，思政教育的教育方法或手段变得丰富大学生自主学习的积极性和主动性明显提升。二是获得信息的速度更快。全媒体传播的开放性与快捷性使得教师与学生获取信息的时间缩短了，他们可以不断更新知识，突破了传统教学上知识传授的封闭性和滞后性。师生通过微信与QQ、网络邮件与手机移动等方式及时沟通、直接互动对话，一对一或一对多地进行个性化交流，个性化教育特征非常明显，思政教育的时效性、针对性和实效性不断增强。三是传播内容的丰富多彩。全媒体教学方式突破了传统意义上单一的教材文字表述，采用图文并茂、动漫、动画、音频、视频等多媒体表现手段，传播的信息形象生动，可以让思政教育寓教于乐。同时，全媒体虚拟隐匿的传播方式可以让学生在轻松地表达与讨论中不知不觉地接受教育，最终产生潜移默化的作用。

（2）消极影响。一是获取信息方式的巨大变化冲击着大学生的价值观念。全媒体的开放性与包容性增强了大学生与外界社会的互动性，也因此大学生容易受到外界不良信息的冲击，在消费问题上出现从众、攀比与虚荣心理；在思想上立场模糊，丧失正确的世界观、人生观、价值观以及消费观。二是零碎、虚假的信息容易干扰大学生的正常思维。社会历练不够、经验不足的大学生很容易轻信谎言、谣言，被骗之事经常发生。

第五章

全媒体环境下大学生思想政治教育
工作主、客体的呈现

第一节　全媒体环境下大学生思想政治教育工作
主体的呈现

一、全媒体环境下思想政治教育主体面临的困难与挑战

在传统意义上，思想政治教育主体不但是思想政治教育活动的发起者、组织者，还是实施者、决策者和塑造者，是"具有一定教育能力并从事一定的思想政治教育的认识与实践活动的人"。广义的思想政治教育主体，是指从事思想政治教育的组织机构和人员。狭义的思想政治教育主体，是指根据一定社会、阶级的要求，从事思想政治教育实践活动的组织者、实施者、调控者，即思想政治教育工作者。依据高校思想政治教育的经验事实，本课题所探讨的思想政治教育主体仅从狭义的角度着手。大学生思想政治教育工作主体特指以马克思主义为指导，在高校从事思想政治教育实践活动的组织者、管理者、实施者。

这些主体既包括专职的，也包括兼职的。本课题以研究专职思想政治教育者为主，包括了学校党政干部和共青团干部，学校学工部和团委的工作人员、学院分党委书记和副书记、学院其他专职思想政治教育工作人员如班主任、辅导员，以及思想政治理论课和哲学社会科学课教师等。全媒体传播环境下新媒体的迅速发展，不仅给人们获取所需的大量信息带来便捷，同时作为对大学生有潜移默化的有效宣传教育形式，从根本上突破了以往"以课堂为中心、以校园为中心、以书本为中心"的传统思想政治教育阵地。基于思想

政治教育主体在思想政治教育中发挥的重要作用，必须对其当前面临的困难和挑战进行研究，摸清楚全媒体环境给思想政治教育工作者带来的变化．以更有效地提升教育主体在新形势下做好思想政治工作的综合素质和能力。调查表明，中国的媒介生态格局已发生了显著变化。全媒体传播环境下各类媒体不断融合并得到迅速发展，信息交换的速度不断加快、深度不断加深、广度不断拓宽，使传统高校思想政治教育主体丧失了部分信息优势，固有的教育方式方法失灵，话语权削弱，这对其有效开展工作提出了严峻的挑战。具体表现在以下几个方面：

（一）思想政治教育工作难度提升

全媒体环境下信息传播的迅速便捷、信息内容的碎片化、观点的多元化以及信息传播呈现出高度自由和随意等特点，给对信息分辨和判断能力尚不够健全的高校学生带来了极大冲击，对他们人生观、世界观、价值观的形成和塑造方面造成了较大影响。我国当前正处于向信息社会过渡的加速转型期，网络空间里各种信息纷繁芜杂、良莠不齐，思想观点多元迸发、激烈交锋，各种不良的社会思潮通过新媒体技术广泛传播，无形中消解了高校思想政治教育思想引导的功能，再加上西方国家借助于新媒体平台，以更加隐蔽多样的手段推送各种信息和利己主义、享乐主义等价值观，试图颠覆我们的主流意识形态和主流价值观，这种情况下如果不能及时地加以正确引导和教育，大学生很容易产生认知扭曲和价值偏离，甚至出现政治信仰缺失和意识形态危机．新媒体在价值导向方面影响力的不断增强无疑增加了高校思想政治教育的难度。

全媒体环境是科学技术不断创新条件下思想政治教育环境演进的一个特定阶段，它在给思想政治教育工作带来挑战和负面影响的同时，也在很大程度上为开展思想政治教育工作提供了新的条件和机遇。全媒体环境下，思想政治教育工作的开展可以变得更加多元化，较好地克服传统媒体传播环境下思想政治教育方式相对单调、单向、平面化等问题，使得思想政治教育工作更加深入、丰富、细化，相对能够更为有效地解决学生的学习、思想和心理问题。但是，不可忽视的一点是，在达到提升思想政治教育实效这一目的的过程中，由于学生关注的内容越来越庞杂，而且对信息的价值取向呈现明显的发散性，诸如学生在网站、微信、微博等新媒体上提及的午休时间、食堂饭菜质量、洗澡堂的设施、宿舍空调安装等校园事件，都有可能在各说各话的环境下持续发酵，产生一些意想不到的影响，从而使得引导教育的内容设计等工作量相应地不断增加。而且，在新媒体不断出现的情况下，由于学生使用的网络平台较多，并不「分集中，很难通过新媒体全面掌握学生的思想行为动态，开展思想政治教育工作时所使用的工具层面很难聚焦，需要从多种媒体去关注学生都在干什么，工作量相应地会增大。换句话说，根据不同媒体的使用情况来制定相应的思想政治教育工作，有针对性地形成方案，集中施力，较为费时费力。

（二）思想政治教育工作者的媒介素养有待提升

高校思想政治教育工作者在大学生成长成才过程中扮演了极其重要的角色，教育主体综合素质的高低直接影响着思想政治教育的效果。在当今信息技术高度发展的新媒体时代，高校思想政治教育工作者作为教育主体的角色定位并没有发生根本性的改变，但其主导地位有所动摇的情况却不容忽视。在传统的思想政治教育工作理念和教育模式下，教育者所拥有的知识、信息在质和量上都有压倒性的优势，学生们多为单向被动地接受。但在新媒体传播形态下，单一的信息传递方式被打破，传播者和受传者具有平等地位和很强的双向流动性，每个用户都是传播者和受传者的集合体，大学生的参与意识和话语权空前地增强，他们不但积极地搜索、推送信息，还主动参与到信息的创造和传播过程之中，这种参与的过程激发了大学生的主体价值意识和自我教育意识，大学生更趋向于相信自己的独立判断，他们的思想活动和思维模式不再拘泥于传统，对权威不再盲从，而是服从于自己的感觉、认知和观念，成为思想政治教育体系中积极活跃的一部分，这促使思想政治教育者和受教育对象的相互关系发生深刻变革。受教育者的参与度、自主性以及独立判断能力均大幅增强，严重冲击了教育者的知识垄断地位，思想政治教育工作者的主导性话语权逐渐被削弱，在二者的互动过程中甚至会出现更加强烈的思想碰撞和冲突。同时，新媒体平台的出现，提供给大学生前所未有地多元化信息和多样化视角，部分大学生存在阅读方式娱乐化和碎片化的现象，并以此来解读各种复杂而深刻的社会问题，传统教育所强调的思想深刻性、逻辑条理性、内容全面性被边缘化，高校思想政治教育工作者在高校教育中的主导作用和思想政治教育的权威在无形中被削弱。

全媒体环境时代的到来，意味着一个媒介化生存时代的生成，身处其中的人和工作都不可能摆脱其带来的影响，乃至"人与媒"之间的关系逐渐成为这个时代作为一个人的社会属性的组成部分。新媒体传播技术的迅速发展，使得思想政治教育的方法手段更加灵活多样，在客观上拓宽了思想政治教育的平台和途径，并且通过文字、图片、视频等多种方式，使得这项工作的内容和方式更加丰富多彩，但与此同时，对思想政治教育主体的媒介素养也提出了更高要求。由于新媒体的载体技术含量较高，高校思想政治教育工作者除了应该具备过硬的政治素养和道德品质、全面的知识结构和工作能力之外，还需要具备适应新媒体传播和发展要求的媒介素养。只有具备较高的媒介素养，才能更好地适应新媒体带来的挑战，才能担负起对新媒体信息的解构和建构的重任，才能增强思想政治教育工作的实效性。当前的高校思想政治教育者，尤其是年龄偏大的群体，在相关媒介素养与新媒体环境下的思想政治教育工作要求上还有些差距，在运用网络为主的技术教育方面尤显不足，有待提升。

（三）思想政治教育的组织工作变得复杂

思想政治教育环境作为思想政治教育工作的基本构成要素之一，具有一定的独立性，具有对于教育对象的导向功能和感染功能，以及对教育效果的强化功能。同时，又由于它与其他要素紧密联系在一起，对于教育者以及教育内容、教育方法等也都有着很大的影响。从当前的情况来看，学术界对思想政治教育环境的研究不够．对于全媒体传播环境下思想政治教育环境影响大学生思维方式的机理、外部网络等媒体的负面投射、微信及微博的舆论影响、"段子化"的情绪表达方式和新媒体传播实时化、移动化的传播特点和规律等，均在一定程度上缺乏深入的前瞻性研究以及有效的对策研究。

全媒体环境给思想政治教育增效带来了诸多便利的同时，也使得思想政治教育的组织领导工作变得更加复杂。全媒体环境的一个重要特征是自媒体的能量得到充分的释放，虽说教育者和受教育者这种一对多的关系依然存在，然而对于从事思想政治教育的教师队伍而言，传统的近距离、面对面的工作形式已相对成熟，倚重传统的教育模式已经很难提升其教育效果，而对于新媒体的认识和利用还处于适应和探索阶段。新媒体作为一种自媒体，在网状结构的媒介平台上，每个人既是信息的接收者和消费者，又是信息的创造者和传播者。再加上新媒体具有即时性、裂变式的传播特点，信息的接收和传播过程非常迅捷，而且以微信为代表的传播方式还具有私密性和隐蔽性。

针对信息终端难以控制的特点，在一定程度上更是增加了把，学生思想动态的难度，组织领导思想政治教育工作也由此变得更加复杂。因此，要充分研究和发挥全媒体的优势，研究网络传播规律，合理利用现代的新媒体平台，拓宽工作渠道，创新高校育人机制，突破教育过程的时间和空间限制，实现旧有的、封闭的工作模式向新生的、开放的工作模式转变，提升教育者和受教育者的互动交流实效。

二、全媒体环境下思想政治教育主体工作理念和方式的变化

全媒体传播环境下，新媒体的广泛使用给大学生思想政治教育工作主体带来了工作理念和方式的变化，这种变化既有身处全媒体传播环境，从工作方式等方面客观上带来的改变，也有因为思想教育客体的信息偏好以及思想行为变化而产生相应的应对所带来的被动改变。因此，也就产生了高校思想政治教育工作主体对于全媒体环境的适应和不适应的状况。能够适应，则主客体间容易出现良性互动，实现思想政治教育工作的有效性和高效性，不能适应则会阻滞甚至出现恶性互动，导致思想政治教育工作处于困顿状态。

新媒体作为大学生学习、工作、娱乐和人际交往的工具，不仅改变着大学生的生活方

式，而且影响着大学生的心理健康和人格健全。高校思想政治教育工作者认为，目前大学生喜欢在网络中实现自我，利用网络进行沟通，而不情愿与老师进行面对面交流，但这种网络交流方式未必是最有效的。网络生活其实是现实生活的延伸，网络上的言行会反映到现实生活中去，网络本身是中性的，但附着其上的内容都带有人的属性，具有人间万象，有善恶、美丑之别。大学生沉迷于网络，缺乏对于网络实践活动进行认识和评价时所应该持有的基本观念和标准，容易受到一些负面或虚假内容或信息的误导。同时，西方的一些敌对势力凭借其先进的信息技术优势构建意识形态霸权，冲击大学生正确理想信念的培养。身处网络环境的大学生，由于价值观未完全定型，判断价值标准模糊，难免会出现价值观念异化现象。思想决定行为，大学生缺乏对于信息进行正确辨识的能力的问题，不容忽视。网络价值观的缺失和偏颇势必造成人们对网络技术的滥用和误用，沉迷于网络，对人的学习、生活、身体等各方面都会产生危害。新媒体不仅是大学生的学习生活方式，从高校思想政治教育工作者的角度而言，新媒体还是一种蕴含着以人为本的现代思想政治教育观念的载体。因此，应充分发挥新媒体传播媒介的作用，寓教于乐，使思想政治教育的活动形式丰富多彩。

作为思想政治教育主体，必须重视、优化思想政治教育环境，并充分发挥其主导作用，必须发挥新媒体所具有的跨越时空信息传播的即时性、交互性和便捷性的优势。当然，全媒体传播环境下做好思想政治教育工作，教育主体的媒介素养显得非常重要，不仅要具备较强的宣传手段，同时还需要具备足够的网络运用能力。比如，立足于现实实践，利用 E-mail、BBS 以及微博等与学生进行更为深入系统的网络虚拟社会与现实社会行为方式探讨，引导学生学会正确看待和分析问题；运用 QQ、微信即时回复和解答学生学习的疑问，开展谈心活动，以平等对话的姿态赢得大学生的信任和认同；以多媒体技术为支撑，拓展思想政治教育教学模式，建构以教师为主导，学生为主体的互动式、启发式、讨论式和任务驱动式的新教学形式，满足现代大学生信息化学习兴趣和信息方法的需要，启发和调动大学生的参与意识，在充分占有信息资料、深入理性思考的基础上行使自由表达权。大部分思想政治教育工作者已经意识到全媒体环境下做好思想政治教育工作不仅要了解思想政治教育的新特征、新规律，还需要懂新媒体技术、操作技巧，在日常的工作中能够主动策划利用新媒体平台对学生进行潜移默化地引导，适时捕捉新媒体平台上大学生思想政治动态，发现问题及时予以有效引导。

此外，针对全媒体环境下大学生的特点，教师不但要考虑如何提升和完善自身的理论水平和知识结构，传统的"给学生一碗水，你要有一桶水"遭遇学生需求更高的挑战，教师仅有"一桶水"已经不能满足当下学生的需要了，教师不但要有"一桶水"，而且更要有"一池水",甚至更要有带领学生去寻找"水源"的能力。教师还要考虑学生的接受方式,如何把那"一碗水"倒给学生,乃至让学生心悦诚服地把"水"喝进去,这些都需要教师进一步的创新。在关于"思政类课程授课方式"问卷调查中,高校思想政治教育工作者最喜欢的授课方式有:"深入浅出,讲故事、摆道理""参与式、体验式等课堂互动"。关于"新媒体进课堂",高校思想政治教育工作者认为学生最感兴趣的方面是:"平等互动的师生交流模式""种类丰富的课程参与形式"和"新颖有趣的教师授课方式"。有关"以学生为本"的教学理念,这个多选题的答案表明,高校思想政治教育工作者对其内涵的理解包括:"在充分研究、了解学生需求的基础上设计课程内容与授课方式""正面深入回答学生提出的各种问题,而不是讲高大上的空洞理论""满足学生成长的共性与长远发展需求,而非一味迎合学生个性需要",以及"师生相互尊重,多利用新媒体工具进行平等交流"。在全媒体环境下,上好思想政治理论课,要注意主体对客体加强接受信息的引导,利用正确的宣传舆论导向进行教育。要善于通俗地运用马克思主义的立场、观点、方法,联系实际分析和解释讲话的精神实质,并借助媒介作用,采用多种形式优化教育,增强教育的吸引力并使教育得到深化。"理性魅力"是思想政治教育主体非权力影响力的核心和必备的"内功"。每一个思想政治教育工作者都要加强政治理论学习,重视新媒体在思想政治教育中的作用,在工作中不断总结经验,提高自身素质,以高超的"理性魅力"使客体信服,从而受客体欢迎。

三、全媒体环境下思想政治教育主体的主导性呈现弱化倾向

由于全媒体背景下信息流通速度的快速性,存在海量的信息容量以及获取信息的便捷性的特点,导致在狭义的传统意义的思想政治教育主体之外,出现或存在着诸多的信息源,发挥着不同的作用,或肯定、支持,或质疑、反对甚至阻碍思想政治教育工作的开展。面对全媒体时代各种媒介终端的快速发展以及随之而来的不同声音的传播和影响,各种竞争和交锋不断增多,思想政治教育主体的主导性作用呈现弱化倾向。

在传统的思想政治教育过程当中,由于知识的习得或信息的获取需要通过不断的学习或者经年累月地积累以及长久的阅历经验等,教育主体的获取在先或年长于被教育者,由此始终处于优势地位。然而,互联网时代的到来,逐渐淹没了教育主体的优势地位,部分教育主体不适应这种变化,甚至产生惧怕心理。教育客体不需要依赖教育主体,而是通过掌握网络技术就可以迅速直接地获取各种信息资源。而且,这些网络信息非常丰富,取之不尽,用之不竭,大大超过教育主体的知识信息储备,不但如此,有很多知识信息是教育主体所不曾知晓或闻所未闻的,是其没有掌握的或不可能掌握的。网络的存在,无数倍地

拓展了人们的知识信息面。面对过于浩瀚的知识信息海客体懂得的知识越多，未知部分也就越多，相应的问题也就越多，使得教育者难以应对，其信息优势迅速减弱。因而，部分教育主体在思想政治教育过程中经常面临着尴尬的情况：教育主体讲授的一些内容或许教育客体早已知道，甚至了解得更为充分和深入；客体所关注或问询的一些内容，一些网络术语或是网络话题则是教育主体从未听过的；教育主体在讲授过程中若有差错或出现一些错误理解，作为客体的受教育者马上可以通过网络查证予以反驳，如此等等，使得教育主体陷于尴尬之境。对于媒体传播环境的不适应以及对于知识信息的驾驭能力相对变弱，部分思想政治教育主体变得不自信甚至产生了悲观情绪，这种不知不觉的心理上的变化，首先从主观上使得教育主体的主导性逐渐淡化。

同时，全媒体环境下的思想政治教育教学实践中，随着信息的丰富，教育主体与教育客体的交流内容变得异常丰互动交流的过程中，教育主体如果遇到一些经验之外的问题．网络一样是教育主体求助的一个重要途径，其同样需要从网络中获取信息，从而成为网络教育的客体或者被教育者。网络功能的日益强大也在一定程度上改变和强化了教育客体对于各种媒体终端的倚重。随着全媒体时代互联网技术的应用和发展，人们可以使用昵称、账号、匿名转发器等多重方法进行身份屏蔽，每个人都可以不用真实身份进入网络，这种匿名进入使得提供信息的网络主体颇具隐蔽性，每个人不仅是信息的接收者和消费者，还是信息的传播者和创造者。尽管思想政治教育主体和客体同为网络学习的客体，但后者无论在成长环境和认知需求等方面，俨然是虚拟社区的主体力量和网络文化的生力军。从某些方面说，教育客体反过来成了教育主体的教师。这也就意味着，网络空间的施教者极有可能就是原本现实中的教育客体，角色的互换瞬间即可完成。作为教育客体的高校学生不再满足以往"你讲我听"单向输出的传统教育教学模式，而是希望能够以平等的身份进行双向互动，网络空间交往主体的真实身份被符号取而代之，教育双方的角色不再明确，还可以互换，这就使得教育客体可以冲破现实生活中身份的限制，不再受到现实约束的虚拟性容易造成受教育者道德观念的弱化、道德行为的失范等问题。而且，随着主体意识不断增强，部分被教育者越来越活跃，不但从各方面去审视和质疑思想政治教育者教育内容的正确性。在网络上，随着高校学生所扮演的角色其自我意识也在不断增强，而且开始发表自己的想法，不仅彰显自我的个性和价值追求，还争夺思想政治教育的话语权。面对如此"严酷"的现实，教育主体需要调整对自身的定位，转变观念，认识到教育主体不再是高高在上具有知识经验优势的一方，而是与教育客体平等的完成教育活动的共同责任人。

此外，思想政治教育主体信息管理上的地位明显削弱。传统的思想政治教育中，高校学生作为教育客体所获取信息的渠道比较有限，通常包括广播、电视等平台。这些平台具有一定的可控性，也即是说其在相当程度上有利于实现施教者单方的意愿，从事思想教育工作的施教者们依托对信息资源和渠道的控制来审定和调整信息的发布，从而形成自身的话语优势。然而，在全媒体环境下，媒介终端不断涌现，各种信息铺天盖地，面对繁多快捷的传播手段和路径，思想政治教育主体已很难保证对一些不良信息进行屏蔽或去除，即便是采取一定的措施也有滞后性，一旦信息出现在网络上，马上就会有人关注并以不同的方式留存和传播，难以制止或者彻底消除。传统信息管理的优势一去不复返，思想政治教育工作所面临的信息传播环境日趋复杂，信息来源及传播的不可控，再加上传媒因信息技术进步和自身经济利益驱动产生的信息内爆效应和黄色、黑色信息污染，以及西方不良观念思潮等或直接或间接地影响了受教育者的意识形态观念，甚至对思想政治教育目的所要求的大学生应树立的价值观产生严重的负面效应。"90 后"大学生适应网络时代的特点，接受信息特别快，而且意识都较为开放，可以相对自由地接收和传播任何观点与思想，其他良莠不齐的泛化主体所传播的思想则会畅通无阻地作用于高校学生的思想价值观念。而且，信息来源海量纷繁，泥沙俱下，过量真假难辨的信息围绕和包裹着大学生。由于经验阅历少，大学生还未能形成稳定成熟的世界观、人生观、价值观，不能够慧眼独具，不能够科学甄别和正确判断选择，容易受到不良信息或负面信息的影响，偏听偏信，产生迷茫，不知所措，甚至进行错误地选择进而导致极其严重的一些影响和后果。

网络的交互性和开放性等特点，对高校学生的交际体系以及知识结构产生影响。部分高校传统思想政治教育内容保守固化，教育者依然主要是从国家社会需要的角度来强调思想政治教育的重要性，这本身是没有问题的，但是，如果教育教学内容无视当下经济社会现实发生的深刻变革，缺乏网络虚拟社会与现实社会思想教育的衔接与转化，或者教育教学内容脱离受教育者客观地生活实际和思想实际，脱离信息时代学生世界观、人生观和价值观的培养要求，只是单纯强调传统政治理论的灌输与说教，无助于帮助大学生解决现实中生活、学习以及思想上的种种问题，不能够培养大学生分辨是非、理性选择的能力，作为个体的人的价值问题及人格独立性等问题没有得到应有的关注，则容易使学生感到空洞乏味，进而产生对思想政治教育排斥、反感的情绪；行为上则是尽可能地想尽办法逃避现实教育，借助新媒体去挖掘娱乐话题，自发地追求精神上的愉悦。这样一来，思想政治教育的效果就不可避免地趋于弱化。也就是说，当思想政治教育客体（受教育者）想要得到的内容主体（教育者）没有讲授或者不会教授，或主体的传授方式过于陈旧，不能够与现实社会的人和事结合起来，客体不喜欢听或者根本听不进去，尽管主体还在继续言语，但其受众已是"身在曹营心在汉"的状态，看似认真听讲，实则神游四海；看似专注思考，实则心思游离。思想政治教育内容及话语一旦偏离了受教育者的需求，脱离了它理应契合的环境，主体和客体双方互动缺乏共识域，交流缺乏共同话语，客体很难理解、接受进而内化教育者的观点或思想，"言者谆谆，听者藐藐"，就必然会造成思想政治教育的无效或形成思想政治教育负向效应，陷入教育困境。而且，这种情况再加上社会上不良思潮对大学生观念的冲击和引导，加重了受教育者对传统思想政治教育的反感，受教育者不但不再认可教育者对知识的传授内容和方式，甚至出现消极对抗的情绪，转而更加认可乃至推崇网络上的相关内容以及相对自由平等的知识学习的方式，这无疑使教育主体原先的优势话语权变成了教育教学中的劣势。

全媒体时代，思想政治教育主体所面临的环境已经发生了质的变化，高校思想政治教育工作者面对的竞争不断增多以及话语权上出现新的变化，教育主体必须直面现实，不断地提高和充实自己，以维持自身在与教育客体交流过程中的主导地位。如果不能够正确认识当前所处的环境，转变观念并采取相应对策，势必会因为丧失自身信息优势包括信息管理而削弱自身在思想政治教育中的权威性，使原先独有的话语权受到更大的冲击。而且，当各种信息不同程度地对大学生产生影响时，如果思想政治教育工作者不具备"把关"能力或者"把关"能力丧失，那么教育主体的话语权将无从谈起。

应该不断提高自身素质，还应当积极提升教育内容质量，改变自我教育方式，改变以往传统教育话语权居高临下的教育模式，开创踊跃争夺话语权的新局面，以增强高校思想政治教育的实际效果。

四、全媒体环境下思想政治教育上体呈现泛化趋势

传播环境对人的影响是客观的，它的影响力取决于两个方面的因素：一是大众传媒的传播形式和技术手段的发达程度；二是社会对信息的需求和依赖程度。在互联网技术、移动终端与社交媒体快速发展的背景下，丰富的信息内容进一步拓展了思想政治教育的空间，便捷的信息传递增强了思想政治教育的时效性，随着信息化高速公路的建立和越来越多的互联网使用，人们能在瞬间实现全球范围内的对接和交流。信息网络是一个巨大的信息资源库，其对于整个思想政治教育工作的影响不可小觑。而且，更为突出的是，全媒体环境下信息网络的强势作用改变了思想政治教育主体队伍单一明确的状况，也就是说，思想政治教育主体呈现泛化趋势。

在信息网络中，教育主体和客体是完全平等的。每一个参与其中的人都不再是单纯的、完全的主体身份或者客体身份，而是互为主体的交往者和互动者。各种各样的人都可以借助网络媒体自觉或不自觉地成为思想政治教育的主体。大学生的知识获取渠道大大拓展，传播知识的精英也不再局限于学校和课堂，诸如，公众订阅号等平台使大学生随时都能了解来自最前沿的学术动态．接受最新的学术理论。不但如此，信息传播过程中，各种信息来源本身变得不重要，信息本身可以独立体现为思想政治教育主体而发挥作用，甚至于机器这些物质载体本身。例如，大学生作为思想政治教育客体若有一台电脑或一部手机，就能发现或获取自己所需要的各种信息，在其从朋友等获取信息的过程中，可以说电脑或手机本身在一定程度上就是在履行教育主体的作用。因此，全媒体环境下，高校思想政治教育工作队伍传统的教育主体资格有所变化：一方面，他们自身获得了思想政治教育主体、客体以及信息传播者的三重身份；另一方面，面对各种媒介终端和信息独立地发挥作用，他们不再是唯一的思想权威。而且，随着大学生基于网络的活动形式越来越丰富，活动比重也越来越大，许多不同种类的主体开始通过网络来展现，尤其在信息获取和社会交往等方面，思想政治教育主体逐渐泛化的趋势表现得更加明显。

随着互联网技术和手机媒体的发展进步，微信、微博和QQ以及其他各种客户端，开启了大学生学习生活新模式。手机QQ、微信等各种丰富的应用，可随时随地、方便快捷地查询各类信息、进行各种交流。只要有手机，大学生大部分业余时间都会被新媒体占据，甚至部分同学过着与手机捆绑的生活，与手机须臾不离，即便是课堂上也是如此，似乎人的精神世界被网络世界所掌控。手机媒体作为继报刊、广播、电视、网络四大传媒之后的"第五传媒"，已经成为当下人们沟通交流和获取信息的重要工具。手机便于携带、即时性强、资源丰富，一机在手，任意时间、地点即可获取信息和传播信息。每个人都是媒体，每个人既是信息的消费者，又是信息的制造者、传播者，任意人之间的信息交流都成为可能。基于手机媒体平台，大学生频繁使用微博、微信等，以兴趣、爱好、学习、地域等多种方式聚集在一起，开展丰富多彩的活动。这些微博、微信等新媒体，能够承载和传递思想政治教育的内容或信息，从而在思想政治教育主客体之间发生相互作用。对于微媒介的使用已经逐渐内化为大学生的生活和学习方式，各种方式的传播信息在潜移默化地影响着他们的世界观、人生观、价值观。这些媒介载体在此过程中不知不觉地履行了思想政治教育的职能，其强大的影响力使其超越了其作为载体的作用，并在信息传播的过程中一定程度上扮演了主体的角色。例如，大学生在朋友圈或微信群里看到一条链接或一条信息，在点开阅读的过程中，往往会被其内容所吸引。相较而言，这个链接或信息从哪里来变得不重要。当然，来源也很难持续考证，甚至也不可考。如此一来，在媒体信息的自传播系统中，似乎正是应了"只管吃了鸡蛋而无须去管是哪只鸡下的蛋"这句话。然而，也正是这种对于信息来源地不关注以及客观上的难以考证，使得新媒体传播环境容易滋生不利于主流价值观念或意识形态传播的因素，总有通过各种途径传播出来的杂音、噪声在发生作用，并且，其很容易被利用，很可能被变相地采取各种包装形式吸引大学生的眼球，迅速传播不良或错误信息，并在大学生获取信息不充分或者不具备足够的甄别能力的情况下对大学生的理解、判断和选择产生不可估量的影响。

全媒体环境下，思想政治教育载体的形式也更加多样化和具有时代性，网络信息乃至手机或电脑这些物质载体能够相对独立地充当或扮演思想政治教育主体的角色，其背后的原因主要有两个方面。其一，面对越来越大的信息空间以及主体泛化产生的多元思想和文化，传统思想政治教育"灌输"的往往是将复杂社会简单过滤或一定程度上美化后的东西，而高校学生在网络中更容易接触到那些更原汁原味、更贴近生活的内容，加上大学生本身心智并不成熟，对于新鲜事物的好奇心又特别强，因此那些网上的内容是他们更易于认可和相信的，这在一定程度上增加了他们接受不良信息的概率。对实施思想教育的工作者来说，如果无政治敏感，缺少对网络传播思想的认识，缺乏必要的网络操控能力，那么在应对网络资源自由的信息环境和泛化主体多元化的舆论环境时，就无法占领网络思想政治教育阵地，无法引导大学生正确辨别和利用网络信息。思想政治教育工作者在丧失"把关人"地位的同时，也会不可避免地削弱自身的调控力和引导力。其二，由于对于大众传媒的过于依赖，教育者的主观能动性被降低了。大众传媒因其受众广泛而高度市场化，传播迎合大众通俗、感性、娱乐口味的信息。这些浅显易懂的信息缓解了现实生活中的竞争和压力，但使人容易拒绝思考，拒绝对人生意义的探索而只注重和追求当下快乐。久而久之，个体的价值追求就会有所偏离，看重感官享受，喜欢形象、直观、浅层次的东西，将深刻的人生价值、理想信念等抛在脑后，片面追逐轻松舒适的生活方式等。这种情况不但在受教育者身上存在，在教育者身上也一定程度地存在。教育者主观能动性的降低，直接降低了思想政治教育的时效性，影响到思想政治教育目的的实现。现实生活中肤浅的、平庸的生活模式，诱导一些大学生丧失对现实的责任感和道义感，丧失对崇高理想的追求和对理想人格的塑造，使那些关系人生价值、民族命运的严肃话题被大众娱乐代替。对于大众传媒的过于倚重，教育者的主观能动性下降，受教育者的崇高理想、人生信念、价值追求、精神信仰等主流意识被淡化、质疑，甚至被遗忘，从而使主流意识所倡导的思想政治教育内容的权威性受到挑战。

　　面对网络环境下客体对主体的诉求和主体泛化的趋势，一些思想政治教育工作者并未及时转变角色和强制性灌输的教育方法，使充满了功利性和目的性的行政式话语在网络语言的烘托下显得僵硬且蛮横，逐渐走向了网络泛化主体的"反面"。网络中的泛化教育主体不会将信息通过强制性灌输的方式来让大学生掌握，而是通过引导、讨论以及自主学习的方式来对大学生进行教育。同样，大学生也不希望教育工作者通过传统的灌输式方法将知识传授给他们。然而，网络上所谓的"教育主体"派系众多，其传播的内容良莠不齐。思想政治教育工作不能交给网络或者被网络所占领，高校思想政治教育工作者必须跟上时代的发展要求，掌握媒体发展的新技术，创新思想政治教育式方法，牢牢守住阵地，持以马克思主义意识形态为主要方针，积极灌输依旧是帮助大学生掌握党的理论、方针、政策的一条重要途径，关键在于方式方法。思想政治教育工作者应当甄别泛化的教育主体，利用网络的作用将要传授给大学生的知识变成他们渴望学习的内容。将网络主体与传统主体有选择性地结合，并充分发挥网络信息传播的便捷性，不仅展现师生之间的互动情况，还要形成互动局面，思想政治教育工作者应"淡化"教育者角色，主动吸收网络主体平等性和交互性的优点，充分利用当前的网络聊天工具积极与大学生进行交流和沟通，利用QQ、微博、微信等新媒体，关心大学生的生活和学习，了解其身体健康和心理健康状况，做大学生生活上的帮手、学业上的咨询者和思想上的引导形成正确的价值体系以及思想观念。

　　在全媒体环境下，高校思想政治教育工作者面对教育主体多样化以及话语权上出现的新变化，应当积极提高自身素质，对思想观念不断进行调适和更新，改变自我教育方式，改变以往传统教育话语权居高临下的教育模式，开创踊跃争夺话语权的新局面，使之与社会变革的节奏合拍，与大学生的现实需要适应，与思想政治教育工作改革创新的步伐协调，以增强高校思想政治教育的实际效果。思想政治教育工作者只有改变传统的教育方式和工作方法，较快地实现网络与现实接轨，才能进一步夺得思想教育的主动权。一方面，要多关注网络，及时采集并汇总信息，以便掌握大学生所关注的事件信息，并根据大学生舆情做出精准判断；同时，利用自身较强的思维和理解能力来引导大学生获得比较具体而有用的知识。另一方面，对于网络上比较片面的观点和不良的言论，思想政治教育工作者可以运用自己的专业知识为广大大学生答疑解惑，使其明白是非曲直，还可以利用网络开展广泛且具思维性、知识性的宣传活动，促进教师与大学生、大学生与大学生间的讨论，达成相对客观和正面的共识，增强思想政治教育的实效性。

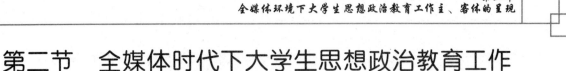

第二节　全媒体时代下大学生思想政治教育工作客体的呈现

一、全媒体传播环境下思想政治教育客体的信息偏好

思想政治教育客体是思想政治教育活动中思想政治教育主体及其活动直接指向的对象。通常来说，高校思想政治教育工作客体是大学生。全媒体环境下，以新媒体为载体而带来各种社会意识形态思潮以及形形色色的信息言论的传播，尤其西方所谓的普世价值通过适合大学生特点的、然而比较隐蔽的娱乐方式变相地加以传播，对大学生进行潜移默化地影响和渗透，对大学生造成思想认识上的冲击和判断选择上的混乱。虽然，思想政治教育工作客体具有主观能动性和一定的独立思考能力，但其年龄、阅历和知识结构等使其受环境的影响非常显著。思想政治教育工作无疑是主体通过媒介平台传递信息给客体，同时也要考量工作客体获取信息的方式偏好和内容偏好，主动介入到媒介平台建设、主动改良信息传递方式、积极整合筛选提炼信息内容，从而达到对工作客体实现教育的目的，因此对教育客体的信息偏好进行研究意义重大。

（一）大学生对不同类型媒体的关注程度

在校园日常学习生活中，大学生最常接触的媒体范畴可大概分为两类：一类是社会媒体；另一类是校园媒体。社会媒体以多种形式不分人群地呈现在大学生面前供其主动选择和接受。校园媒体则根据大学生的特点，以大学生为主要受众，参考社会媒体形式呈现在大学生面前供大学生主动或被动地选择和接受。两者有区别，但共同的目的是最大可能性地被最大多数大学生选择从而实现各自的功能。从这一点出发，校园媒体在学校相关职能部门的管理下形式与内容均可控，社会媒体除国家法律、法规对内容有所规范外，形式与内容均不可控。

大学生对社会媒体的关注程度大于校园媒体，而在社会媒体中对基于网络发展的新媒体关注程度高于传统媒体，在新媒体中关注度最低的是网络广播，即使如此，也高于对传统广播的关注程度。这样的调查结果与普遍认知相符合，也与社会媒体类型比校园媒体类型更加丰富多元有关，与新媒体的吸引力比传统媒体的吸引力更强有关。在网络新媒体中，大学生关注程度最高前五种类型分别是搜索引擎、社交网站、购物网站、视频网站和门户网站。中国互联网信息中心发布的第 36 次中国互联网络发展状况统计报告（2015）显示，2015 年中网民各类互联网应用的使用率中，排名靠前的按照课题组的分类，分别是即时通信（该互联网应用未在本调查中设置）、网络新闻、搜索引擎、网络休闲（包括网络音乐、博客 / 个人空间网络视频、网络游戏）、网络购物等。

大学生对于社会媒体的关注上同网民的关注点具有一定共性特征，即对搜索引擎和即时通信的使用频率非常高，其中，对即时通信的使用虽然没有列入关注媒体类型的项目当中，但后续的调查可验证大学生对即时通信的应用非常普遍。同时，大学生群体也与普通网民群体有差异，即对社交网站的关注程度大于普通网民。与普通网民群体的差异恰恰反映出大学生群体的独有特征，即将现实中的交往联系向网络交往联系延伸，而这种特征也带来了大学生的群体性分化趋势。

在继续开展有关大学生上网主要用途方面的调查时，结果显示排在前三位的分别是"了解校内外新闻、资讯，追踪社会焦点的最新动态""分享个人新鲜事（发状态、晒照片等）或了解亲戚、朋友、同学的最新动态"和"找与课程相关的学习资料 / 学习课本外感兴趣的知识气其他方面的用途依次排列分别为"阅读小说 / 观看视频""结交新朋友或与别人沟通 / 交流 / 倾诉""表达自己对某些事件或问题的看法购物"和"玩游戏"。这样的结果与网络新媒体的关注程度基本契合，体现出当代大学生个性鲜活，喜欢利用网络进行沟通，同时表现出他们对社会发展关注程度高，善于利用网络加强学习。而对于大学生沉迷购物、网游等观点则存在一定程度的误判。

在校园媒体方面，大学生关注度最高的前三种类型分别是校内微博 / 微信平台、学校 / 学院网站和公告栏。这三种类型当中虽然都是提供给大学生主动选择的媒体类型，但微博 / 微信平台无疑最受大学生青睐，也最容易被主动选择和关注。而联系校园媒体实际功能不难发现，学校 / 校园因经常提供与大学生学习、生活息息相关的通知、报道等内容，与其说是学生的主动选择不如说是因独特信息的权威发布渠道学生不得不被动关注，这一点在随后开展的大学生对获取校内信息的途径调查中能得到印证，也可以从公告栏这一传统方式仍然受到学生关注，甚至关注程度高于别的新媒体类型中得到验证。这样的结果反映出与大学生学习、生活、交往密切相关的媒体类型受到广泛关注，在校园中大学生对校园媒体的功能界定非常明确，这对于如何在校园的传统媒体、新兴媒体中建立广泛的大学生思想政治教育全媒体阵地有重要意义。

（二）新媒体使用情况的调查

大学生对各种类型的新媒体最为敏感，这些新媒体的关注度和使用频率也最高，针对大学生新媒体的使用情况，课题组对大学生使用微博、微信、人人网和 QQ 空间进行了专项调查。从经常使用或登录的角度考量，有 57.15% 的受访同学最常使用的是微信，而微博、人人网和 QQ 空间则基本持平，分别是 14.56%、13.70% 和 14.59%。在 2018 年底进行的预调查阶段，当时大学生微博和微信的使用量基本相当，微博使用量稍高于微信，但半年多之后，微信的使用量已远超微博，其发展速度惊人。不可否认，微信已经成为大学生目前使用最广泛、关注程度最高的一种媒体工具。同时，有 78.16% 的受访者表示一般会用手机上网，这一结果与《中国互联网发展状况统计报告》中公布的通过手机上网的网民比例为 78.5%，充分说明目前利用移动互联网络已经成为大学生上网的主要途径。同时经调查，有 47.43% 的大学生每天会花费 1—3 个小时在这些媒体上，而有 11.59% 的大学生甚至每天会花费 5 个小时以上的时间，周上网时间高于 30 个小时，远高于 2019 年中国网民的人均周上网 26.1 小时。大学生上网时间持续增长为开拓思想政治教育工作的网络阵地提供了理论依据。

为了了解大学生在这四种新媒体中关注信息的偏好，课题组在调查中列举了十种常见的信息类型，受访者需选择不多于三项特别关注 / 转发的信息类型。结果显示，各种信息类型选项中，选择人数比例最高的前三项分别是"好友的动态"（53.30%）、"社会新闻类"（43.41%）、"观点看法"，选择"娱乐八卦类"信息和"艺术体育类"信息的比例分别为 19.87% 和 18.43%，而仅有 9.12% 的受访者会关注和转发"心灵鸡汤类"信息。其他如"休闲旅游""购物美食""科技、财经和文化信息"等，选择比例都在 10%—14%。为了进一步了解大学生朋友圈中关注对象的偏好，课题组列举了八种大学生可能关注的对象，同样要求受访者选择不多于三项主要关注对象。结果显示，在主要关注对象中，选择人数比例最高的前三项分别是"身边同学"（49.52%）、"亲戚、朋友"（38.49%）、"社会名人"（38.87%），选择关注"网络达人"的比例最低，为 9.07%。此外，关注对象为"官方机构"和"校内学生组织"的比例也相对较高，分别是 35.84% 和 20.87%，值得注意的是，大学生对任课教师和辅导员的关注度不高，选择关注他们的学生比例分别为 14.52% 和 12.34%。在调查大学生朋友圈中陌生人的比例时发现，一半以上学生（52.41%）朋友圈中陌生人的比例低于 10%，有 33.48% 的受访者表示朋友圈中的陌生人比例在 10%—30%，仅有 4.26% 受访者朋友圈中陌生人比例大于 50%。

通过调查大学生新媒体使用中信息偏好和交友偏好可以发现，大学生使用各种新媒体工具或不同类型的社交网络，实际上是现实中与同学、朋友交往的延伸，依靠这种关系建立起来的网络关系有长期以来集体生活关系的烙印。通过新媒体，他们了解朋友的状态、社会的状态，但对网络上泛滥的"心灵鸡汤"不太感兴趣，或许是因为来自现实生活的激励和心灵抚慰要远胜于网络，这为开展网络大学生思想政治教育工作提供一个思考的维度。与之印证的是，课题组在问卷中询问了"如果老师与你交流，你更喜欢哪种方式？"，有 45.38% 的大学生喜欢"电话或面谈等传统的方式"，39.07% 的同学喜欢"使用微信、QQ 等新媒体"，15.55% 的大学生觉得无所谓，在全媒体迅速发展的当下，越来越多的教师开始尝试使用新媒体工具与大学生接触，认为这是贴近大学生活、走进大学生的"圈子"、接受并使用大学生话语体系的一种方式。而在现实情况下，主客体之间传统的面对面交流仍旧高于使用即时通信工具进行交流，虽然网络时代给主客体之间的传统互动带来冲击，主体主动适应这种变化并迎合客体熟悉、善于使用新媒体的需求，但网络平台尚未取代传统方式，呈现出相持状态，这也显示客体实际上出现了一定程度的分化，或者说，客体在接受主体的施教过程中对施教形式和内容出现了分化，由于这种分化的出现必然导致相持状态可能长期持久地存在下去。基于此，在全媒体传播环境下，仅重视网络媒介而忽视传统方式实际上并不适应客体的分化趋势，大学生可能更喜欢传统面对面的交流。

综上所述，课题组研究全媒体传播环境对思想政治教育工作客体的影响，首先从大学生的信息偏好入手，通过问卷调查的方式了解大学生对不同类型媒体的关注程度、获取信息的途径与内容的偏好以及对于新媒体的使用情况，调查结果与一般认知比较相近，深入分析调查结果可以得到以下基本结论：

第一，大学生对社会媒体的关注程度大于校园媒体，而在社会媒体中对基于网络发展的新媒体关注程度高于传统媒体，即使在新媒体中关注度最低的网络广播，也高于对传统广播的关注程度。

第二，大学生对于社会媒体的关注同网民的关注点具有一定共性特征，即对搜索引擎和即时通信的使用频率非常高，其中，对即时通信的使用虽然没有列入关注媒体类型的项目当中，但后续的调查可验证大学生对即时通信的应用非常普遍。同时，大学生群体也与普通网民群体有差异，即对社交网站的关注程度大于普通网民。

第三，在校园媒体上各类新闻报道的偏好方面，调查结果显示，大学生还是最喜欢看到有关校园文化活动的新闻报道和有关学校发展的报道；其次是有关政策解读的新闻报道和先进事迹的报道以及对社会焦点问题的解读。

第四，在大学生分享校园网络共享资源的偏好方面，结果显示，大学生最关注的是如何能提高自己实践能力的一些资源（占 35%），仅有 10% 的受访者选择关注纯娱乐性质的资源，排在关于课程辅助学习的网络资源（占 22%）、提高个人素质与能力领导力的网络资源（占 18%）以及帮助个人发展规划的网络资源（占 14%）之后。

第五，通过调查大学生新媒体使用中信息偏好和交友偏好可以发现，大学生使用各种新媒体工具或不同类型的社交网络，实际上是现实中与同学、朋友交往的延伸，依靠这种关系建立起来的网络关系有长期以来集体生活关系的烙印。通过新媒体，他们了解朋友的状态、社会的状态，但对网络上泛滥的"心灵鸡汤"不太感兴趣，或许是因为来自现实生活的激励和心灵抚慰要远胜于网络，这为开展网络大学生思想政治教育工作提供一个思考的维度。

二、全媒体环境下思想政治教育工作客体的思想行为的变化

思想政治教育工作的核心内容就是关注工作客体的思想和行为特征，并主动介入以期对其产生影响，帮助大学生成长成才。课题组以全媒体传播环境对大学生思想状况的影响和对行为习惯的影响两个大类为主要调查点，总结全媒体传播环境下大学生思想和行为的变化，从而为如何开展思想政治教育工作提供依据。调查全媒体传播环境对思想状况的影响集中在调查大学生道德养成与价值取向两个方面，对行为习惯的影响集中在调查大学生学习习惯、网络社交习惯、休闲消费习惯以及对虚拟和现实世界的认知四个方面。

（一）全媒体传播环境对大学生道德养成的影响

就像硬币的两面，全媒体传播环境对大学生的道德养成可能带来正面的影响也可能带来负面的影响，而正面和负面的影响有时候既来自正面的宣传，也来自负面的宣传，从这点出发，课题组从正、反两个方面考量全媒体传播环境对大学生道德养的影响，同时通过设置参加志愿活动的原因探究大学生对服务社会的看法。在对有关模范人物和先进事迹的正面宣传对大学生所产生积极影响的调查发现；21.12%的受访者表示"以获选人物为榜样，提高自己的道德修养"；34.15%的受访者认为"觉得感动，偶尔拿来勉励自己"；30.46%的受访者认为"节目播出时很有感触，但是一段时间后影响就淡了"。这说明媒体对于模范人物和先进事迹的正面宣传还是非常重要的，有利于促进大学生良好思想道德的形成，关于对大学生参加公益活动的原因进行调查的结果也进一步证实了这一点，13.89%的大学生的积极参与是由于深受相关网络报道的感染。但是，不容忽视的是，对于模范人物和先进事迹，部分大学生有反面认知，如有7.92%的受访者感到"排斥或者讨厌，都是包装出来骗人的"，同时有6.34%的受访者觉得"无所谓，与我无关。"这说明，当前的媒体传播环境对大学生思想道德的影响是较为复杂的，一些大学生对于媒体缺乏信任，甚至对好人好事的宣传产生较为极端的抵触情绪。此外，媒体有关"做好事反而被讹诈"的类似报道，对大学生的价值观念或多或少产生了一定的负面影响，导致部分大学生在面临此类假设场景时有些顾虑或不能做出正确选择。不过在正面的引导下，这种负面信息可能也会起到一定的积极作用，比如，激发大学生改变社会风气的责任感。这一点在下面的反向调查中有所体现。

在反向地进一步地通过"倒地老人扶不扶"的问题调研大学生个人观点和行为中，12.80%的受访者选择"扶，不计后果"，56.10%的受访者选择"扶，但会采取自我保护措施"；选择"装作没有看见"的大学生占4.43%，同时有12.17%的大学生选择"不太确定自己遇到这种情况会怎么做"这类问题之前在网络上也有过很多的讨论，全媒体传播环境更倾向于站在道德的高度去谴责，而在言语间却透露着不要管闲事的思想，在这种情况下，大学生还保持着自己的主见，折射出来的是当代大学生的责任与担当，特别是对道德引导的担当。

全媒体传播环境下对大学生的思想道德养成不管是正面的还是负面的影响，实际上起到的积极作用大于消极作用，或者说，负面的信息在某种程度上起到了积极作用，那就是在正面的引导下，负面信息可能更加激发大学生的担当意识。全媒体传播环境使得当今社会全方位、立体地呈现在大学生面前，象牙塔中的大学生虽然没有进入社会，但从来没有像现在这样能更加直接地了解社会、参与社会，甚至影响社会风气。可以看到，因为大学生在校园中持续受到良好的教育，在公民的道德素质饱受质疑的当下，对于当代大学生的公民道德问题不必持有悲观态度、批判态度，当代大学生坚守着他们的责任底线。这方面的特征在大学生参与社会公益活动的原因调查中也有体现，超过半数（57.26%）的大学生积极参与社会公益活动的原因是想"锻炼自己、服务社会，可见，大学生的公民道德状况总体向上向好，不必对大学生的思想道德状况过于悲观。而且，也能看出，大学生变得日益理性，不但倾向于在富有担当与责任的过程中积极采取措施保护自己的权益，还能够客观对待负面信息，具备一定的信息辨识能力。从这一点出发扩展到大学生对于媒体中出现的关于国家、社会发展的负面消息的看法，超过一半的大学生（50.51%）"接受部分负面消息"，但对国家和社会未来发展"仍积极乐观"的占15.26%的大学生"充满信心，不相信负面消息"，而"相信大部分是真的，对未来信心缺失"和"对此毫不关心"的大学生比例分别仅占5.71%和2.66%。这也说明在全媒体传播环境下，只要加强引导，大学生能保持积极、健康、向上的思想风貌。

（二）全媒体环境对大学生价值取向的影响

除了道德养成，大学生建立正确的价值取向也是思想政治教育工作的一项重要内容。为了研究全媒体传播环境对大学生的价值取向的影响，课题组在此方面通过设置社会上经常出现的典型话题对大学生进行调查。

通过调查大学生对网络热点问题的看法来考查全媒体传播环境对大学生价值取向的影响。调查中，当问及大学生对"理想，理想，有利就想；前途，前途，有钱就图"这种观点的态度时，21.35%的受访者认为"完全错误，58.26%的受访者认为"也对也不对"，有

10.82% 的受访者认为"完全对"，同时有 9.57% 的受访者对此"无所谓"，持"也对也不对"观点的比例过半，陷入"怀疑论"，究其原因，是市场经济条件下大学生的理想和信念发生了动摇，社会上热衷追逐金钱的世俗观念影响和扭曲了大学生的人生观、价值观，他们缺乏对社会上的一些不正常的现象的正确认识，缺少崇高的理想信念和正确的人生追求。这在一定程度上暴露了全媒体环境下舆论导向存在的一些失误和偏差以及当前的教育机制中理想信念教育的弱化、欠缺。反映出当前大学生的价值取向有待引导，大学生思想政治教育工作尤其是理想信念教育亟须进一步加强。而且，在大学生培养过程中，需要加强对其科学思维方法和思维方式的培养，提高其对各种信息事件的判断和辨识能力，形成个人的科学认知。当然，在此过程中，对于网络上的负面信息及时进行正确的引导也显得非常重要。

当然，这只是问题的一个方面，问卷调查中，面对"你觉得实现人生目标最重要的是什么？"的问题，在给出的三个选项当中，有 72.27% 的大学生选择了"拼能力、拼做人"，选择"拼爹、拼关系"和"拼运气、拼机遇"的大学生分别占 11.22% 和 16.51%。这反映了当代大学生清楚地认识到机遇固然重要，但机会永远都是垂青那些有准备的人，实现人生目标还是得依靠自己的努力.通过提升个人能力和综合素质来实现自身的人生价值。大学生总体上积极向上的做人做事态度，也反映了他们优良的素质。

（三）全媒体环境对大学生行为习惯的影响

了解大学生的行为习惯是主体介入客体开展大学生思想政治教育工作的另一个重要内容，在行为习惯中，课题组重点调查全媒体传播环境下基于网络的学习习惯、社交方式、休闲消费行为以及职业选择出现的变化，并考量大学生对虚拟世界和现实世界的认知，从而为主体更好地开展工作提供帮助。

1.对大学生学习习惯的影响

网络丰富的资源为大学生学习新知识提供了极大的便利，在此情况下，大学生的学习习惯是否出现了新的特征？课题组调查了"新媒体进课堂会给你的学习带来哪些影响"，18.44% 的大学生认为新媒体带来了"平等互动的师生交流模式"，35.93% 的大学生认为是"种类丰富的课程参与形式"，30.31% 的大学生认为影响来自新媒体有"丰富的教学资源线上共享"，还有 15.32% 的大学生认为是"新颖有趣的教师授课方式"。可以看到，新媒体的快速发展正在给大学生带来影响，而大学生对这种影响应充满积极的期待。同时，经调查发现，当大学生"在学习过程中遇到不理解的知识点的时候"，31.13% 的大学生会"到网络上寻求帮助"，27.28% 的大学生会"向身边同学请教"，31.15% 的大学生会"向任课教师请教"，10.44%的大学生会自己查阅教科书、参考书，这说明，现在网络已经成为大学生学习中知识获取的一部分，并扮演着"任课教师"和"身边同学"的身份。

2. 对大学生网络社交习惯的影响

经调查，20.01%的受访者喜欢以实名制的方式参与网络活动，41.06%的受访者则喜欢以匿名制的方式参与，其数量超过实名制的一倍。此外，有35.82%的受访者表示要视情况而定，主要是根据具体的网络参与方式来确定，仅有3.11%的同学认为"无所谓"，课题组针对大学生的网络"群居"现象进行了调查，以探究大学生网络聚集的原因。关于对网络社区看法的5个调查选项当中（要求选择不多于3项），选择"和同事、亲戚、朋友在一起时，很难找到共同话题，在这里有归属感"的比例为14.15%，选择"可以在遇到困难时寻求帮助，帮忙出主意"的比例为27.10%，选择"没什么用，大家一起打发时间，无聊的象征"的比例为31.46%，选择"都是陌生人，虚拟化人际圈"的比例为16.36%，选择"和他人关系融洽，很好沟通交流"的比例为10.67%。由此可以推测大学生对于网络虚拟社区实际并不留恋，并没有强烈的归属感，也不见得网络的交流会比现实中更容易，虽然遇到问题可以在网络社区中征求意见，但很多时候只是无聊想去"逛逛"而已。当回答"网络社区带给他们的最大乐趣"问题时，27.16%的受访者认为是"自由，想说什么就说什么"，与此比例相当的受访者（26.93%）认为最大乐趣是"可以比较轻松地与老师、学长、男神/女神交流"，38.98%的受访者认为最大的乐趣来自"可以看很多有趣或有益的内容，仅有6.92%的受访者认为他们的乐趣是"提供了自我展示的空间由此也可得到与上述类似的结论：大学生网络聚集的目的是比较积极的，而且愿意看到有趣或者有益的内容。这为利用网络开展引导工作提供了依据。

3. 对大学生休闲与消费习惯的影响

为调查大学生在学习之余的放松和休闲情况，列举了包括"网上玩游戏"等6个选项，要求受访者选择不多于3项。调查结果显示，选择在"网上看电影、电视剧或其他视频"的比例为59.12%，在所有选项中排名最高；而选择"参加学校的各类活动"的比例为21.51%，在所有选项中排名最低；选择"在网上随意浏览，打发时间"和选择"到户外运动、逛街、游玩"的比例分别为33.43%和34.17%，比例相当；同时选择"在网上玩游戏"和选择"与朋友吃饭、聊天"的比例也大体相当，分别为26.12%和25.36%。所以总体来看，大学生课外想休息放松一下的时候，大部分会选择在网上看电影、电视剧，但包括户外运动等很多线下的休闲方式也是大学生喜欢的，大学生选择网络休闲的活动和线下的活动比例接近3：2。大学生休闲的途径还是非常多样的，应当进一步鼓励大学生"走下网络、走出宿舍、走向操场，自 2008 年以来，网络购物越来越受到追捧，课题组针对大学生"网络购物"还是"实体店购物"的消费习惯进行了调查，结果表明：14.01% 的大学生表示"能在网上买的都在网上购买"，而"根据所购物品的情况，选择网上购物或去实体店，但更倾向于网上购物"的大学生所占比例为 40.33%，显示考虑"但更倾向于实体店购物"的大学生所占比例为 39.15%。仅仅有 6.51% 的大学生表示"基本不网购"。由此可见，网络购物的方式已经同实体店购物的方式平分秋色，且网上购物更加受到大学生的推崇。

4. 对网络与现实之间关系认知的影响

网络与现实生活有很大不同，大学生对于两者的关系是如何看待的，自己能够处理好现实与网络的关系吗？调查结果显示，近一半的大学生（49.49%）认为"自己能够妥善处理网络与现实生活的关系"，认为"不知道如何处理二者关系"的大学生仅占 5.03%。此外 21.40% 的受访大学生认为"我更喜欢在网络中实现自我，不喜欢面对现实生活"，24.08% 的受访大学生认为"网络过于虚幻，我更喜欢现实生活"，比例比前者略高。对于如何帮助那些沉迷于网络的同学摆脱这种状态，受访的大学生也表达了他们的观点，在给出的四个选项当中，选择"老师、父母、亲人多沟通，多督促，给他关爱和建议"的占 24.19%，选择"身边的同学、朋友多关心，多帮助，带他参加集体活动"的占 49.27%，选择"校方提供专业的心理咨询和现实干预"的占 19.31%，仅有 7.23% 的同学选择"借助断网、删游戏等强制手段总体来看，大学生对于网络与现实有着比较清醒的认识，网络形式虽然是虚拟的，但折射的是现实的生活，因此即使出现了沉迷于网络的现象和问题，大学生普遍认为最好的解决方式也是要通过实实在在的关心、关爱去解决，而针对网络问题声讨网络本身而忽视现实问题显然是本末倒置了。

综上所述，课题组研究全媒体传播环境对大学生思想行为的影响，研究结果与经验认知相比较，有的互相认证，有的则与一般认知相互矛盾。总体而言，全媒体环境下，各种媒体的涌现使得大学生获取信息更加便利，全媒体传播环境对大学生的道德养成、价值取向以及学习、交往、休闲和购物方式等都产生了影响。从道德养成和价值取向方面的影响来看，全媒体传播环境下，不管是正面的影响还是负面的影响，实际上积极作用大于消极作用，或者说负面的信息在某种程度上也起到了积极作用，那就是在正面的引导下，负面信息可能更加激发了大学生的责任意识、担当意识，改变一些不良的价值取向。同时，大学生能够利用各种媒体，服务于自己的生活和学习，无论是通过大学生自己的主观判断还是客观效果评判，全媒体传播环境给大学生带来的积极影响都大于消极影响。从消极影响以及造成的后果来看，全媒体传播途径下，海量的、良莠不齐的信息在丰富大学生认知的同时，也给大学生的思想带来了一定的困扰，不知道该如何选择和判断接收到的信息成为困惑大学生的最突出问题，而产生的负面影响也是因为在没有正确引导下接收和接受的结果，大学生希望能够找到帮助他们更好利用网络的途径，也希望能得到他人的帮助和指导，这是在全媒体传播环境下开展大学生思想政治工作的一个重要组成部分。

三、全媒体环境下思想政治教育工作客体的主体性呈现强化

通过全媒体传播环境下思想政治教育工作客体思想行为的变化，得到的有关结论与经验认知相比较，有的互相认证，有的则与一般认知相互矛盾，最重要的结论主要包括两个方面：一是大学生并非随意被网络左右而发生改变，在全媒体传播环境下其主体性呈现出强化倾向；二是作为思想政治教育工作的客体，整体来看，大学生群体有着共性特征，但群体性有不断分化的趋势，即在共性与个性、群体与个体之间形成了若干分化、细化但很具体、鲜明的小群体。因此，在全媒体传播环境下开展思想政治教育工作，需要特别关注大学生的主体性强化和群体性分化的特征。本节将重点阐述全媒体传播环境下思想政治教育工作客体的主体性呈现强化倾向特征。在下一节重点阐述全媒体传播环境下思想政治教育工作客体的群体性呈现分化趋势。

（一）大学生的主体性意识不断强化和发展

大学生的主体性是指大学生在学习和实践过程中表现出来的能力、作用、地位，即人的自主、主动、能动、自由、有目的地活动的地位和特性。大学生的主体性发展与人类主体意识的觉醒和进化有着密切的关系，主体意识的每一次觉醒和进化都反过来推动社会的发展，促进人类的进步，体性发展问题不仅是一个单纯的教育理论问题，也是一个与当代社会发展密切相关的重大现实问题。大学教育阶段是个体主体性发展的转折期，由自我的主体性向自觉、自由主体性发展的过渡，大学教育的责任更多地体现为帮助学生进行自我教化、自我成长和自我发展。随着我国社会经济的发展、高等教育的深化改革以及现代大学制度的建立和完善，教育从灌输到引导，支持大学生在主动获取知识等方面生成和发展大学生的主体性，而随着全媒体传播环境的形成，也为大学生主体性地生成和发展提供了更多方便，在一定程度上不断唤醒大学生的主体性意识。

第一，大学生的自主性在全媒体传播环境下得到充分锻炼。大学生有较强的自主意识，怀疑和批判是大学生在成长成才过程中自主意识形成和发展要经历的过程，他们对外在信息并不是全盘接受，而是在自主判断、整合的基础上选择自己所需要的信息，从而自

行选择行动方式和为人处事的方法。全媒体传播环境无疑为大学生自主性能力的培养提供广阔的锻炼平台。课题组在前文所述的大学生在道德养成、价值观取向等有关观点、立场的调查中有论述。大学生有着自己的判断和选择，而这种判断和选择恰巧都比较积极向上，由此可以验证大学生的自主性得到了锻炼。

第二，大学生的主动学习能力在全媒体传播环境下得到充分发展。大学生作为有思想同时又具实践能力的社会人，在认识自身和反映客观世界的过程中表现出主观能动性和积极的参与性。在过去，这种主观能动性主要表现在课堂上或者在课堂外的实践活动中与教育主体进行互动，而这种能动性和参与性却很难与社会形成互动。调查发现，35.93% 的大学生认为全媒体带来的是"种类丰富的课程参与形式"，30.31% 的大学生认为影响来自全媒体有"丰富的教学资源线上共享"可见，大学生在全媒体传播环境下，课堂从现实向网络延伸和拓展，获取知识的途径从课本、教师延伸到更多的全媒体传播中的丰富信息资源，实践的方式和内容也得以在全媒体传播环境下不断拓展，这种拓展与社会建立了更加广泛的联系，使大学生能与社会形成更加生动地交流和互动，其主观能动性在更宽广的维度上得以释放和发展。

第三，大学生的创造性思维在全媒体传播环境下得到充分体现。大学生因正处于向社会人转变的过程，在不断的学习中，精力充沛，同时强烈的求知欲又使他们最具创造精神，能提出自己独到的见解和新颖的思路。在过去，大学生的创造性在一定程度上受到教育发展滞后的制约，而全媒体传播环境则弥补了我国教育水平相对落后造成的对大学生创造性制约的缺陷，大学生可以凭借更多的媒体资源接触当今世界最先进的理念、技术、方法，获取足以满足自己好奇心和创造性思维的所有信息。调查发现，大学生认为网络带来的最大乐趣是"可以看很多有趣或有益的内容"。在全媒体传播环境下，大学生有足够的空间展现自己的创造性并使得自己的创造性得到实现。

第四，大学生的个性在全媒体传播环境下得到充分尊重。随着经济的快速发展以及教育体制的不断改革，大学生的个性特点愈加明显。由于大学生的个体成长环境更加具有相对独立性，他们的特质、兴趣爱好也变得千差万别，使得每个大学生在认知结构、认知方式、兴趣爱好等方面都打上了相对独立成长的烙印。在全媒体传播环境下，每个大学生都可以找到与自己经历相仿、性格相似、兴趣爱好相投、价值取向相似的群体，在这个群体中，每个个体都会得到充分的尊重和认可。如，调查发现网络社区带给大学生最大乐趣：27.16% 的受访者认为是"自由，想说什么就说什么"，与此比例相当的受访者（26.93%）认为最大乐趣是"可以比较轻松地与老师、学长、男神 / 女神交流"。当然，其弊端在于这样的群体可能不会对个体产生积极的作用，甚至会产生消极影响，但也正因为这样的群体存在，使得针对这类个体的教育实际有了从群体介入的角度和方式，仅从开展大学生思想政治教育方面来看，也有积极的一面。

（二）大学生的主体性表达更加主动和多元

大学教育在促进学生主体性发展的过程中承担着重要的历史使命，但大学教育与大学生的主体性发展并不总是呈现出一致性，现有的大学教育体制也可能 会阻碍大学生的主体性发展。这种阻碍集中体现在两个方面：一是观念层面上，大学理念和大学教育的价值取向对大学生主体性发展的影响；二是制度层面上，大学、政府和市场三者的关系对大学生主体性发展的影响。但全媒体传播环境在一定程度上可以制衡阻碍大学生主体性发展的制约因素，体现在大学生在主体发展过程中其主体性有了更加充分、全面的表达和体现，使得他们能更加主动地参与教育过程、社会实践并主动思考自己的未来发展。

第一，全媒体传播环境使大学生更加主动参与教育过程。传统的教育环境下，大学生在受教育的过程中受限于教育主体的相对单一和主客体之间交互媒介与平台简单固化，他们主动参与教育过程（这里指通过参加改善教育方式方法使教育效果得到提高）的机会并不多，仅限于授课方式反馈、教学效果评价、给授课教师提建议等一些简单的方式，同时教育过程的社会参与度也不高。而在全媒体传播环境下，一方面，由于教育主体从授课教师泛化为资源网站、观点文章或者事件评论，大学生与主体的交流更加广泛，以客体的身份参与教育的过程更加主动和多元，甚至有时候扮演起教育主体的角色，自发地丰富教育内容。如著名的知乎网，其口号是"让世界分享你的知识、经验和见解"，在这个网站发帖的有很大一部分是在校大学生，这是他们主动参与教育过程最好的证明。另一方面，全媒体传播环境使得社会资源有机会介入到教育过程中，大学生通过社会力量可以让教育主体更加了解他们喜欢接受或具有倾向的教育方式、方法和内容，从而使教育主体契合教育客体的实际需求，师生关系也由教师权威走向共同探究，全媒体传播环境在教育主体和教育客体之间形成缓冲地带，使得大学生对参与教育过程更有积极性。

第二，全媒体传播环境使大学生更加主动参与社会活动。传统的教育环境下，大学生与社会活动的互动是有限的，在社会上发声的方式也相对单一。在中国，大部分的参与方式是依靠学校或政府主导和组织的，当然这种主导和组织对于发挥大学生在社会发展中的积极作用是非常有必要的。全媒体传播环境无疑使大学生参与社会活动的方式更加快捷和多元，也由于参与方式更加直接且社会对此反应敏感度较高，使得大学生通过参与社会活动的主体性表达更加主动。如2012年底，针对饮食浪费的现象，在校大学生发起了"光盘行动"。在这次行动中，大学生没有大规模地走上街头，只是通过在网络公共平台或朋友圈上晒"光盘"，介绍科学饮食的知识，就在短时间内吸引了更多大学生参与其中，并形成了良好的舆论氛围，对于扭转饮食浪费的不良风气起到推动作用。无疑，这种社会活动的参与方式是在传统教育环境下无法达到。再如，大学生每年寒暑假参与的社会实践活动，在全媒体传播环境下，这种短时间以集中方式服务社会、增长才干的社会活动参与方式也由寒暑假拓展到课余时间，从集中延伸到日常。当然，在全媒体传播环境下，参与什么样的社会活动需要进行引导，使这种参与的主动性汇聚积极的力量。

第三，全媒体传播活动使大学生更加主动思考自身发展。"培养什么样的人，怎样培养人"一直是教育的核心问题，而思考这些问题的人大都属于教育的主体群体。大学生的未来发展能否被设定或者设计，在此不做更多评论。而课题在开展调查和分析研究的过程中，发现大学生实际更加主动思考自身发展。特别是，面对现在经常出现的"潜规则""富二代""官二代"等现象，大学生能清醒认识影响自身发展的重要因素是什么，如前面调查中的问题"你觉得实现人生目标最重要的是什么？"，有72.27%的大学生选择了"拼能力、拼做人"，选择"拼爹、拼关系"和"拼运气、拼机遇"的大学生分别占11.22%和16.51%。这反映出当代大学生清楚地认识到机遇固然重要，但机会永远都是垂青那些有准备的人，实现人生目标还是要依靠自己的努力，通过提升个人能力和综合素质来实现自身的人生价值。在选择职业时，大学生越来越少地受到外界强加的选择，而是出于自己的喜好，同时全媒体传播环境让他们更加全面地接触并相互印证各种意见和建议，从而做出自己的选择，确定自己未来的发展方向。

（三）大学生主体性强化倾向给思想政治教育工作带来的启示

从网络进入校园的那一刻开始，大学生思想政治教育工作在网络面前"如临大敌"，适应的则希望网络带来的问题通过网络的手段解决，而不适应的则声讨网络甚至有时候通过妖魔化网络来解决网络带来的问题。在传统媒体和基于网络的新媒体逐渐融合并形成全媒体传播环境的当下，大学生不是对传统方式全盘否定，也不会被网络随意左右而发生变化，他们在适应与不适应、变与不变、迎合与抗拒、契合与矛盾的过程中，其主体性不断被唤醒并有意愿得到表达。作为大学生思想政治教育工作主体，在全媒体传播环境下应该更有自信，更有作为。要充分利用并促进大学生的主体性强化倾向，使大学生在大学期间能够达到自我教育和完成良好个体社会化的转变。要主动适应全媒体传播环境，形成契合大学生主体性强化倾向的教育邦境，构建促进大学生主体性良性发展的有效途径，使教育主体（无论是教师还是泛化的其他教育主体）的作用都能得到有效发挥，促进大学生道德品质和道德人格的全面提升。

进一步分析大学生作为客体在全媒体传播环境下的两个特征，对如何开展思想政治教育工作有重要启示：一是大学生并非随意被网络左右而发生改变，在全媒体传播环境下其主体性呈现出强化倾向；二是作为思想政治教育工作的客体，整体来看，大学生群体有着共性特征，但群体性有不断分化的趋势，即在共性与个性、群体与个体之间形成了若干分化、细化的很具体、鲜明的小群体。

四、全媒体环境下思想政治教育工作客体呈现群体性分化

（一）大学生群体性分化特征和表现更加明显

从前面的分析中，全媒体传播环境使开展思想政治教育工作主体的主动性呈弱化倾向，同时这个主体又有泛化趋势，而客体的主体性意识和主体性的表达却越发强烈，除此之外，作为思想政治教育工作客体的大学生这一群体，则出现了群体性分化的特征和表现。"群体"属社会学概念，是指两个或更多的个人，为了实现共同的目标，通过交往与沟通而形成的相互作用、相互依赖的集合体。群体的构成一般要满足以下五个方面的条件：一是有一定数量的社会成员；二是有共同的目标与利益；三是有较持久的交往和稳定的社会关系（信息、思想、情感等交流）；四是有明确的行为规范（或约定俗成）；五是有统一的群体意识。

大学生本身就是一个群体，在全媒体传播环境下，摆在大学生面前的是丰富多样的全媒体菜单，在这份丰富多彩的菜单面前，大学生的不同口味被充分调动和不断刺激，随之而来的是随着全媒体传播环节下媒介形式的多样和内容的细分，导致开展思想政治教育工作的客体在思想状态、行为习惯等方面呈现多样化、个性化。全媒体传播环境使得个性化的个体为找到得以信任和依赖的小群体变得更加简单，从而也造成了大学生的群体性分化。一方面，在越来越依靠合作的当下，从现实生活需要来考虑，独立的个体无论是开展学习活动还是参与到更多的社会活动中，都不可能独立完成，都需要依靠群体的力量。如课题调研大学生的网络"群居"现象时发现，有接近三分之一的受访者对网络"群居"现象的解释是"以在遇到困难时寻求帮助，帮忙出主意"，他们需要进入某个群体当中寻求帮助同时也是有效发挥作用的体现，而由于成长的需要更加多样化，远非传统模式大而统的方式所能满足，因此小群体的灵活性、独特性和鲜明的目标性更能吸引独立的个体。此外，现实中的小圈子也借助网络而更加紧密，比如，"社团群""学生会群"等，就是现实

中小群体在网络上的延伸和表现，可见全媒体传播环境使得满足现实需要更加便利，一方面，造成了群体性分化；另一方面，出于满足个人精神世界的需要。现在的大学生大多是独生子女，成长过程中的相对孤立使他们对陪伴的需求更加强烈，他们的独立个性在面对一个大规模群体时的迷失也使得他们希望找到相互认同、彼此依赖的各类小群体，而全媒体传播环境下的网络虚拟性，使得大学生可以完全隐去现实信息，而只把其兴趣偏好、价值取向等精神层面的东西在网络上以虚拟个体形式展现出来，因此更能找到喜欢的群体。比如，调查中发现大学生喜欢网络群居的另一个重要原因就是"都是陌生人，虚拟化人际圈"，他们可能在现实生活中彼此完全陌生，但在虚拟世界却彼此熟悉，从而形成群体性分化。大学生群体不断被分化（分化后的小群体可能相互交叉），其群体性分化特征愈发明显，表现更加突出，对开展思想政治教育工作的影响更加深远。

整体来看，分化后的各群体还能够在某些方面表现出学生群体的共同特征，比如在调查中体现出来的思想上整体积极向上，行动上符合学校、家庭的期待，对待新媒体的认知和使用上能够保持一定冷静和理性等，但完全从群体的共性特征出发开展思想政治教育工作已经难以满足群体中因分化趋势而导致的不同需求。在全媒体传播环境下，在思想政治教育工作主体泛化的趋势下，无视工作客体的分化，忽视独立个体的存在无疑给高校开展思想政治教育工作带来困境。基于群体特征的思想政治教育工作从方向上、方法上、内容上都没有错，但很难让每个大学生都能感受到他们实实在在地接受了引导或者影响，这是当前高校思想政治教育工作的困境。

（二）大学生群体性分化后的"双面人"和"隐形人"

大学生的群体性分化趋势给大学生思想政治教育工作带来了挑战，但需要特别注意的是大学生群体性分化后的"双面人"和"隐形人"现象。"双面人"和"隐形人"并不是一个严格的具有理论性质的定义，而是高校的思想政治教育工作队伍，特别是从事大学生日常管理和服务的思想政治教育工作者在实际的工作实践中发现的现象。

"双面人"即现实中的表现与网络表现差距较大的大学生人群。比如，有的大学生在现实生活中不积极参与班级或学校的活动，似乎对身边的什么事情都不关心，但在网络上却积极参与活动，对一些现象和观点主动发声。在现实生活中他们可能令思想政治教育工作者很头疼，但实际上，他们在网络上的表现却充满正能量。还有的大学生，他们在身边同学看来总是积极向上的，言语和现实行动上都是中规中矩的，可在网络上却表现出阴暗的一面，与现实生活截然相反。因此，完全依据现实生活中的表现或者依据网络上的表现开展思想政治教育工作都可能失之偏颇。曾经有一所高校出现了大学生跳楼事件，无论是家长、老师和身边的同学都难以接受这样的结果，因为从他们与死者生前的接触来看，这名同学在日常生活中学习正常、与别人交往正常，从来也没有流露出轻生的念头，可是后来在事件的调查中发现了这名同学在网络上的表现是苦闷的、消极的，这种"双面性"没有被及时发现从而导致了悲剧的发生。全媒体传播环境不是造成"双面人"的直接原因，但强化了现实所处群体与网络所处群体的割裂和差异，使别人更难体察到这

一群体的双面性，这给大学生思想政治教育工作的针对性和实效性都带来了影响。"隐形人"是高校思想政治教育工作者对那些平时在现实生活没受到注意而往往成为工作盲点的一类人。"隐形人"的表现一般有两个方面：一方面，是由于全媒体的快速发展使他们不通过现实交往也能生活，比如学习在网络上完成而不去课堂，吃饭通过网络订餐在宿舍完成，衣物等生活用品通过网购直接送到手中，网上视频、音乐、游戏满足了他们的休闲娱乐生活，因此，完全在现实中隐藏了自己。从大学生思想政治教育工作的角度来看，这类人群从主客体交互的传统平台上消失了，从而也就无法实现教育的功能。另一方面，这类人正常地参与现实生活，但并不与周围现实生活中的人或事发生关系，在现实生活中很少显露自己的真实想法，也很少与别人沟通交流。前文列举的高校学生轻生事件也从某个层面反映了这类人群的隐蔽性。可见，全媒体传播环境给这类"隐形人"提供了功能更强大的"隐形衣"，同时，大学生的群体性分化也可能造成了这类人群既在现实生活中找不到群体也在网络上找不到群体的归宿，因为相对于泛泛的大群体，小群体对于个体的吸纳更加严格，这类人遁形于现实的大学生生活，也遁形于大学生思想、政治教育工作。媒体中有过这样的报道，某所高校的大学生失踪了一个多月没有任何人报案，直到尸体在外地被发现，学校和家庭教育工作需要特别关注的一个群体。

（三）大学生群体性分化趋势给思想政治教育工作带来的启示

开展思想政治教育工作，主体与客体之间一定要通过媒介进行交互，这一点毋庸置疑，无论是现在一直保持的传统课堂教育、课余谈话还是在全媒体传播环境下的各种媒体平台，交互的载体不是新的方式取代了旧的方式，而是更加丰富多样了，纠结于哪种具体方式更有效不利于主体对客体的影响。直面客体分化的客观事实或许能为主客体之间的良性互动找到最佳方式。调查中发现，大学生对主客体之间交互形式（包括各种媒体工具）的选择和依赖上呈明显的"功利化"特征，即为实现某个目标或达成某种愿望来主动选择交互方式，对于新媒体则主动关注或参与到某种具体的媒体形式，进而扩展到主动过滤、选择和接受媒体中的具体内容。

在全媒体传播环境下，大学生的主体性意识不断强化，也越发喜欢在自己的小群体中充分表达自己。对于全媒体传播环境下的各类信息，他们已不再满足于被动获取和接受，

更加不喜欢主体的灌输，而是会主动选择和追求。但大学生的这种主动选择和追求不是盲目的，起码对每个个体而言，在他们的眼中任何一种选择都不是盲目的，他们有自己的理由和很强的目的性，同时其所在的群体往往更显著、更强烈也更有效地帮助个体达成目的，反映每个个体的目标。在这种情况下，让全媒体"菜单"上的每道"菜品"都加入思想教育工作的内容显然是不现实的，面对分化的趋势，应该做的还是提高大学生主动选择的能力，强化吸收能力，同时注意小群体对个体的影响。基于思想政治教育工作客体的群体特征和分化趋势，直面客体中每个独立对象的"功利化"特征，"因势利导"开展思想政治教育工作是一种途径。"因"就是遵循，"势"就是日趋形成并不断成熟的全媒体传播环境，"利"就是大学生成长成才的需求。调查中发现，大学生渴望良好的舆论环境，健康地成长，要满足他们"利"的要求。"导"就是引导、疏导，用他们喜欢的形式引导，比如新媒体工具；用他们渴求的方式疏导，比如，面对面的交流和慰藉。

全媒体时代高校思想政治工作内容及工作机制创新

第一节　全媒体时代高校思想政治工作内容

一、全媒体时代大学生媒介素养

（一）媒介素养概念

媒介素养的内涵尽管在不同的历史时期、社会环境和文化情境中有着不同的表述，但对媒介素养重要性的观点还是比较默契的，即利用和分析媒介信息所依据的各种技术和能力，然而，与之相联系的教育实质便是怎样引导人们准确拿捏和媒介的联系。

20 世纪 90 年代初期，美国的媒介素养研究机构为媒介素养下了一个定义，即媒介素养是人们遴选、归纳、总结媒介信息的能力，它还包括生成、生产媒介信息的一系列能力。周东、田春玲的观点是媒介素养实际上是传统素养的拓展，它涵盖了人类对各种媒介所传达信息的分析能力，自然也包括利用某些信息技术来制造一些媒体信息的技能。提升大学生媒介素养的中心就是有效的推动大学生转变为可以自主良好利用媒体、生产媒体产品、对各种信息具有明确的分辨力的高素质公民。这和提升社会文化品质以及健全社会信息发展紧密联系。

媒介素养被分成了三个有机的部分：首先，指导人们正确、有效的利用媒体，对媒体进行接收并且获取其中有价值的信息。其次，对所获取的有价值的信息进行心理层次的交流，最终初步确定该信息的价值。最后，把个人所获取的信息引用到实践中，以达到指导的目的。

这个过程就是人类从接受信息盗窃时利用信息的全过程，整个运作的过程之中，个人的道德品质就会被逐渐的塑造进而形成。媒介素养的定义具有动态发展性。美国学者阿特·西瓦布赖特对媒介素养进行了考察，他认为，随着大众传播媒介（如印刷、图像、电影、电台、电视和互动媒介）的大量出现，必须扩展媒介素养的定义。

前期媒介素养起步的关键就是文本语言的使用和推广，伴随着新兴媒体的引进，媒体素养就理应从声音等形式向多媒体过渡，特别是在互联网和移动电话这类的新媒体被引进之后。在程度方面，实现了只能简单地读写到对媒体内容和形式的发展，这样一来，所有的符号就被赋予了更加形象的意义，有助于人们参透其中的深刻含义。

全球范围内，媒介素养教育历经了多次地更迭和教育方法，这样我们就能够总结出，其实媒介素养也是一直在变化的。近年来，移动电话与网络的迅猛进步，使得媒介素养教育也有了研究的新目标。在当今全媒体时代，各种媒体的互融性明显增强，媒介素养的融合精神、自由精神和参与意识就变得越来越重要了。

（二）全媒体环境下大学生的媒介素养

为了了解在全媒体环境下大学生的媒介素养，加之大学志愿者的协助，作者通过进行调查问卷的途径，于某高校学生相对集中的区域进行了调查，一共分发问卷300份，回收问卷数量为273份，计算问卷回收率为91%。该校在校生两万有余，学科涵盖面十分广泛，学生来自全国各地，部分学科的层次能够达到市重点。这次调查了女生147人，占所调查总人数的53.8%，其余的为男生，占总人数的46.2%，这里边大一新生有40名（14.6%），大二为65名（23.8%），大三为121名（44.3%），大四为35名（12.8%），研究生为12名（4.3%）。调查结果具有一定的代表性。

本次调查从媒介接触与使用层面、媒介素养层面和校园媒介三个方面进行，具体调查数据及结论如下：

首先，搜集相关信息和取得精神上的放松是大学生对媒介功能的定义。相关调查体现出来，搜集相关信息和取得精神上的放松成为大学生对媒介功能的定义，持有这两种观点的人分别占到22.34%和36.25%。使用媒介功能对相关信息进行搜集的男生和女生分别占总数的43.7%和56.3%，求得精神上放松的男女各占63.1%、36.9%，在这两类项目中，大二、大三的学生占有比率为63.8%，大一、大四，包括研究生所占比例为36.2%。通过媒介达到辅助学习的学生占到15.38%，进行社交的学生占到9.89%。其次，网络是符合大学生心理喜好的一种形式。

调查表明：网络（包括手机上网）已经成为大学生最喜爱的媒介形式。利用阅读报刊来获取信息的方式有被"抛弃"的趋势。88.9%的大学生阅读报刊的时间少于20分钟，而有58.5%的学生每天上网的时间超过2小时。接着，媒介工具广泛使用的程度与媒介搜取信息，并且对其进行判断的功能负相关。学生这个群体中约98.17%的人有上述所说的工具中至少一种，拥有手机的学生比例最高。电脑，不论是台式机还是笔记本的拥有率也能够突破八成，而对于传统的收音机来说，其拥有率是最低的，尚未突破20%。然而，谈到考察信息是否真实、是否权威的层面，受采访的人对信息是否真实、是否权威均存在不同层次的怀疑。调查中超过六成的人坦然，他们自己并没对信息是否真实、是否权威存在较完备的界定能力。

此外，因为网络上的信息每天增长何止千万，学生走马观花扫上一眼就结束了，几乎没有人会去深入的思考，仅存在15.38%的人，表示当他们搜集到相关的信息时可以做到"主动思考，去伪存真"，34.5%的学生确实"全部接受，或者浅尝辄止"。还有，学生思想中对媒介素养这个概念的认识上还比较陌生。对于大多数本专业的大学生来说，媒介素养还是比较陌生的。依据相关调查，只有32.20%的学生能够准确的描述"媒介素养"的内涵；50%的学生之前可能听过"媒介素养"这个概念，但是对于它的内容以及涵义尚不太清楚；另外，近三成的人根本就没听说过"媒介素养"。这就证明，媒介素养的教育还是任重而道远的，对于这种比较严峻的情况，对于媒介素养的教育势在必行。

最后，校园官方媒体受关注度低，网络媒介比传统媒介更受关注和好评。调查结果表明，校报学报、学校广播站以及学校的主页上，每一期都会查阅的学生的比例分别为7%、8%和4%。校内的媒体资金十分充裕、资源非常丰富，相对于其他的各种媒介来说具有明显优势，然而，它们却成了"无学生问津"的媒介，它的网络上丰富的资源以及优势根本无法被充分利用，和校园的社交网站、BBS论坛等媒体工具相比较，所要达到的效果与预想的差距是非常大的。

各高校的校园网都具有非常丰富的电子以及学术方面的资源，这些资源共享的目的就是为了方便学生对专业进行学习以及进行相关的学术研究，很少有人去关注或者了解。网络这种媒介在大学生的媒介接触范畴中找有极其重要的位置。约有55.68%和50.55%的学生关注QQ群以及校园的社交网站，而且关注度非常高。部分调查的结果也充分表明，校园的网络媒介由于存在丰富并且生动的内容以及富有创意的表达方式和比较强的时效，吸引了大量的当代大学生，提升了人们对网络媒介的关注度和好评率。

二、高校思想政治工作中加强媒介素养教育的意义

（一）抵御了大众媒介负面影响的现实课题

大众媒介像一把"双刃剑"，它在发挥巨大作用的同时，给大学生成长带来的各种消极因素和负面影响也凸显出来。主要表现在以下几个方面：

第一，大众媒介使大学生的价值观偏离和行为失范。

第二，大众媒介使大学生的思维方式单一化，消极价值观念侵蚀精神家园。

第三，大众媒介对大学生的心理和社会交往产生冲击。

第四，大众媒介弱化思想政治教育的效果。

通过应用替代物或符号，大众媒介把面对面的传统人际传播转变为人与媒体的交流，这种脱离主体而存在的交流模式导致人际关系和情感的冷漠，甚至造成情感和心理错位。这不仅影响了个体在继续社会化的过程中获得新的价值取向、心理倾向和行为方式，而且容易使个体形成孤独、焦虑、忧郁等不良心态。

大众媒介的非中心化和交互性增加了控制和管理思想政治教育活动的难度。一方面，大众媒介为教育者和教育对象提供了平等享有信息资源的权利，这使他们在文化素质和观念上的差距逐渐缩小，教育者在思想政治教育中的素质优势和权威性受到挑战。导致成人在大学生社会化过程中的"引导"作用和权威性失灵。另一方面，大众媒介的多维传播渠道使教育对象具有不稳定性，这不仅使思想政治教育中"主体—客体"固定关系弱化，而且降低了反馈信息的真实性，使教育者不易准确地把握思想政治教育的信息反馈和效果。

面对上述大众媒介给大学生带来的负面影响，我们清醒地意识到：这种情况已给学校、社区和家庭带来诸多隐忧。能否与大众传播媒介科学互动，关系到大学生思想道德的养成、知识的习得，关系到他们身心两方面的健康发展，甚至关系到是否能为社会主义建设提供合格建设者和可靠接班人的问题。

因此，培养和提高大学生的媒介判别能力，教导大学生健康使用和利用大众传媒，主动抵御大众传媒的不良影响，就成为教育工作者和传媒工作者必须共同面对和承担的重要任务。而当前首要的工作就是培养大学生的媒介素养，对大学生开展必要的媒介素养教育。

（二）培养大学生的媒介信息真伪的判断能力

随着网络及媒体的不断发展，大众可以从多渠道接收到各种形式的媒介信息，然而这些信息无一例外都是经过媒体组织、记者及相关部门人为加工过的，其中夹杂着诸多主客观因素，大众只有具备对信息较强的判断能力，才能有效利用信息。

在市场经济的驱动下，媒体迎来了其前所未有的挑战，为了求得生存与发展，不乏出现以商业和功利为目的的媒体信息。尤其新媒体的快速发展，各种媚俗、娱乐化的媒体信息比重越来越大，大学生这个仍处于成长转型关键时期的特殊群体，在海量的媒体信息面前无法作出正确判断，很容易被虚假信息迷惑，对其心理健康、价值观的形成造成负面影响。

高校通过开展媒介素养教育，可以培养和提高大学生对媒介信息真伪的判断能力，从而快速从大量信息中筛选出对自身成长有利的信息，摒弃那些虚假、炒作信息。最终提高大学生的社会洞察力，指导大学生树立正确的人生观和价值观。

（三）大学生媒介素养教育有利于树立正确的价值标准

由于缺乏媒介素养教育，大学生无法系统了解和学习国家关于知识产权、新闻出版、信息管理和出版等领域的法律法规，从而造成其在对信息价值标准的衡量和判断较为模糊。目前针对网络上出现的暴力、色情、虚假信息，大学生也无法明确正确的价值标准，对网络病毒、黑客不但没有作出合理判断，反而从技术上加以称赞。大学生肩负历史使命，是国家未来的希望，能否树立正确的价值标准关系到国家未来的发展和命运。随着网络信息技术的迅猛发展，信息产业迎来了来自政治、经济及社会各个方面带来的挑战，加强大学生媒介素养教育，培养大学生树立正确的价值标准刻不容缓。通过媒介素养教育使大学生了解媒介基础知识和媒介相关政策法规，使其认识到暴力、色情、虚假信息的非法性，并从自身做起，严厉打击、排斥此类信息。对于媒介素养教育来说，一方面可以使大学生培养正确的价值标准，提高大学生的思想素质；另一方面可增强大学生的社会责任感，使得大学生能积极运用媒介的信息创造健康、向上的社会效应。打击虚假信息的同时创作真实、健康、有利于社会和谐发展的媒介信息，从根本上促进国家精神文明建设。

（四）控制网络成瘾症

近年来，大学生网络成瘾现象非常普及，控制网瘾也成为高校思想政治教育工作的主要问题之一。在人们快节奏的工作和学习过程中，网络以其特有的优势已经成为人们必不可少的交流工具。网络媒介传播方式及途径不同于传统媒体，要想合理利用网络，必须了解和掌握网络媒介的基础知识，否则只能被动的接受网络信息，不能有效地管理和运用网络，导致盲目上网。很多大学生都有过度痴迷于网络的倾向，特别是部分大学生出现因沉迷于网络游戏而荒废学业，甚至违法犯罪的倾向。在这种情况下，必须大力发挥媒介素养教育的作用，通过大学生媒介素养教育使大学生系统的学习和掌握媒介信息基础理论知识，了解其传播途径和技巧，养成理性上网的习惯，有效利用网络进行学习和交流，最终改善大学生过度沉迷网络、网络成瘾的局面。

（五）提高了以媒介方式进行思想政治教育的有效性

近年来，随着大众媒体的不断发展，高校逐渐兴起了一种新的教育环境，综合运用声音、图文、色彩等多种感官方式，创造更为丰富、生动的信息。如现场采访，现场参与等。与此同时，在我国"数字校园"已经初见成效，据相关调查，我国有500所高校已经建立了校园网，并实现了良好运转，深受广大师生喜爱。

但是，我们必须认识到的是，由于大学生对媒体信息的实际应用能力并不强，这为大学生利用媒体表明自身观点和看法设置了无形的阻碍，无法有效接受和利用媒体信息，影响了高校通过媒体传播思想政治教育的有效性。因此，加强大学生媒介素养教育，使大学生掌握媒介信息的传播方法和技巧，懂得利用媒体工具正确表达自己的思想，能够灵活借助媒体实现自我发展，从而提高思想政治水平，实现高校通过各种媒介方式进行思想政治教育的有效性。

三、大学生媒介素养教育的主要内容和方法

（一）大学生媒介素养教育的主要内容

在当前高校开展媒介素养教育活动的过程中，尚待解决的问题是比较多的，主要问题是建立一套适合大学生文化状况、技能状况、品行状况，适合大学生对媒介渴望的能动性需求的课程内容，主要包括学科知识、认知知识、情感知识和媒介知识。

1. 媒介素养的学科知识

媒介素养的学科知识在大学四年中应达到两个方面的目标追求。一是促进大学生媒介素养学习能力的养成。这一目标是全体大学生必须达到的，表现为教学大纲规定内容的最基本要求。这样的知识目标主要通过完成媒介素养计划规定的基本课程的学习来实现。这些以实现媒介素养基础性学习能力为目标的课程，要用必修课程的形式来保证最基本的教育教学质量。二是发展性的，以发挥大学生的个性特长为目标。有重点地突出某一媒介的具体素养，在这一层面上重点培养大学生媒介素养的发展性和创造性学习能力，这类学科知识体现在提高性、拓展性方面。这一层次的目标需要通过不同的选修课程来实现。课程形式上可以有媒介素养的综合性和基础性课程，可以有媒介素养的专门性和技能性课程，可以有媒介素养专项课题的调研性和探究性课程，也可以有社会实践性的动手类课程和活动类课程。

2. 媒介素养的认知知识

媒介素养认知知识的产生是一种对社会实践的结果。它建立在一种个人对媒介事物体验的基础之上，这是一种重要的媒介生活技能和适应媒介的能力，也是媒介创造能力的重要方面，是大学生社会化的主要组成部分。在内容上主要分为两个方面：一是自主媒介生活的技能，培养大学生对媒介生活的自主性，让他们在媒介生活中自主解决困惑和疑难。二是通过媒介认知社会、认知他人和强化人际交往的能力。大学生的社会化是人的社会化的最重要的阶段，大学阶段的年龄是人的社会化完成的必经阶段，更重要的是质变阶段。在这一阶段，大学生完成其社会化的进程，除学校教育、家庭影响、人际交往所起的重要作用外，更重要的是媒介对其产生的巨大影响。正因为如此，媒介促进了他们的成长和成熟。帮助大学生获得认知知识，就需要创造大学生自己动手、独立生活的机会，提供相关媒介素养教育的条件，提高大学生与媒介打交道的能力。所以，使大学生获得媒介素养的认知能力，就需要媒介知识与媒介技能，参与媒介的社会实践活动，以及对使用媒介的自我适应能力的学习。形式上主要有学科学习、探究性学习、社会实践、社会调查、社区服务、技能锻炼、人际交往等。

3．媒介素养的情感知识

与媒介素养情感知识教育目标相对应的应该是心理、品德和思想等方面的课程安排。其中心理素质在媒介素养教育中占据十分重要的地位。大学生在媒介活动中，其情绪的爆发等都会因媒介传播信息的不同而不间断地交替发生着，它影响大学生的身心健康、社会经验和日常生活。媒介素养教育中的情绪控制应该列入心理学教育的范畴之中，情绪控制需要心理学方面的知识，需要个人的意志力，更需要对他人、对社会、对自己的正确认知。媒介的自我感知是大学生媒介意识形成的基础条件，它与人的价值认识密切相关。大学生在媒介活动过程中应当树立自己的理想、抱负与信念，在这种心理状态下开展的媒介活动，才会促进大学生媒介情绪的正常化和稳定性，才不至于走向心理极端。思想政治素质是媒介素养教育又一重要目标，主要包括政治意识、政治情感、科学世界观与方法论等方面的目标。多年来，大学生的思想政治教育虽然在不断地改革和强化，但离目标要求仍有差距。对大学生媒介素养中的政治意识与政治情感的教育需要掌握一定的政治常识，需要政治社会化的过程，世界观与方法论更需要专门的教育与学习。实现这样的媒介素养的思想政治教育方面的目标，比较好的方法是在大学生的《毛泽东思想与中国特色社会主义基础理论》课程的教学中融合媒介素养内容。大学生中越来越多的将是"90后"大学生，在这一群体中，情感教育是媒介素养教育面临的重大挑战，在当前有两种课程形式值得我们去探索和尝试。一是实践性课程形式。采用大学生参加到社会实践中，可以是社会调查、社会支教、社会传播，在社会实践中学习，在学习的过程中同步实现心理、品德和思想方面的多个培养目标，同时还可以实现知识、技能的提升。二是参与性课程形式。在这方面，一定要让媒介素养教师认识到大学生对媒介并不是一无所知的，在许多地方，大学生掌握的媒介知识甚至比老师还丰富。因此，媒介素养课程应当让学生参与其中，不是教师教学生，而是师生平等讨论、平等交流、平等互动，通过进行这种平等的参与式教学，可以有效地提高媒介素养课程的实效性。

4. 媒介素养的媒介知识

媒介素养教育是指对大学生加强媒介素养知识教学，让大学生掌握正确的媒介认知、媒介选择、媒介信息辨析和运用、媒介使用、媒介信息传播等方法。这种教育完全是一种有选择性的客观和主观教育。在媒介素养的知识教育过程中，对媒体知识，即客观性媒体知识教育和主观性接收和发布媒介信息的教育应当是一致的。媒介素养的知识教育，浙江传媒学院媒介素养研究所经过三年的实践研究，开发出了"沟通从媒介开始，媒介素养从认知开始""学会在看新闻中了解国家大事""流行文化和偶像崇拜""每个人都是自己生活的编剧""神奇的电视剧制作""奇妙的三维动画影视""来学说话，让自己更可爱""今夜灯光灿烂与天籁之音争相辉映""广告传播的信息，你信吗？""网络，神奇的故事""学会辨析和批评媒介了吗？"等课程，并制作了PPT。这些课程囊括了平面媒体的报纸、杂志，电子媒体的电视、广播，网络媒体的网络、手机。每门课基本上分为"是什么""容易出现什么""怎么去做"三部分，从每种媒介形态的基本概念、内涵，媒介形态可能对大学生带来的负面影响，以及在防范过程中应当注意什么等方面进行授课，基本上达到了媒介素养教育的目的。

（二）大学生媒介素养教育的主要方法

1. 开展媒介批判教育

媒介是信息集成体，也是开展大学生思想政治工作最生动、最广阔、最现实的平台。传统的思想政治工作主要强调通过媒介平台传递正确的政治主张和价值观念，传递科学的生活方式等。对于媒介中不良信息内容通常直接采取定性、封杀等处理方式。这些方式对新时期大学生思想政治工作起到了重要的积极作用。但是它的缺陷在于，往往只是提供了一种结论诉求，缺乏过程的生动展示和分析，而这种直接以结论诉求为主要内容的呈现方式，一旦处理不当，就容易形成僵化、教条的教育形式，曲解为灌输化的教育类型，而这与新时期青年大学生的性格特色、身心接受特点存在很大的落差，影响教育效果。而媒介素养教育在大学生思想政治工作中的引入，形成了新时期高校思想政治工作的全新内容体系。

媒介素养教育通过专业化的视角分析，注重过程教育，注重教育的生动性、针对性，让青年大学生在生动活泼的案例教学中受到身心熏陶，发挥出良好的教育效果。对于一种丰富的节目形态、文化现象的简单否定，不仅不有利于对其形成全面客观的判断，也严重弱化了大学生思想政治工作的科学性、生动性，甚至影响到大学生思想政治工作的权威性。将媒介素养教育引入大学生思想政治工作，以专业的视角、全面客观的态度对这种新型文化现象进行分析和评价。通过对其过程的分析与剖解，让大学生思想政治工作摆脱了"先定性、再执行""简单一刀切"的传统模式，客观全面的评价对象，在过程展示和分析中赢得青年大学生的文化认同，这对于青年大学生思想政治工作效果将带来质的提升。比如对于相亲节目，相亲节目中的恶意炒作以及对社会主流价值观的否定是我们所要坚决摒弃的，但是节目中所孕育的积极向上的文化因素仍然对我们的生活具有重要的启迪意义。我们必须以批判吸收的精神辩证地看待这些问题，注重在过程分析的基础上吸收有益的文化内容，注重在过程中学习和提升，不断提升大学生的思想政治理论素养，这种变革，体现了客观的精神，契合了新时期大学生的接受特点，是新时期大学生思想政治工作创新的"题中之义"。

2. 开展媒介诚信教育

诚信是做人的根本，是人类最基本的伦理准则。然而，作为高素质群体的大学生，面对全媒体背景下错综复杂的信息、传播、真真假假的信息和网络的虚拟性等，很容易出现失信行为，主要表现在学习、生活、人际交往和求职择业的过程中，这不仅对学生自身的未来发展不利，增加了思想政治教育工作的难度，还在社会上造成了许多不良的社会影响。大学生在使用媒介特别是使用网络过程中的诚信建设是网络思想政治教育工作的内容和目的，也是网络思想政治工作的手段和方式。

进行网络思想政治工作的目的就是要不断进行诚信教育，树立诚信意识，提升道德修养水平，建立以诚信为核心的网络道德规范体系。通过树立良好的媒介使用动机教育，可以避免大学生利用媒介发布一些不真实的言论和新闻，进而避免这些虚假信息在网络等媒介环境中的传播，给整个高校思想政治工作带来不良影响。通过诚信教育，可以增强大学生的道德责任感，树立合力的价值观念，从根本上维护好媒介空间的正常秩序。让大学生在行使个人的"自由"的基础上充分尊重其他参与者的权利。

3. 开展媒介能力教育

在全媒体时代，媒介时刻围绕着大学生。作为新时期的大学生，不仅需要对于媒介有敏锐的触觉、明辨是非的精神，还要有在媒介中汲取养分、接受教育、实现自我提升的诉求。当代大学生要学会建设性地使用媒介，熟练地运用媒介，并通过媒介运用，提升自我政治理论素养和道德品质，健康成长。更要通过媒介运用影响和带动身边的同学，实现大学生思想政治工作在更广阔层面的覆盖。广大思想政治教育工作者也要积极通过全媒体背景下的立体化信息平台，不断提升思想政治工作的实效性。比如，传媒院校的戏剧表演专业的大学生，可以充分结合他们的专业优势和特色，结合庆祝建国、建党等重大节庆活动，积极排演革命历史题材的话剧等，通过当代大学生的活力与创造性激发，更好地表达他们的政治情怀和价值观念。通过实地舞台表演、校园媒体转播、网络上传等拓展这些节目的影响力。例如，思想政治理论课与我国社会发展联系密切，必须及时反映社会发展的新要求；而由于思想政治理论课教材的编写总有一周期，因而教材内容往往滞后于社会的新发展，必须在教学中不断补充新内容。全媒体就为这种补充提供了重要渠道。因为我国社会发展的许多新要求、理论的创新成果，大多会在全媒体传播中得到最快反映。在互联网上，教师可以快速查阅到大量可利用理论资料和新鲜的具体素材，以补充教材的不足，充实思想政治理论课的内容，提高思想政治理论课教学吸引力和有效性，使教学内容更丰富和具有时代性。

4. 媒介素养教育课堂教学方法

媒介素养教育课堂教学，大体可分为三类。

一是按照教材所呈现的内容有顺序地讲授，辅以语言、身段、肢体以及板书、PPT 等。PPT 包括了丰富的文字、图片、视频资料、音像等，是高校媒介素养教育必不可少的教学工具。

二是教师引导下的学生参与式教学。学生根据教师设计的教学内容，运用自己的动作、语言行为投身其中，与教师共同完成教学任务。这种课堂中的参与式教学，实质上是"人们参与构建信息时，他们能够与信息互动，能根据自己已有的知识和经验来注释传媒信息"。中国社会科学院新闻与传播研究所研究员卜卫在论述媒介素养教育时认为，参与式方法包括角色扮演、辩论会、情境分析、个案研究、实地采访、模拟报道、媒介监测、新闻报道评奖等。无论采用何种方法，其共同特征都是提问题以及辩论这些问题，并发展对这些问题的想法和实践。参与式教育实践者认为，这种方法更有效、更平等，更使师生意识到媒介素养教育的以赋权为目标，以参与者的文化经验为基础的互动行为。是一种更实际、更有效的教育方法。

三是跨学科的融入式教学。这种方式可以融入政治课（主要是《毛泽东思想和中国特色社会主义理论》课程）、融入相关网络课程和信息课程、融入大学语文课程、融入英语课程、融入相关艺术，特别是广播电视艺术类课程。这些融入式教育的运用为我国的媒介

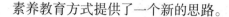

素养教育方式提供了一个新的思路。

5.媒介素养教育课外实践教学方法

媒介素养教育课外教学，主要是参与式的培训。这类培训的内容主要针对大学生不同的群体开展媒介素养的教育。如，学生干部、党员和入党积极分子、共青团员、女大学生、大学生志愿者、大学生各社团活动积极分子、学校媒体人员、勤工助学大学生人员等。把媒介素养与他们从事的工作结合起来，可以更有效地提高大学生的学习兴趣，吸引更多的大学生参与媒介素养教育中。其内容可以是媒介与专业课融合、媒介与性别、媒介与社会活动、媒介与政党、社团，媒介与大学生中的弱势群体，以及大学生如何认知媒介、辨析媒介、评判媒介、使用媒介，以及诸如大学生与报纸杂志、大学生与电视台电台节目，大学生与手机网络等等。

这种参与式的培训，可把它概括为三个方面的主题：

一是在大学生现有的对媒介知识拥有的基础上，促进他们媒介感性知识的理性化，帮助他们把碎片化的媒介知识相对系统化。

二是给他们应对新媒体和新媒体信息的能力，给他们分辨传统媒体在市场经济过程中对道德底线和节目良知守卫的依据。

三是培训过程中形成的或讨论式，或参与式，或融入式的教育方法，可以推广到社会教育的各个方面，破解中国教育的我说你听的填鸭式顽症。

第二节 高校思想政治工作的评价机制及体系创新

全媒体时代的到来，为高校思想政治工作的机制创新提供了良好的契机。高等学校要全力帮助思想政治教育工作者们提高他们的新媒体素养，提高他们对全媒体的运用能力，以便他们能够更好地理解和把握新媒体传播规律，为进一步提高专业化水平、掌握新媒体的话语权、抢占新媒体舆论阵地创造良好条件。

积极构建规范的校园网络舆情监控机制、及时准确的校园网络舆情汇集分析机制、健全有效的校园网络舆情引导机制、科学灵敏的校园网络舆情预警机制以及快速高效的校园网络舆情应急处理机制，及时应对各种网络突发事件，化解舆情危机，消除不良影响，共同营造文明健康的校园网络文化环境。因此，在现代高校的精神文明建设方面，进行全媒体时代高校思想政治工作的机制创新研究十分必要。

一、高校思想政治工作的评价机制

（一）网上评价与网下评价相结合的评价机制

高校思想政治工作的机制，指的是高校的思想政治工作系统之间各部分有机地联系、互相作用以及内在调节的过程和方式，它包括评估考核机制、组织运行机制、监督约束机制、对责任进行追究的机制以及保障机制等。思想政治工作机制的创新，指的是思想政治教育工作系统内各个组成的要素、各个部分之间交流方法、作用的方式、调节途径的综合性创新。

健全评估机制是思想政治工作开展的重要环节，制定科学而又合理评价的程序，把既定工作目标作为根据，并且进行到位的判断以及评价的活动。对评估机制中成绩进行确立，总结相关工作中的失败和成功之处，进而对偏差进行纠正，最重要的应该是帮助人们在工作中对正确的人生观、价值观进行梳理，进一步的明确思想政治工作目标以及方向。

陶建宁认为，要想保证思想政治教育工作的有效落实，完善思想政治工作评估机制是非常重要。思想政治工作评估是思想政治工作的终端，也是思想政治工作的起点。评估是思想政治工作承上启下、客观存在的一个基本环节，它在思想政治工作中具有重要地位。考虑传统的评价方法再难适应全媒体环境的要求和变化，笔者提出建立网上评价与网下评价相结合的评价机制。

采取"网下网上"实时评价，实现动态跟踪考核。在做好每月一次的思想政治工作以后，可以将工作内容发布在高校思想政治工作媒体上，通过信息平台向大学生讲述思想政治工作开展情况、汇报学生思想动态。同时，设立网上评价调查表，由学生参与投票，评价思想政治工作的活动效果，为学生提供足够多的思想政治工作参与机会。此外，除了网上评价，还可以借助网下的不记名投票进行思想政治工作评价。

"网下网上"动态评价，争创结果自动生成。在线公开大学生创先争优承诺、发布活动动态，接受师生的评价。要求各级党组织和党员将"一讲、二评、三公示"讲述汇报的工作和完成创先争优所有工作成绩，按照创先争优"活力党组织"积分量化标准，向所在上级党组织提出申报加分。通过上级审核申报的积分事项，党建信息平台积分"活力党组织"系统将按照"活力指数"量化考核规定的分值，自动生成党组织和党员的创先争优积分，评价党组织和党员创先争优就有了量化可比的基础。"网下网上"排名公示，活力自然体现。在全媒体信息平台创先争优高校思想政治工作论坛专栏分别设置"学生思想政治工作积分排行榜"，及时掌握师生开展创先争优的情况，并进行实时在线排名，使活动积分排名具有可比性。同时，以班级为单位，建立创先争优活动档案，重点完善创先争优活动方案、讲述评比结果，每月开展一次评比活动，党组织和党员谁更先进、谁更优秀一目了然。

此外，"网下网上"评价还需要改变大学生思想政治教育内容考核，网下评价可以用试卷的方式来考核大学生的道德判断、道德推理和道德选择能力，并把网上评价作为道德评价的一项重要指标，考核学生对网络道德规范的掌握使用程度，还可以对大学生网络行为进行考核，包括是否在网上制造谣言、恶意中伤他人，是否参与破坏和侵犯他人网站等不良行为。

（二）过程评价为主要方式的评价机制

邹建良在《建立思想政治工作考核评价机制》中认为，各项工作的开展只有通过过程评价和结果反馈，才能全面地了解其中存在的问题，进而采取相应有效的问题解决措施，思想政治工作也是如此。因此，必须运用绩效管理这种科学方法，建立包含相对的完整评价标准、科学缜密评价的方法以及运转协调的评价机制在其中的量化的标准系统。只有这样才能非常到位的解决思想政治工作所要评价的是什么、到底由谁来评价、该怎么进行评价、评价的结果如何等基本问题，把思想政治教育工作落到实处，把思想政治工作的责任落实到人。

马爱云提出"把过去的以事后检查和把关为主的管理方式变为以预防为主的管理方式"。他强调了对于过程控制的必要性，这样不仅有利于发挥管理单位以及管理者自身的作用，还可以优化管理过程，最终优化管理效果。执行过程评价是实践和反思相统一和增强的历程，也就是说针对所输入的内容，想办法严格落实实践过程。通常，目标在确定后，其重点就是对于目标的严格落实，最终达到预想的目标。此外，针对执行过程中的不足和问题，也要通过改革创新来不断修正和完善。

思想政治工作是高校管理工作的重要板块，其目的就是充分激发人内在的潜能，通过多种维度的评价以及建立机制等各种手段推动内因转化。执行过程的评价是进行自我评测、完善自我的重要阶段，具体来说，应该做到以下几点：

第一，全体成员共同参与，通过对目标的分解，进而明确各自的职务、各个岗位的相关责任，形成由领导负责、逐级负责、系统负责、岗位负责组成的网络体系，全体人员都要承担相关思想政治工作任务，做到全员参加、责任到人。这就需要制定详细的目标管理考核机制，从根本上保证高校思想教育实效性。一旦确定了目标，就要以学校的教学工作目标为主要依据，并且实现与大学生思想素质的有效融合，以及结合大学生年龄、特点或者兴趣爱好等确定目标。此外，还要制定多层次的中长期规划和近期具体的发展目标，构建完善科学的目标体系。

第二，在进行思想政治工作的过程评价时，应该了解思想政治工作的特点，把思想政治工作置于教学、科研、管理、服务、育人的整体之中，从根本上落实好思想政治工作。还要体现出特色，充分发挥教师们在教书育人中起到的主导作用。教师是科学文化甚至思想道德最直接的传播者，教师的层次和水平也潜移默化地影响着学生。因此，学校的思想政治工作不能放弃教师这个角色，应该加大对高素质教师队伍的建设力度，从根本上发挥出教师的引领示范作用。

第三，制定完善的高校内部关于思想政治工作的过程评估制度。主要包括：针对校内各院系思想政治工作的年度考评制度，伴随客观的实际以及高校教学工作的改革相关要求发生变化，不断地修订思想政治工作的阶段目标；将思想政治工作并入高校的长期目标以及各学科或年级的教学管理综合目标考核的体系之中，共同评比，使思想政治工作和各科、各年级的联系都密不可分；明确分工和责任，使这个工作成为自觉的行为，最终充分地发挥思想政治工作的网络优势，提升学生的学习积极性。

（三）自我评价和相互评价相结合的评价机制

高校的思想政治工作评价的原则就是依照事实，操作过程要遵循的原则是民主集中制以及调查和研究。在这样的情况下，作出的评价才可能是真实的、客观的，能够有力的促进成绩的发扬以及问题的解决，保证思想政治工作的有效落实。对思想政治工作进行评价的效果应该和单位中心的工作互相联系，要考虑单位凝聚力、群众精神面貌；考虑群众积极性、自觉程度、参与意识；考虑教学质量、科研成果、办学效益；考虑学生产品的层次、社会的反响等情况。因此，在思想政治工作的评价过程中，我们应该看到现实效果，也应该考虑潜在、间接的功效，将定量和定性有机地结合起来，只有加强对思想政治工作的科学评价，评价本身才可能切实地起到作用。评价主体主要包括学生、同行的教师、管理者、督导、行业的专家，或者是依据学生考试的成绩（职业资格证书考试通过率）对教师教学质量进行评价，由此实现全方位评价，以及公正、科学、合理评价的目的。

第一，建设教师评学制度。教师单向面对学生的评价一直以来被广泛应用，具有独特的权威地位，评价中教师应该全方位把握课堂教学的情况，全方位掌握学生的各种动态。教师可以参考班风建设等方面的信息选择科学合理的评议方法，及时掌握学生实际情况，通过选择科学合理的教学方式，提升学生学习的主动性和积极性，从根本上提升教学质量和管理水平。

第二，建设学生对教师进行评价的制度。教师所教的全部在校生均有权对教师进行不记名评价，从教学能力等各个方面进行公正而合理的评价，以此作为对教师教学质量衡量的依据。

第三，建设领导对教师教学质量进行评价的制度。学校领导应该不定期学习全校所有任课教师的授课内容，且领导要对自己听课的次数进行严格要求，还要认真填写《听课评价记录》以及《课堂教学评价量表》。另外，还要加强书面评价，及时发现问题并及时明确问题产生原因，最终采取有效措施解决问题。

第四，建设教师自我评价的制度。教师的自我评价是推动教学水平提高的重要途径。教师通过自我评价能够对自身教学的优缺点进行掌握，从而发现自己的缺点和优点，进而创新和完善自己的教学方法，不断完善自己，从根本上提升自身的教学能力和综合素质，保证思想政治教学工作的有效落实。

第五，建设教师学生互相评价的制度。学校管理部门不仅是制度的建立者，还是制度的实施者和组织者，那么接受监督对学校管理部门来说就变得异常重要了。教师和学生对学校管理部门进行评价，通常是对学校管理部门关于教学计划、大纲、事故等问题进行评价，至于采用的途径，可以是评价表或者院长信箱等，如果相关部门人员确实收到了不太好的评价，必须在最短时间内进行整改，且要在最短时间内进行公开，通过此种途径来增强学校事务的透明度，而且还要加强教学和管理等几个方面的联系与沟通进。

第六，建设同行互相评价教学的制度。为了保障评价的客观性，学校应该倡议每个教研室的所有教师去听其他教研室教师的课，并且在听课的过程中对该名教师课堂教学的水平打一个综合的分数，作为教学水平中同行互相评价制度的一个参考和依据。

第七，建设教学领域专家评价教师教学的制度。聘请教学领域的专家对教师教学质量进行合理性评价，而且还应该对学校相关的文件和规章制度进行合理性评价。学校也应不定时聘请校外相关领域的专家进入学校进行指导和评价，其意见和看法可作为提高学校教学水平的重要参考和依据。

第八，建设用人单位对毕业生进行评价的制度。学校应该建立用人单位对于毕业生相关的素质、品质、态度以及能力进行评价的制度，而且学校还应该搜集和获得用人单位以及社会对人才能力最新的要求。

第九，建设毕业生对学校进行评价的制度。学校应该是建立毕业生对学校声誉、教师的教学水平等一系列问题进行评价的制度。要采用问卷或者毕业评价表的形式来留住毕业生对母校的意见和建议，从根本上提升学校的教学质量和教学水平。

二、高校思想政治教育评价体系的困境

近年来，对大学生思想政治教育评价的改革有了长足的进步与发展，但是，与如今思想政治教育所面临的严峻形势相比，仍然存在着脱节与滞后的问题。

这些问题主要表现为评价的目标、层次、过程、标准、搜集、反馈、处理教育评价信息的方法等还没有系统化、规范化、科学化、制度化，现行的思想政治教育评价体系在操作过程中缺乏清晰的路线和统一的标准，且在理论与实践中得到认可的思想政治教育评价体系尚未构建。

（一）大学生思想政治教育评价目标狭隘

教育测量学认为，教育评价的实质在于价值判断，是"对象阈限"在于受教育者的发展变化及构成变化的诸种因素。大学生思想政治教育评价目标体系应是对思想政治教育规律和主体价值需求的逻辑反映，体现的是思想政治教育整体的应然目标系统，其涵盖的层次、角度应是合目的性、合规律性引导和规范思想政治教育诸多活动的。但目前我国大学生思想政治教育评价目标相对还是比较狭隘的，在教育客体的认知中，往往关注终极目标客体，即学生的思想政治教育及高校实施思想政治教育的现状，而对于贯穿于思想政治教育全过程的其他客体认知不清或者忽略，覆盖面过窄，对高校与学生的思想政治教育评价，也存在着偏颇之处，如对于学生的心理健康水平、思想道德变动等的测评方面，由于缺乏相对客观、量化的技术手段，使得这些思想政治教育长期处于模糊状态。

（二）大学生思想政治教育评价结构单调

大学生思想政治教育在评价结构上，是主要采取自上而下的形式开展的，上级教育行政部门对高校的思想政治教育开展情况进行评价，高校、教师对大学生的思想政治理论课教学、思想政治教育活动开展的效果等进行评价，这种通贯式的评价结构往往对应的是终结性评价，而诊断式评价、形成性评价、对策性评价和鼓励性评价方式则应用较少或者遗漏，评价方式的单调使得教育评价应具有的诊断功能、改进与形成性功能、区分优良功能、鉴定功能、激励功能和导向功能等无法充分发挥，从而导致思想政治教育评价缺乏客观性、全面性、一致性和灵活性。

（三）大学生思想政治教育评价过程缺乏针对性

大学生思想政治教育评价过程反映的是对大学生思想政治教育实施情况进行评价的流程、节点，评价过程是否顺畅、有序、科学，直接影响最终的评价结果。而目前我国大学生思想政治教育评价过程涉及面比较广，体系过于庞大，评价的指标体系基本上要求面面俱到，更多反映的是硬件要求，而对于评价的软要求则涉及较少。尤其是在评价地衔接、责任界定等方面，一定程度上存在着无序状态，从而导致评价过程出现了断裂与界限模糊问题。同时，在实际的评价过程中，过于依赖量化手段，过多强调评价的科学方法和技术手段的运用，把一些综合的教育问题及无法量化的思想政治教育深层次的活动和反映大学生思想政治教育变化的活动和现象加以量化处理，忽视了较高层次的大学生认知能力、情意能力的评价，对于难以用分数来测评的如意志力、创新精神、自主意识、探索精神等都也以客观的态度来测评，由于定量分析存在的缺点，往往容易导致测量结果无法反映真实的大学生思想政治教育变化的过程，导致价值评价、行为选择和决策活动出现不准确的现象，而准确把握大学生思想政治教育动态变化，并由此为依据制定相应的政策和体制又是评价的最终目的。

（四）大学生思想政治教育评价标准的主观

思想政治教育评价是一个价值判断过程，必须依据一定的价值标准进行。这个价值标准，是指评价主体对评价对象进行认识和评价时所依据的准则，由于不同的评价主体对同一评价对象往往会产生不同的认识和不同的判断，因此，在评价过程中必须制定一些标准，并用这些标准去判断质量是优还是劣，是合格还是不合格。由于思想政治教育评价更多地是为了追求其效果与目的，思想政治教育的特殊性在于其是内心世界的变化，因此，一定程度上决定了思想政治教育评价的标准的确定具有一定难度。尤其随着我国经济、政治、文化、社会等诸多面呈现出错综复杂的局面，高等教育的发展也随着发生了重大变革，教育的理念、体制、机制等都有了根本性的变化。因此，思想政治教育评价的标准也要与时俱进，要体现出灵活性与多样性的统一，以及主观判断与客观判断的统一。但是目前我国高校思想政治教育评价标准的模式相对固定，评价内容相对滞后，思想政治教育评价标准的绝对性与相对性有机统一尚未完全建立起来，即没有把评价标准的多样性、自主性与统一性、一致性结合起来，没有严格地区分教育对象、教育要求和教育目的，从而导致符合大学生思想政治教育规律的多种标准与规程迟迟构建未果，在评价中，以简单代替复杂、以单一性代替多样化、形式主义的现象比较普遍，也就无法客观地反映出大学生思想政治道德的不平衡性和思想政治教育水平的差异性。

三、思想政治教育评价体系的构建

相关调查研究结果表明，构建科学化、合理化、可持续的大学生思想政治教育评价体系十分必要，不仅可以从根本上促进当前我国思想政治教育的发展、提高高校人才培养质量，还能从根本上提升当代大学生的综合素质。当然，评价体系的构建并非一日之功，也非一己之力可以完成，它需要整合众多的教育行政部门、高校、相关评价机构和众多专家学者的共同参与来推动建立客观、稳定、有效的思想政治教育评价体系。

（一）评价机制内部机制与外部机制的结合

大学生思想政治教育评价机制主要分为内部评价机制和外部评价机制这两种基本形式。内部评价机制主要指学校内部自行组织的评价机制，是由高校负责对本校各学院（系）、各部门思想政治教育实施情况定期进行督促、检查和评价，其评估机制主要有领导决策机制、队伍网络机制、体系指标机制、评价的反馈机制等。外部评价机制主要指由上级教育主管部门、社会中介机构等组织构建的评价机制。思想政治教育评价体系的构建，必须要整合评价的内部机制和外部机制，一方面，要借助外部评价机制的强制力和权威性，通过督促、评估、检查等方式推动大学生思想政治教育评价体制机制的创新；同时，以奖惩、评比等方式调动高等院校的积极性分和主动性，为思想政治教育评价体系的构建提供动力。另一方面，要以内部评价机制的灵活性、多样性来探索符合不同层面、不同院校的思想政治教育评价体系，建构出灵活多样的标准与操作规程，为提高思想政治教育评价的针对性和有效性提供蓝本。

（二）评价方法定性分析与定量分析的结合

定性分析是指对研究对象进行"质"的方面的分析。具体地说是运用归纳和演绎、分析与综合以及抽象与概括等方法，对获得的各种材料进行思维加工，从而去粗取精、去伪存真、由此及彼、由表及里，最终认识事物本质、揭示内在规律。定量分析是依据统计数据，建立数学模型，并用数学模型计算出分析对象的各项指标及其数值的一种方法。

定性分析法和定量分析法由于其侧重点不同，选取的方法与分析过程迥异，使得其分析结果也存在一定的差异性。而思想政治教育活动作为一种复杂的精神活动，其效益的存在和表现形式也与一般生产劳动效益、投资行为等有着本质的区别。因此，在对高校思想政治教育进行评价时，要实现定性分析和定量分析的有效结合，在评价之前，要界定好大学生思想政治教育的确定部分与模糊部分，对于确定的部分，可以采取拥有科学方法和先进技术手段的定量分析法进行分析，如一些客观的指标，出勤率、考研率、思想政治教育活动开展的数量、党团建设情况、社会实践活动、就业率等；而对于模糊的部分，如大学生思想道德素质的变化情况、政治素养、内在情操等，则采取定性分析的方法，总结、归纳他们的指向性变化。

通过实现定性分析和定量分析的有效结合，可以在一定程度上确保大学生思想政治教育价值评价的客观性、行为选择的准确性和决策行动的科学化。

（三）评价标准的绝对性与相对性的结合

思想政治教育的评价标准可以分为绝对性标准和相对性标准。绝对性标准就是普遍适用的统一标准和原则，即对所有的教育对象，在任何时候都必须遵循的思想政治教育的准则和要求，是不能用其他原则和要求来代替的；相对性标准是具体的、多样化的标准和原则，即对具体的教育对象，在特定的时期和形势任务下，采用不同的标准。对于大学生思想政治教育评价来说，必须要将评价标准的绝对性和相对性统一起来。结合我国经济社会发展的现状与思想政治教育发展的规律，评价标准的绝对化就是要坚持评价标准的一致化和统一性，主要包括基本的社会价值取向、道德规范要求和基本的个人需求，把党和国家的路线、方针、政策及政治、经济、文化和社会发展过程中提炼出来的一些共性的、广泛得到认可的、适用于高校思想政治教育要求的原则当作评价标准，以此来衡量大学生思想政治教育的成果，只要是相符的或者相关联的，通常就能认为是一致的和合理的。评价标准的相对化就是要坚持评价标准的多样性和自主性，主要是防止评价的简单化、模式化。因为随着我国社会各方面的深刻变革，高校思想政治教育的评价所面临的复杂形势已无法用简单的一套评价标准来测量，必须因地制宜，制定符合实际情况的多种标准来准确分析与判断，以改变过去思想政治教育评价从上而下的单调模式，增强评价的亲和力、活力和实效性，保证思想政治教学工作的有效落实。

（四）评价过程的动态与静态的结合

高校思想政治教育过程的长期性和效果的滞后性决定了思想政治教育评价具有动态性特点。高等学校思想政治教育工作是一个不断发展和完善的过程，其社会效果也是一个逐步显现和不断优化的过程，这就决定了思想政治教育评价是动态的、发展的。高校思想政治教育评价可分为整体评价、分段评价和追踪评价，整体评价与分段评价主要是静态评价，追踪评价为动态评价。而在实际的操作过程中，参与评价的主管部门及高校，往往注重静态评价，而对于动态评价则缺乏相应的措施。高校思想政治教育评价的最终目的是为了了解、分析思想政治教育在大学生之中的效应，而这个效应，不仅有近期的，还有远期的。一般静态评价所获取的结果是近期的，而对于远期的结果，只有通过长期的追踪、观察、反馈才能获取，而高校思想政治教育的终极目标即是可持续的思想政治教育效果。因此，高校思想政治教育在评价过程中，必须实现静态评价与动态评价的有效结合，以静态评价获取当前思想政治教育的现状与发展水平为基础，通过追踪评价的动态响应为引线，全过程地跟踪、分析大学生思想政治教育，最终为准确判断与评估教育效果、制定相应政策提供依据。

（五）评价系统性与专门性的结合

系统思维就是把认识对象作为系统，从系统和要素、要素和要素、系统和环境的相互联系、相互作用中综合地考察认识对象的一种思维方法。系统思维方式具有自身特有的优势，即整体性、结构性、立体性、动态性与综合性等的统一。高校思想政治教育评价要实现其客观性、全面性，借鉴系统论观点是十分必要的，将思想政治教育的结构程序和运动规律作为一个系统工程，运用系统分析法，从教育主体、教育客体、教育介体、教育环体等思想政治教育的组成要素及其之间的关系等方面进行全面分析与评价，从而从整体上把握思想政治教育的影响因素及其关系。特别要强调的是，在设计思想政治教育评价体系的过程中，运用系统论观点，能够使评价体系和指标体系更加符合实际，从根本上优化评价结果。同时，在运用系统论观点的同时，也要有专门的因素分析和研究，这有利于为系统分析提供精准、科学、深入的评价因素。如对于高校思想政治教育介体的专门评价分析，能够获取教育内容是否得当、教育方式是否滞后等有效的信息，为后期高校思想政治教育整体评价奠定坚实基础。

第三节　高校思想政治工作的协同机制创新研究

一、大学生思想政治教育的一般协同机制

（一）大学生思想政治教育协同机制的含义

根据商务印书馆《现代汉语词典》的解释，"机制是泛指一个工作系统的组织或部分之间相互作用的过程和方式。"那么，所谓全媒体环境下大学生思想政治教育协同机制的内涵，就是指在大学生思想政治教育过程中高校内部各个部门或环节通过密切配合，形成有效的思想政治教育协作的有机统一整体。对于机制创新来说，是全媒体环境下大学生思想政治教育任务能够得以顺利完成的重要保障。

（二）政策支撑下的思想政治教育协同机制

党和国家制定的大政方针，是全媒体下大学生思想政治教育的理论基础，也是全媒体环境下思想政治教育协同机制创新的理论柱石。《中共中央关于全面深化改革若干重大问题的决定》（以下简称决定）已经发布，《决定》指出要构建现代公共文化服务体系和现代

公共文化服务体系。具体来说，要统筹服务设施网络建设，以网格化管理、社会化服务为方向，健全基层综合服务管理平台，及时反映和协调人民利益诉求。

中共教育部党组指出，要想保证思想政治教育工作的有效落实，必须保证家庭与社会的共同参与，学校要建立并落实与学生家长联系的制度，学校与社区要有合作育人的工作机制。中共中央办公厅、国务院办公厅进一步明确指出："坚持齐抓共管、形成合力。推动校内外协同配合、全社会支持参与，构建高校宣传思想工作新格局。"要"坚持和完善党委领导下的校长负责制，建立健全党委统一领导、党政工团齐抓共管、宣传部门牵头协调、有关部门参与的工作机制"；要"创新网络思想政治教育，开展高校校园网络文化建设专项试点，推进校报校刊数字化建设"。

通过上面的对比分析，可以综合得出关于大学生思想政治教育协同机制的基本要求，即要坚持高校党的统一领导，党委、行政、工会、团组织和其他各部门的团结协作，家庭积极参与合作育人，社会各部门（包括各级党委、政府、社区、企业、教育部门、司法部门、工商部门、税务部门、劳动保障部门等）齐抓共管。

要想满足该要求，必须大力创新全媒体下的网络思想政治教育制度和方法，必须保证思想政治教育协同机制的有效运行，还要努力做到全过程、全部人与全方位的有效协同。

二、全媒体下思想政治教育协同机制的完善

关于思想政治教育协同机制的创新问题，往往要从大学生、学校、家庭和社会的实际情况入手进行研究，在明确网络思想政治教育相关问题的基础上，提出一些具有建设性价值的构想。

（一）深化网络思想政治教育的建设

根据中共中央办公厅和国务院办公厅关于"创新网络思想政治教育，开展高校校园网络文化建设专项试点工作"的指导意见，高校教师可以针对大学生的实际问题和实际内在需求，精心设计针对性强的思想政治教育专题网站，网站内容可包括政治引导、道德修养、心理教育、职业教育、情感话题或情趣话题等。在这里应该注意的是，网站的建设，需要学生参与策划，参与LOGO设计、形式设计、栏目设计与内容图文设计，参与设计项目的投标竞标，参与网站的管理和维护。这样才能充分凸显出大学生的核心主体地位，提升大学生接受教育的积极性和创造性，增强大学生的自我教育功能，促使大学生在自主选择的愉快工作中提升思想境界。此外，通过鼓励学生参与网站建设策划，也能为"身怀绝技"的大学生提供充足的"大显身手"的空间。

（二）构建校内电话网络热线"直通车"

针对重点问题、重点人，可以构建旨在预防、缓解或解决校内热点、难点、重点问题的"网络专用咨询平台""电话与网络热线直通车"，确保全媒体环境下大学生思想政治教育的及时性与实效性，确保虚拟网络中师生互动交流的民主性与平等性。

（三）构建统一的大学生"校内外动态信息：网络共享服务体系"

这是一个比较大胆的设想。对于思想政治教育的部门来说，往往是分散的；对于管理的对象来说，往往是动态化的；对于管理的内容来说，往往是零碎的。因此，有必要建立一个统一的网络共享服务体系。在这个体系中，实行跨部门的协作，涉及校内各部门、用人单位、社区等；建立统一的网络服务平台；关于所有信息数据实行电脑分析处理。目的是：通过统一的服务平台，进行"网格化"管理（每个部门为一格）。

这里所说的网络平台是"共享"的，好处是有助于各个相关部门及时了解、全面分析和把握大学生的现实需求与思想动态，因材施教地开展思想政治教育，保证建设性和实效性。例如，通过这个系统，学校可以了解学生毕业后在用人单位或社区的情况，用人单位或社区也可以了解该人员在原来学校的实际情况；教师可以通过教学、德育、食堂、图书馆、门卫、宿舍管理、医务等部门的信息全面了解该学生学习情况、身体情况、生活情况、消费情况、心理状态等，便于开展思想政治教育的危机管理，提前介入心理干预，未雨绸缪、防微杜渐地化解教育危机。

（四）"家教师教，沟通显效"

可以实行"走出去"战略，像小学初中教师走访一样，到重点学生的家庭走访；也可实行"请进来"战略，邀请家长到学校和教师、学生交心谈心。要发挥全媒体传播的特点与全媒体技术作用，在建立"家校通"短信平台、微信群的基础上，及时传送学校的时事新闻、发展动态与学生的现实状况，以满足家长"爱子心切"的心理需求。对于重点学生和特殊学生，要及时与家长交流和沟通，及时履行"告知义务"，及时沟通教育。诸如，开放学校与家长的微信公众号，学校如有问题，则必须及时告知，尽快消除公众情绪危机。

第四节　高校思想政治工作的运作机制创新

一、学校与家庭的联系机制

对于思想政治工作的运行机制来说，指的就是在思想政治工作系统内部各要素之间相互联系、相互作用、相互制约的联结方式基础上建构起来的工作体制、管理规范和工作方式等。伴随着高等教育的大众化，大学家校的合作模式成为了高等教育发展的重要阶段，而全媒体的到来又为家校合作提供了便利的技术支持。苏霍姆林斯基说过："如果只有学校没有家庭，或只有家庭没有学校，都无法单独承担起塑造人的细致、复杂的任务。"推动家长和高校密切联系，不仅对学生有很大裨益，更能促进学校勇于探索新的人才培养模式，合理分配教育、教学资源，提升办学效率，最终为国家和社会培养出更多的高素质人才。中共中央、国务院在《关于进一步加强和改进大学生思想政治教育工作的意见》中指出："学校要探索建立与学生家长联系沟通机制，互相配合对学生进行思想政治教育。"因此，学校和家庭合作的模式在大学生思想教育工作中非常重要。同时，也获得了同学和老师的肯定。大学生在成长过程中，始终都伴随着家庭、学校和社会的共同影响。因此，加强大学生思想政治教育工作就应该保证家庭、学校和社会的共同参与、互相渗透。所以要建设良好家校合作的模式，提高家校合作实效性，必须做到意识统一、观念一致。

首先，必须落实好平等合作理念的建立工作，这是保证家校良好合作的一大前提，双方只有通过坚持共同教育的目标，才能在合作过程中互相尊重、理解和信任。这种双向互动的沟通活动，都是以学校、家庭之间平等的地位作为基础的，无论家长个人素质如何、学生家庭条件如何，家校地位都是平等的。辅导员也应该实现自身角色的有效转变，以身作则，互相学习。同时，还要注意了解学生真实的家庭生活背景和实际的生活状况，共同合作，创造和家长交流、沟通的机会。只有建立平等的合作观念，才能发挥各方的长处，达到最终目的。

其次，应该端正学校对家校合作认识的态度。作为管理工作人员，应该摆正自己角色与位置，明确自身的职责和任务，这是非常重要的。运用多种途径鼓励、宣传、指导和支持家校合作，寻求家庭、社会合作的切入点，推动家校合作顺利完成。辅导员应该及时更新教育观念，端正态度，增强合作意识，并且加大对每个学生变化情况的关注度，以家校合作为途径促进学生的健康发展。

再次，一定要构建公平的家校合作模式，充分调动家长以及社会各界人士参与高等教育的主动性和积极性，最终实现为国家输送杰出人才的愿望。国内外学者对家校合作模式也进行了深入研究和探索，大体上，他们把家校合作模式分成"以校为本"和"以家为本"两种模式，和这两种模式相对应的还有很多家校合作目标和方法。因为我国高校数量比较多，每所学校管理方式和办学理念都不同，且学生又来自全国各地，因家庭环境、性格特点、兴趣爱好、行为习惯、家长素质等的不同，必然会导致教育素养差异性问题出现。因此，统一的模式显然是不适用的，对于不同学生应该采取不同的策略。比如，对于网络信息不畅通的地区，写信和打电话就是最合适的沟通方法；本省本市的同学，寒暑假和节假日就可以考虑充分利用，方式也多可以变为家访等；同时，博客、QQ 群、微信等也是和家庭进行沟通的工具。把学校教育与家庭教育紧密结合起来，最终可以有效地促进大学生的成长。

最后，开拓丰富多样的家校合作方法。家校合作可以实行群体参与策略。家校互动离不开家长、教师和学生的共同参与，在这里，人人都是班级的主人，人人都可以找到自己的位置，人人都可以显示自己的存在，而家长的广泛参与是形成教育合力的前提与基础。在参与过程中，逐渐形成较为固定的交流群体，如班级博客、QQ 群、微信群、论坛群等。在这个群体中，家长、教师本身就是一个个丰富的教育资源，当大家围绕一个共同的话题进行探讨的时候，具有不同的智慧水平、知识结构、思维方式、认知风格的参与者彼此互补，促使讨论更加深入。因此，在网络家校互动过程中，要调动多方介入，引导更多的家长参与其中，最大限度地挖掘集体内部的能源，力争把家校互动网络平台建成促进学生健康成长的第三课堂。只有全员参与，整合一切教育资源，教育的功能才能得到更全面、深刻的彰显。

家校合作可以实行智慧分享策略。网络给学校、班级和家庭提供了一个巨大的交流平台，在这里，对班级发展的建议，教师及时回复；热点问题的探讨，家长各抒己见；教育子女的经验体会，大家一同分享；节假日出游，大家一起"秀"。家校互动平台所涉及的内容是公开的，它使每个家长的经验通过互联网得到汇聚，向思想共享迈进一大步，思想共享其实就是体验生命的过程。知识管理界有一条价值规则这样表述：个人的知识管理（智慧）汇集到一个组织中，就会形成更大的效应和价值。家校互动平台研究的过程其实是一个智慧相互汇集的历程，在家校双方的共同努力下使人们从中汲取更多关于教育的智慧，并且这种教育的智慧也能够在促进和谐教育发展过程中发挥比较大的效应，最终体现出其价值。

家校合作可以实行典型引路策略。网络家校互动是提高家长素质的有效途径，一位优秀的家长就是一部活的家庭教科书，通过网络，其他家长有机会阅读这部教科书，而身边的活生生的榜样更能引起家长们的深思，更具有实际借鉴的意义。

因此，我们可以发挥那些在平台中积极活跃的家长的榜样作用，形成教师与家长、家长与家长间相互传递经验和相互学习的良性循环。信息技术的诞生和应用构建了短、平、快的电子信息交流平台，建立了班主任与家长对学生进行同步教育的网络，以一种现代化的全新方式促进了家校之间的良好沟通和交流。

教育工作者必须有效应用网络技术，紧跟形势发展的要求，牢牢把握网络家校互动原则，不断探索网络家校互动的新策略，有效促进家庭教育工作的信息化，共同感受网络的无穷魅力。

二、学校与社会的联动机制

全媒体的信息资讯拉近了学校与社会的距离，这种现实感要求高校思想政治工作不能再进行封闭说教。我国现行德育与现代社会的发展存在着不可以忽视的脱节，并且明显削弱了思想道德教育实际的效果。要让学生在掌握基本知识的基础上转化为自身品德，进而形成生活中的习惯。而要想做到这一点，必须摒弃以往的防御式、回避式的教育模式，推陈出新，不断创新和完善教育模式，提升学生的综合素质。

第一，以生活为维度，完善价值内化的德育内容体系。现实世界并不像学校德育课本所阐述的那么单纯美好，当学生们离开了校园，进而投身到社会之中，便会发现课堂中老师的教诲与现实的世界存在着很大差异，有些人就会慢慢丧失那种潜移默化的力量。这种现实生活和学生实际脱节的德育内容，只能最终失去其教育的功能。教师必须加强对学生的知识讲授和引导，让学生明白幻化多彩的社会生活其实不仅有主流、积极的一面，还有非主流、消极的一面。换句话说，在这个社会上，不仅有美好的物质，还存在不良的现象，并且需要大家共同去抵制与克服。在道德教育过程中，如果想使自己所教授内容被学生们肯定的接受并且内化理解，最终付诸实践，甚至是形成一生的习惯，那么这些内容的可信度以及可行性都是十分重要的。只有建立了充分的信任关系，才可以在学生情感的领域中由道德知发展为道德情、道德意志以及道德行。应该提高道德教育的实效性，还应该注意选择现实中道德的素材，关注社会的生活以及社会的实践情况，用具有能够反映时代特征的人和事来对学生进行教育、引导、感染以及激励，从根本上增强道德教育的贴近度和说服力。

第二，将现实作为维度，坚持心灵为导向的德育的目标。在古代的希腊，教育意指引出，说的就是引出一个人来，这个引出的历程就是新人诞生的过程，有孕育的意思。德育教育的目标就应该渗透在社会实践活动、道德关注和社会的道德需要之中。价值导向和社会的风尚通常决定了教育目的和内容。要想明确道德教育的最根本任务，必须首先明确德育的目标、内涵，还应该正确理解道德和人之间的联系。大量实践结果表明，人类的生存和发展才是道德教育的最根本任务。所以，我们应该摒弃社会的本位思想，坚持人类的健康发展与社会应该有机的结合，将人的心灵作为基本的导向，确立和尊重受教育者在整个道德教育过程中主体的地位，坚持实现主体的复位，从而充分发挥出它独特的能动性和创造性。人的本质就是社会性存在，其发展是不可避免的。只有把人的心灵作为导向的德育目标，才不会忽视对现实的把握和考量。我国古代的德育倡导对人格进行尽善尽美的培育，虽然理论上人人皆可为尧舜，但实际上却只限于外表，在道德上的至圣境界几乎是无人能至。培养面向未来的人，就决定了道德教育的超前性与现实性。如何把握超前与现实的契合点？我们要把人真实的心灵作为导向，从社会现实维度，尽量的贴近受教育者思想以及生活的实际，从而培养出综合素质足够高的合格公民。

第三，把时代作为维度，建设社会需要的德育理论。繁荣和落后并举，是中国学校关于道德教育过程中一大怪异现象。繁荣，指的是数量上巨大。粗略统计结果表明，当前，德育文献以及德育研究人员数量是非常大的。落后，指的是质量上不尽如人意。在日趋增加的德育论文、专著中，却很难发现真正有研究意义和价值的思想观点，往往都沉浸在原有德育理论的框框中。我们应该深入思考该现象的存在原因和改善措施。对于任何一种实践的活动来说，如果没有理论支撑的话，就是空洞的；如果没有理论指导的话，就是盲目的。有效的德育实践与相关理论支撑无法分离。因此，德育的理论一定要随着道德的生活发展而发展，被人们彻底接受的道德教育才是真正意义上的道德教育，只有这种道德教育的功能可以实现。

第四，将发展作为维度，改变机械呆板进行德育教育的过程。德国的教育思想家布贝尔说："品格教育使得教育在本质上名副其实。"从这句话中可以看出，能够塑造出健全人格更重于传授知识与技能。我们都知道，学生的品德形成是由内而外地生长，如果用单纯灌输的方式，恐怕会事倍功半。良好道德品质的形成，离不开道德情感、道德认识和道德行为的有机统一，而关键在于将道德认识转化为道德行为，必将以情感为中介。

所以，所有的道德规范均出自人性需求，规定出的是人和人相互间的道德准则，是建立在人与人之间理解的基础上的。教育在更深层次上看是精神上面的播种，能够得到的不但是知识与能力，更应该包含道德素质和精神内涵。教育是人在一生中展示的过程，即意寓着教育的可理解性，由于展示人生即是对于生活意义进行理解与应用，人生实践的过程就是这样。人们的精神世界是非常丰富的，且有可以无限性拓展的广泛性与发展性，每个人精神能够到达的广泛延伸性与维度是无法预测的，这就是人拥有的可塑性的依托。

所以，对进行德育的内容以及意义的形式理解必定也是多类型的。从这个意义上看，教育没有办法也没有可能将学生精神的世界统一，实际上，我们太强调统一、客观与标准化，这却阻碍学生在精神世界里面能够进行多样化的发展。传授善的意念是一种精神的唤起，并不是一种教导。德育的过程要改变机械呆板的现状，理解广大学生、号召学生，追求善意、实践善意，只有这样，才能保证当前德育工作的有效落实。

三、高校内部的合力机制

构建高校思想政治工作的新机制，必须正确认识思想政治工作在高校管理中的地位和作用；必须创新领导机制，明确领导职责；必须创新激励机制，调动职工情绪；必须创新制约机制，提高工作质量；必须充分利用网络等媒介，构筑思想政治工作新平台。现阶段大学生的思想政治教育工作又为我们出了新的难题，要充分利用网络等先进传媒，全方位增强人的眼、嘴、耳、脑的功能，增强高校思想政治工作的成效性。高校内思想政治工作不仅是适应社会主义市场的经济要求，还是创建与推行改革发展的一个战略过程，另外也是适应新时代改革的发展形势，探索并建立新的思想的一个过程。我们必须将科学理论作为指导，与学校发展和改进情况紧密联系，与生活实际相联系，注重思考实际问题，建立并健全思想政治方面教育的新机制。

首先，创建覆盖全方位思想政治方面教育的主体机制。高校的思想政治方面的教育有极为重要的战略意义，与国家未来与发展密切相关。要想保证高校的思想政治方面的教育工作的有效落实，需要增强全员参与其中的意识，创建覆盖全方位的参与其中的教育主体机制。全方位进行教育的主体要积极参与到教育活动中，全程育人、全员育人、全面育人。以主旋律基调定位于集体主义和爱国主义，用优秀作品鼓励人和激励人，将人用科学理论武装起来，塑造拥有高尚情操的人，用正确舆论引导人，带领学生向高尚道德情操看齐，培养学生拥有健康审美的情趣，引导学生理性消费，拥有远大的理想，积极进取。在学校的层面上，需要相关组织机构人员团结协作，强化组织间的沟通与联系；在社会的层面上，无论是家庭，还是企事业或职能部门，都属于教育主体。首先，家长要关心孩子的成长，了解孩子的思想状态；其次，要充分发挥社会资源对大学生思想政治教育的重要作用，在教育学生的过程中，要用现实生活中的事迹与涌现出的先进人物来熏陶和影响学生，让学生在参与社会实践的过程中受到启发。总的来说，社会上全体成员与各个职能部门均是作为思想政治方面的教育主体而存在的。

其次，高校内思想政治方面教育队伍的建设机制需要创新。在思想政治方面的教育活动中，高校内思想政治教育者不仅是策划者，还是组织者，另外也是调节者与实施者，主导着教育过程。队伍的建设能够决定高校内思想政治方面教育的成败和新局面是否能顺利开拓。因此，不仅要重视队伍的选择、发展与使用机制建立的方面，同时要充分调动队员在工作中的主动性与创造性，保证思想政治教育工作的有效落实。从另一方面来说，需要替高校内思想政治方面的教育者做好职业生涯规划，用政策留住人，并用感情牵住人。

再次，创建高校内思想政治方面工作激励的机制。高校的思想政治工作是保障高校正常运行和促进大学生健康成长的重要环节。其根本目的就是充分调动大学生的内在积极性、主动性和创造性，使之成为勤奋努力、思想上进、工作负责的高素质人才。而激励恰好是调动大学生内在积极性的最有效的途径。

最后，建立多渠道思想政治教育的机制。对于高校的思想政治教育工作的开展来说，应该通过拓展教育渠道和强化工作载体来实现。一是实现主题教育和日常教育的有效结合，全方位、多环节教育人，落实好日常工作，利用各种机会开展各种主题教育活动；二是实现聚合式教育和辐射式教育的有效结合，充分发挥群众社团教育的功能，对不同兴趣的师生进行吸引，并促进其加入，形成教育载体并发挥骨干师生的辐射功能；三是实现个体教育和集体教育的有效结合，加强对师生员工的个体教育；四是实现免疫式教育与感染式教育的有效结合，凸显出思想政治教育能动的特点，从根本上发挥出思想政治教育的作用。要制定具体化和系统化的工作规则，按照一级管理一级、级级落实的规则，把思想政治的工作任务逐步分解，把工作责任落实到个人，并且狠抓落实，使思想政治的工作真正的落到实处。

全媒体的迅速发展，改变了人们的生产方式和生活方式，改变了社会成员的行为模式、思维模式和价值观念，给人类社会发展带来了深刻的影响。全媒体的迅速发展，也给高等学校的发展提供了前所未有的机遇，特别是给高校思想政治工作提供了更为广阔的平台，丰富了高校思想政治工作的形式和手段，给高校思想政治工作提供了独特的视角。但我们在看到新机遇的同时，也必须清晰地看到全媒体背景下高校思想政治工作面临的新问题。网络、手机、数字电视、触摸媒体等各种媒体形态的多媒体信息不断影响高校思想政治工作主体的权威性，影响高校思想政治工作的模式，不断冲击大学生的生活，严重影响大学生的世界观、人生观、价值观，进而阻碍高校思想政治工作的有效落实。

全媒体为高校思想政治教育提供了新的方法、新的平台。在全媒体迅猛发展的今天，舆论多元化的特点决定了我们必须毫不动摇地坚持以社会主义核心价值观为引领体系，不断地提升思想政治教育的高度。必须主动利用新媒体，真正地把新媒体建设成传播马克思主义先进文化的新阵地，占领意识形态传播的制高点，提升大学生的政治敏锐性，使得大学生在接受新媒体文化的同时，自觉抵御错误的网络文化思潮。充分利用现代技术手段，广泛开展宣传普及活动，增强大学生对中国特色社会主义事业的认知认同，提升全媒体文化的精神内涵，培养大学生的爱国情怀、改革精神和创新能力。

总之，在全媒体时代，高校思想政治工作必须适应时代和社会发展的需要，紧跟时代的步伐，紧跟全媒体时代所引起的巨大变化，始终保持对变化的敏锐性，抓住热点问题，结合学生实际情况，充分利用全媒体手段。要加强媒介素养教育，不断充实思想政治工作内容、创新思想政治工作方法和途径。另外，要通过全媒体形态建立有效的思想政治工作机制，提高大学生思想政治工作的针对性和有效性，保证高校思想政治工作的有效落实，培养出一批综合素质足够高的专业化人才。

第七章

全媒体时代高校思政教育体系构建与创新

第一节 全媒体环境下高校的媒体载体建设

一、高校全媒体环境中的媒体载体概述

全媒体的快速发展使思政领域也出现了更多新鲜、多元的话语，高校作为信息化的前沿阵地，新媒体话语在其中的传播更为明显和迅猛。本章分为全媒体环境下高校的媒体载体建设、全媒体环境下高校思政话语传播体系构建、全媒体环境下高校思政教育的媒体运用三个部分。内容主要包括：全媒体环境下媒体载体的概述及对高校思政教育的宏观和微观作用，高校思政话语传播体系构建的内容及途径，微博、QQ和微信媒体在高校思政教育中的运用等。

（一）传统媒体

高校的媒体载体作为向校园中师生传递信息的媒体形式，与一般的社会媒体载体具有相同的特征，从媒体形式上看，也主动或被动地与一切社会媒体形式保持一致，与社会媒体高度融合。随着新媒体的发展，高校的媒体载体也不断与时俱进，因其承担着校园文化建设以及师生思政教育工作等职能，从而具有较为鲜明的校园特色。高校媒体除了校报、校园广播、校园电视、公告栏等传统媒体依旧发挥作用的同时，也在不断加强新媒体建设。当前，校园网络平台、微博、微信等公共平台日益成为高校媒体的重要组成部分，在校园内部传统媒体与新媒体不断融合，形成对大学生思政教育工作产生影响的全媒体传播

环境；与此同时，也与社会媒体一起形成了全方位的全媒体的传播环境。

高校校园内的传统媒体形式较为单一，现在还在使用的主要有公告栏、报纸、校园杂志、广播台、电视台等媒体形式。校内报纸是典型的传统纸质媒体，在高校中普遍流行，是传统校园媒体中最重要的部分，是非营利性质的媒体；但随着学生阅读习惯的变化，传统报纸的阅读人群正在变小。综合来看，校园杂志也应归属为传统校园媒体的重要部分，是使用人数仅次于校园报纸的传统媒体。高校学生的课余时间相对丰富，书刊在大学生中有一定的市场；研究显示，杂志的读者中女生居多，且多数女生对化妆、娱乐生活等杂志具有较浓厚的兴趣。因此，当前较多杂志社瞄准了高校女生的阅读需求，纷纷推出相关杂志产品，这也从某种角度解释了如《读者》一类的文学性杂志的阅读人数有所下降的原因。一个好的现象是，大学生对与自己专业相关的杂志的使用情况明显高于其他杂志。当前高校中，随着网络新媒体的快速发展，传统的校园广播受到较大冲击，其播音范围及场所受很大限制。校园广播的使用场所主要集中在教学楼，用于平时的英语听力训练以及考试英语听力的播放。故总体来看，传统的校园广播已日趋没落，已经从过去的主要信息传播工具沦落到几乎被淘汰的境地。

（二）网络新媒体

以网络为代表的新媒体在高校校园内发展迅速。

首先，传统媒体开始向新媒体演变，即广播、报纸的网络化。以网络为代表的新媒体表现形式多样。新媒体结合文字、声音、视频、画面等使信息传播方式更具有多样化的表现形式，满足了受众的个性化需求。新媒体区别于传统媒体的最大特点在于其互动性。在网络环境中，评论功能使即时反馈的流程更加顺畅，传播过程实现了由单向到双向的信息流动。目前，几乎所有的社会化报纸都实现了报纸上网的目标，网站建设都已经初具规模，并且媒体能娴熟地运用社交网络、微博，手机阅读等更成为各大纸质媒体争抢的阵地。

其次，新媒体各个阶段的发展成果都在高校校园媒体中留下了深刻印记。一般我们以为 Web1.0 时代以免费浏览的网页为代表性标志，信息可以通过互联网"编辑用户"单向传递；高校的校园网主要用于各级信息传播，对学生查询信息有非常重要的作用，使用人群数量大。互联网有快速便捷、信息量大、功能多、休闲娱乐等优势，成了使用人数最多的媒体之一。网络作为一个交流和沟通的平台，大学生可以从中获取很多资源，互联网是他们关注世界最主要的窗口。

最后，我国的高校教育全面进入融合和创新的 Web2.0 阶段，教育伴随着每一次重大的技术变革发生着变化，工业化时代的教育模式很难适应信息化时代对人才培养的需求，

5G、AR、VR 的发展为我们的教育提供了强有力的技术支持，未来教育是优质资源共享的智能网络新媒体教育。随着经济的发展，人们的生活水平逐步提高，大学生使用手机已经成为普遍现象，几乎"全员配备"，甚至有的学生有多部手机。

二、新媒体对高校思政教育工作的积极影响

在网络新媒体时代大背景下，高校的思政教育工作对于大学生的学习和生活具有十分重要的意义，具体表现在以下几个方面。

一是高校通过运用新媒体技术能够建立健全大学思政知识体系。现在移动通信越来越发达，大学生可以通过手机应用程序、平板电脑随时随地与不同知识领域的专家进行网络交流，从而保证了信息的及时性，有助于他们根据国际、国内形势做出相应的调整。

二是在社会新时代大背景下，高校通过不断开拓和运用新型的思政教育模式逐渐完善各种信息功能，从而确保信息工作人员能够及时把控国际和国内的各种形势变化，从而促使他们能够更好地加强思政理论知识的学习。

三是高校要不断加强大学生的思政教育。在网络时代大背景下，高校只有全面加强大学生的思政理论知识学习，才能让大学生更好地适应社会发展的要求。为此，高校在思政教学工作中要不间断地、全方位地教育学生，从而推动他们做出一些改变，进而更好地体现思政教育的实效性。

三、高校全媒体载体对思政教育的宏观作用

（一）正面作用

全媒体环境下，新媒体蓬勃发展，信息不断更新、传播，使得思政教育内容更加丰富。大学生不但可以通过网站和手机端观看视频，及时获取重要新闻信息，而且可以在互联网上随时随地查阅想要查询和使用的文献、资料等，有利于大学生获取知识信息、完善知识结构。同时，不断涌出的各种不同的思想观念发生碰撞，也在一定程度上有利于培养大学生对同一问题进行多角度思考的能力，增强知识广度和深度。同时，全媒体环境下思政教育方式更为丰富，有利于提高大学生思政教育教学和管理工作的效率。教师利用各种媒体可以收集教育教学中使用的更为丰富的素材、案例，使得思政教育教学内容更充实，更能被学生接受和认可。此外，传统的思政教育工作主要是以讨论、课堂讲授、社会实践等面对面的方式为主，有明显的时空局限性。在新媒体广泛使用的情况下，与受众的交流和信息的反馈功能得以实现，思政教育工作不再受时空的限制，不但可以在最短的时间内将教育内容传递给受众，而且可以与学生进行各种形式的互动与交流，在对学生加深了解

的过程中，用正确的世界观、人生观和价值观影响和引导他们。

（二）负面作用

新媒体环境的诱惑性、隐蔽性、虚拟性和难以预见性，不但会对大学生的心理和道德意识带来双重挑战，而且也会对旧有的思政教育工作模式形成冲击，在一定程度上对教育的实效性造成不利影响。新媒体容易使部分大学生习惯于以"看"和"听"的方式来对世界进行感知，而不去思考和追问其背后的本质和内涵。而新媒体中信息丰富而多元，充斥着各种社会思潮，其中不乏一些消极的、错误的思潮及违反社会公民道德的不良信息，这较容易被涉世未深的大学生所接受，易对他们的价值取向产生消极影响。虽然这些思潮是在虚拟环境中传播和发生的，但往往可能会起到"以虚带实"的不良影响。随着聚集规模的不断扩大和信息技术的快速提升，各种大学生自建组织在新媒体中开始不断涌现，已经成为广大大学生集中活动和聚集的平台。大学生处在价值观形成阶段，自制力也比较差，当被这些自建组织误导或受不良动机鼓动时，就容易形成错误的思想以及扭曲的人格，从而对社会产生意想不到的危害，不利于思政教育工作的顺利开展和大学生的身心健康发展。

四、高校全媒体载体对思政教育的微观作用

（一）正面作用

思政教育通常以课堂教学为主，而在新媒体时代，新媒体技术的交流方式更加灵活，可以为教学活动提供更多的空间。手机媒体、网络媒体都具有灵活、快捷的特点，对教学模式的发展起到了促进作用。全媒体载体作为一种新颖的大学生思政教育的载体工具，能够更加便捷地发布有效信息，并且在相对较短的时间内，通过文字、音频、视频等更多的方式反馈给教育者，起到巩固教育成效的作用。这种教学模式不仅使学生更有效地获取教学信息，同时也促进了施教者和受教者的实时互动。通过手机、网络等媒体，大学生可以不受时间、空间等条件约束，能够任意获取所需信息和知识，这样就大大提高了思政教育的质量。

通过全媒体，思政教育工作者能够有效地获取学生信息，从而更有针对性地开展思政教育工作。做好大学生的思政教育工作，首先要做的就是要熟悉和了解大学生，真正到学生中去。大学生具有其独有的特征，独立意识和批判精神已开始逐渐形成，不单单是完全被动的受教者，同时也是拥有独立思想的自我教育者。只有了解了当代大学生思想的发展过程，才能实事求是地开展思政教育工作。新媒体的兴起和发展为高校思政教育工作创造

了条件，很多大学生在遇到困难和困惑的时候，经常通过新媒体来表达自己的观点，希望得到关心和呵护。思政教育工作者依靠新媒体能有效地获取大学生思想上存在的问题，从而有针对性地进行引导和教育。新媒体创造了一个独立的空间，所有人都可以隐藏自己的信息，避免面对面交流的尴尬，可以畅所欲言，进行真诚的交流与互动。同时思政教育管理者可以通过新媒体渠道对大学生的言论进行管理，或利用网络聊天等方式将学生需要的教育内容在短时间内传递给他们，及时帮助他们解决困惑。因此，思政教育工作者可以利用新媒体进行更有针对性的教育，从而提高思政教育工作的实效性。

新媒体让大学生的知识体系不断完善，知识面不断扩展。在传统的教育模式中，学生接受的知识一般是有限的，知识结构也是封闭式的、效用相对比较低的。而在网络技术和信息化快速发展的今天，学生可以借助网络认识大千世界，接受不同的思想文化的熏陶，更好地去弥补专业知识的不足，通过不断开阔视野，来提高自己的修养与能力。微博、微信等新型的媒体形式拓宽了大学生了解时事和新闻的渠道，使其能够随时随地了解世界各地发生的事情，了解相关专业领域最前沿的知识，从而拓展自己的知识范围，并通过实时的交流和互动形成自己独特的看法，培养创新和自主能力。新媒体使大学生思政教育的形式不断丰富，有利于开展更有针对性的教育，使教师准确地把握学生的心理状态，大大提高了思政工作的实施效率。新媒体也将大学生的教育平台拓宽，使教学形式更加多样、教学内容涵盖面更为广泛。

（二）负面作用

新媒体具有虚拟化和超形象化的特点，大学生会用看、听的方式来感知世界，而放弃了追问事物的本质。而新媒体中的信息是非常丰富的，各种社会思潮夹杂中间，其实也包括很多错误的、不良的社会思潮，这些思潮为大学生所接受，很容易对他们的价值观产生消极的影响。这些思潮在虚拟空间传播，往往会产生虚拟效果大于实际效果的影响。而且，新媒体的虚拟性容易造成大学生的人格障碍和心理偏差。如，微博、微信等都是以匿名的方式进行交流和互动，极大地提高了学生的自主性和创造性，使其能畅所欲言，抒发自己的看法，形成自己的观点。但大学生心智还不够成熟，价值观正处于形成阶段，在虚拟世界和现实世界的角色转换中易迷失方向，或者沉迷于虚拟世界而造成现实世界的人际关系疏远。久而久之，则易产生心理疾病或认知偏差而造成严重的后果。此外，网络信息的丰富多彩和网络空间的虚幻美好等对大学生有较大的诱惑，一些学生甚至沉迷其中，网瘾症、网络依赖症、短信依赖症等新媒体症状成为突出问题。这些都给高校思政教育工作者增加了工作难度。

第二节　全媒体环境下高校思政话语传播体系构建

一、高校思政话语传播体系构建概述

传播，既是一种过程，也是一种互动，既是信息的共享，也是图景的构建；既是社会信息系统的运行，也是社会关系的体现。但无论从哪个角度来讲，传播都是指"社会信息的传递或社会信息系统的运行"。广义上讲，传播体系是由传播主体、传播客体、传播媒介、传播场域共同构成的有机系统。新媒体语境下思政教育话语传播体系是从狭义角度而言的，仅指思政教育话语的新媒体传播媒介，即连接传播主体之间的信息渠道与信息平台。作为人体器官的延伸，新媒体早已超出技术层面，成为公众普遍认同的传播方式与社会普遍依赖的生存方式。凸显个体力量的新媒体从边缘走向中心宣告了新媒体时代的到来。新媒体语境下思政教育话语传播体系的建构，既要借鉴传统媒体时代的成功经验与有益探索，也要尊重新媒体的传播特点与传播机制。

我国的思政教育话语研究起步较晚，当前国内思政教育学者对于思政教育话语的界定尚未统一。邱仁富的概念界定："所谓的思政教育话语是在遵循一定的语言规范、规则和规律，在社会主导意识形态的支配下，在特定的语境里，教育主客体用来在思政教育活动过程中进行交往、宣传、灌输、说服，建构教育主客体间的思想观念、价值取向和行为表征及教育内容的言语符号系统。"从这一概念中我们不难发现，思政教育话语同时具备意识形态和非意识形态的双重属性。思政教育话语主要由两大模块构成：一是思政教育话语的内核，包括宣传、灌输、说服以及激励等话语；二是思政教育的外围，包括道德、心理、哲学以及政治等话语。其中，宣传和正面灌输是思政教育话语最为基本和重要的作用。思政教育话语的好坏直接决定了高校思政教育工作的成效。

高校思政课话语权指的是在意识形态话语中所包含的权利，主要包括外在和内在两方面的权利。其中，外在权利指的是外部因素所赋予意识形态的权利主要表现为意识形态在话语传播方式与内容方面是固定的，高校无法进行自主选择，而内在权利是指在课堂教学中意识形态通过利用诸如感化、劝导、说服等方式让大学生进行自我的内化教育，从而对大学生信仰、理想等的树立产生一定的影响。

二、高校思政话语传播体系构建的途径

（一）建设主题网站

1. 专业网站

思政教育专业网站是对思政教育相关问题进行学术研究与业务讨论的平台，主要面向思政教育宣传者、实践者、研究者与爱好者。中共中央党校主办的"理论网"、《求是》杂志主办的"求是理论网"、人民出版社主办的"中国理论网"、北京市委宣传部主办的"宣讲家"等一系列专业网站，都旗帜鲜明地扛起了马克思主义的大旗，以传播马克思主义为核心，以宣传党的路线、方针、政策为着力点，为思政教育研究提供支持，也为思政教育实践解疑释惑，是思政教育话语传播的主要平台。如十八大以来，这些专业网站对"中国梦""群众路线""社会主义核心价值观""三严三实"与"两学一做"专题、"四个全面"战略布局、"五大发展理念"等都进行了全面阐释与深刻解读，将马克思主义经典著作与党的最新理论从书斋搬到网络，为思政教育工作者、国内民众与国际社会准确解读与高度认同中国共产党和中国政府的执政理念、决策部署、发展规划铺设了一条崭新的通道。

2. 资讯网站

思政教育资讯网站是普及思政教育理论、传播思政教育信息、开展思政教育实践的新媒体平台，面向最广大的新媒体用户。思政教育资讯网站以新媒体技术为依托，以多种传播形式为介质，兼容文字、音频、视频与互动平台，与传统思政教育媒体相比，其最突出的优势在于信息更新的快捷性、传播形式的多样性、作用方式的潜移默化性。人民网、凤凰网、新华网、光明网等以资讯报道为主的网站，站在时代最前沿，体察社会热点，通过中立、专业的新闻视角，运用客观、准确的新闻话语，报道事实、还原真相，能够让公众全方位、多视角、全天候地了解中国特色社会主义的建设进程与建设实际。如在每年的两会期间，各种民生话题、各种代表提案、各种利益诉求、各种政策解读就会成为各大资讯网站竞相报道的焦点，网络新闻工作者运用通俗的语言与生动的形式，使公众更加直观具象地了解什么是中国特色社会主义，怎样建设中国特色社会主义以及建设怎样的中国特色社会主义等重大问题，在潜移默化中完成思政教育话语的传递。

3. 红色网站

思政教育红色网站，主要特指高校红色网站，是针对高校师生的思想状态、群体特征、知识结构、心理机制、关注热点、实际诉求、年龄层次而开展思政工作的网络平台，它由各高校师生共同创建并主要面向高校师生提供服务。高校红色网站整合了网络教育资

源，契合了高校师生群体的网络消费习惯，搭建了高校师生交流的网络平台，延展了思政教育的时间，拓展了思政教育的空间。比较有代表性的红色网站主要有：北京大学的"红旗在线"、清华大学的"学生清华"、南京大学的"南大共青校"、同济大学的"同济方舟"、西安交通大学的"连心驿站"、南开大学的"觉悟网"、天津大学的"天外天"、南京师范大学的"阳光网"、兰州大学的"萃英先锋"、西北师范大学的"沟通无限"等。这些红色网站以不同的形式在网站上开办网络党校、网络团校、网络课堂，设立政治理论、时事政策、法律道德、党史党建、校史校情等学习专栏，传递正能量、弘扬主旋律，是思政教育话语传播的主要阵地。

随着互联网、手机等新媒体在大学生群体中的普及应用，高校思政教育的内部环境和外部环境都发生了深刻变化，这对大学生思政教育提出了新的更高的要求和任务。同时，在新媒体视野下，高校大学生思政教育的一些固有载体和媒介也呈现出一定的滞后性，无法有效发挥对大学生进行思政教育的功能和作用，急需进一步挖掘和探索。从这个角度来看，在大学校园中有效地弘扬和传承红色文化，进一步赋予红色文化更多的时代性和教育性，不断激发和释放红色文化对大学生理想信念的引导、熏陶和影响作用，对提升高校大学生思政教育的实效性和科学性是非常有帮助的。

红色文化在高校思政教育中的实施不仅仅要依赖校内环境和载体，更要进一步拓宽思路和渠道，不断加强校外红色文化教育载体的建设和应用。一是与当地红色资源积极对接，如烈士陵园、遗址遗迹等，利用本地红色文化资源，建设红色文化教育基地，定期组织学生进行参观学习，接受红色文化教育。二要定期组织学生去重点红色文化基地学习考察，如参观井冈山革命根据地、重走长征路等，让学生通过亲身感悟和体验，真正弄懂红色文化形成的历史背景和时代背景，进一步明确红色文化的内涵，真正让红色文化成为学生思想意识的重要引领。

（二）打造社区论坛

网络社区论坛又称"电子公告牌系统"（Bulletin Board System，BBS），是网络上的一种电子信息服务系统。它提供一块公共电子白板，每个用户都可以在上面书写，用以发布信息或发表看法。大部分BBS由教育机构、研究机构或商业机构管理。BBS兼容了文字、图片、动画、音频、视频等多媒体表达手段，以其匿名性、开放性、包容性、互动性、平等性而使人们摆脱了现实话语场域的诸多束缚与顾忌，可以根据个人的兴趣与需要来选择不同的板块发言或回帖，进行信息的交流与思想的交锋。因此，社区论坛也成为掌握网络用户的思想动态、把握舆论走向、开展话语博弈、进行思想引领的重要话语场域。

1. 主题社区论坛

随着新媒体的快速发展，论坛成为网络辩论的主战场，使网络辩论之风愈演愈烈。在论坛里，人们克服了空间、时间的限制，遮蔽了年龄、身份、职业、学历、财富、外貌、健康状况、社会地位、婚姻状态等因素，就一切感兴趣的议题表达观点、阐明主张、交流看法。从鸡毛蒜皮到国家大事、从专治集权到自由民主、从不正之风到惩治腐败、从食品安全到教育制度、从环境污染到绿色生态、从社会现实到中国梦等，一切话题都可以成为论坛里的热门帖子。对思政教育话语主体进行话语赋权，使各种观点、各种主张在论坛上互相碰撞、互相激荡，不仅有利于了解话语个体的思想状态、掌握社会群体的舆论倾向，有利于话语主体间的情绪宣泄与疏导，还有利于意见领袖有针对性地进行舆论引导。如凤凰论坛作为首家在论坛区开设辩论空间的网站，除了日常网友们自行开帖辩论之外，还不定期地组织大型网络辩论会，精心设置辩论议题，然后意见领袖对辩论观点进行适度引导，成为传播社会正能量的典型。

2. 高校社区论坛

高校社区论坛风靡各大高校，隶属于教育机构，已经成为高校师生交换信息、阐明观点、话语博弈、宣泄情绪、交友聊天、休闲娱乐的重要话语平台，深受广大高校师生的认可与依赖。比较著名的高校社区论坛有北京大学的"未名湖"、清华大学的"水木清华"、复旦大学的"日月光华"、武汉大学的"珞珈山水"、华中科技大学的"白云黄鹤"、上海交通大学的"饮水思源"、大连理工大学的"碧海青天"等。高校 BBS 的使用人群具有相对固定性与稳定性其教育水平与年龄层次相对统一，生活环境与学习环境相对一致，因此其关注焦点与话语主题往往分布在电脑应用、学术研究、教育教学、文学艺术、电子竞技、体育赛场、休闲旅游、校园公益、系统服务等区域。话题的同质性与观点的异质性为思政教育的开展奠定了可能性与必要性基础。思政教育工作者需要承担起意见领袖的职责，在掌握思政教育对象的群体心理特点与个体思想动态的前提下，以话语交锋或话语交流的形式，培养大学生的集体主义、爱国主义精神，增强大学生公平、民主的意识，舒缓其心理压力、排解其负面情绪。

三、传播视域下加强高校思政话语建设

（一）重塑思政课教师的权威

1. 提升思政课教师的人格魅力

德国著名教育家第斯多惠说："一个真正的教育者，根据他自己和别人的宝贵经验，

他知道，通过你是什么样的人要比你知道什么，可以获得更大的成效。"不同于以传授知识为主的自然科学，以意识形态传播为主的思政课的最大特点是说服性教育，教师的人格魅力直接影响着教学效果，"亲其师而信其道"，学生会因为喜欢、崇拜一个教师而喜欢他的课堂，进而认同他的观点。

教师的人格魅力首先来自其高尚的情感，这情感包括对真善美的执着追求，热爱自己的职业，热爱学生，具有强烈的职业责任感和奉献精神。其次来自教师高尚的道德。孔子说："其身正，不令而行；其身不正，虽令不从。"思政教师应加强道德修养，明大德、守公德、严私德，成为道德楷模，然后才可能言传身教，成为有影响力的传播者。

2. 重建教师的知识权威

现代社会由于受到互联网的冲击，教师传授知识的功能有一定程度的弱化。但在一个社会分工越来越细化的时代，面对海量的信息，人们对专家的依赖也越来越强烈。高校思政课教师大部分都有较高的学历，拥有系统的马克思主义理论知识，在传播中具有天然的优势地位。但同时也要看到，信息社会的特征之一是知识的更新换代越来越快，因此，思政课教师要维持在学生心目中的权威地位，必须树立终身学习的理念。高校思政课知识体系的综合性特征要求思政教师在知识体系上既要专而精，又要广而博。"专而精"才能更好地驾驭教材，在讲解中做到深入浅出，以深刻的思想影响学生；"广而博"才能使课堂教学内容丰富多彩，触类旁通，给学生带来知识和思想的盛宴。

（二）加强对传播对象的研究

网络化生存对大学生的思维和认知影响巨大，这些学生绝大部分开放、自信、独立，对话语权要求强烈。因此，思政课教师在设计信息内容及传播方式时，必须考虑到这些受众的信息接收习惯，才能达到好的传播效果。思政课教师在设计教学内容时，对于重要的理论，应提前了解学生的立场，然后根据多数学生的立场设计传播方式。研究表明，当传播的信息蕴含不同的解读时，只讲一面的信息对持赞成立场的人和文化水平低的人非常有效，而两面都说的信息则对原先持反对立场和文化水平高的人非常奏效。

（三）掌握传播规律，精心组织教学

1. 赢得学生信任感

要获得学生的信任，思政教师除了依靠自己的人格魅力赢得学生的敬重外，还需要重视以下几个方面。首先要确保教学素材的真实性。思政教师需要熟读党史、国史、世界史，了解国际国内形势，把深刻的解读建立在客观、翔实的史料上。其次要发挥学生中意见领袖的作用。充分利用有威信的学生，让他们讲述对一些重要理论的认识，利用他们在学生中的影响力增加理论的说服力。最后要充满理论自信。思政课教师只有对所传播的理论做到真学、真懂、真信、真用，才能带动学生真学、真信。

2．增加吸引力

首先，思政课教师应该研究、利用学生的兴趣点，在思政课中巧设议程，有效地引导学生关注某些事实和意见，使意识形态教育在妙趣横生的课堂活动中完成。其次，思政课教师要研究、学习学生的表达偏好，强化课堂互动，把逻辑性很强的理论语言转化为生动、活泼的教学语言，从而提升思政课堂的吸引力。

3．强化依赖感和提高服务性

当前大学生虽然深受工具理性的影响，但其对价值理性的需求、对人生终极意义的追问仍然是根植于人性中的精神需求。思政教师关注学生成长需求，及时对学生成长中遇到的困惑给予深入解读，以自己的真诚换得学生的真诚，用感情去教育感化他们，从而收获影响力，赢得话语权。

高校思政理论课兼具教育和传播双重功能。从传播学的视角看，要想提高传播效果，必须掌握并遵循传播学规律；从教育与传播的关系来看，只有实现了有效传播，高校思政理论课的育人功能才能充分发挥。因此，借鉴大众传播领域的成功经验，运用传播学规律，对于提升思政课的影响力具有十分重要的理论和现实意义。

（四）搭建"中心辐射式"话语平台体系

网络平台作为高校网络思政教育话语传送的主要载体，是连接话语主客体的中介和桥梁。高校要加强互联网思政工作载体建设，加强学生互动社区、主题教育网站、专业学术网站和"两微一端"建设，运用大学生喜欢的表达方式开展思政教育。因此，高校打破信息圈层隔阂和解决信息渠道"失灵"问题的重点在于整合多媒体资源，搭建"中心辐射式"网络话语平台体系。具体而言，就是高校要聚合各种网络媒体形成一个层次鲜明的网络平台体系，其中，校园官方平台为核心点，各校级组织平台为中心层，各学生组织平台为中间层，个人"意见领袖"为主的多方大众平台为外围层。这样一个"中心辐射式"话语平台体系的运作应该始终秉持在"多元功能"中坚持"一条主线"的原则，即各网络平台既要推动自身"专业化"功能发展，又务必要将"思政教育"这条主线融入各自"专业所长"中。对于这样一个话语平台体系的日常管理，高校当然要保证组织的连贯性，却也要充分给予各个媒体相应的独立自主性，各层级网络平台之间相互联系、联动配合，实现中心话语与辅助话语的全覆盖、显性教育与隐形教育的有机融合。这样一种"官方"媒体与"民间"媒体有机结合的话语平台体系，避免了广大青年学生面对纯"官方"媒体不敢发声的尴尬，能够使得高校思政教育工作者充分了解青年学生所思所想。同时，这样一种话语平台体系还能够消除传播不畅的问题，确保思政教育话语创新的成果能够及时传达，有效地覆盖每一位青年学生。

（五）建立"大思政"话语传播路径

要想真正达到高校网络思政教育话语创新的最终目的，不仅要强调"内容为王"和"言说有情"，而且还要注重"传播有力"。尽管高校网络思政教育有着明确的受众，但是，若信息传播路径不畅，青年学生便无法接收相应的内容，更无法受其影响。社会的主流思想和话语只有被更多人听到，才能在最大程度上发挥主流意识形态的思想引领功能。在全国高校思政工作会议上，习近平总书记提出各类课程与思政课程应当同向同行以便形成协同效应。其实，不仅在内容上要强调协同效应，在传播路径上也同样如此，要将已有传播路径与新兴网络传播路径相结合，建立"大思政"话语传播路径。"大思政"话语传播路径的建立首先要求参与主体的多元性和全面性，不能将主体仅仅锁定在高校网络思政教育工作者范围上。尽管网络的发展使得高校每个个体的交往范围存在"圈层化"的趋势，然而，同样存在的趋势是，网络的发展使得每个个体彼此相连，所有师生共处在一个整体的人际关系网群中。因此，高校应该广泛动员广大教师、党政干部、学生党员和骨干等力量积极参与到网络思政教育当中，使得他们所拥有的各种网络客户端都成为思政教育话语传播的重要节点。其次，"大思政"话语传播路径的建立还要求形成网上网下的有机互动。无论是在网络上开展思政教育，抑或是借助课堂等传统方式，最终目的都是引导广大青年学生形成对现实问题的正确认识，坚定中国特色社会主义道路自信、理论自信、制度自信、文化自信，两者不能截然隔离。高校网络思政教育话语的创新成果同样应该被适时、恰当地运用到传统思政教育活动中，而网下思政教育话语创新的成果也应该被充分吸收、借鉴到网络中。高校思政教育话语创新的最新成果可以在网上网下广泛传播，实现信息传播满功率、无死角。

第三节　全媒体环境下高校思政教育的媒体运用

一、微博在高校思政教育中的运用

伴随着数字技术与当今信息的日益融合及普遍应用，新媒体正在被越来越多的人所熟知。有别于传统媒体，新媒体在信息的传播、接收及采集等层面进行了重大的技术变革，为大众的生活带来极大的便利，并逐渐改变着大众的行为模式以及思维方式。不仅如此，新媒体还正渐趋成为一种新型有效的思政教育方式。

微博作为比较新颖的网络交流传播工具，以其交流的平等性、传播的即时性和内容的个性化等特点，已经渗透到社会生活的方方面面，对人们日常生活的影响也越来越大。对于高等院校的大学生来说，他们具有追求个性、乐于表达自我等特点，也比较容易接受新鲜事物。微博这种交流工具的应用一方面符合当前大学生成长和学习的需求；另一方面也对大学生的人生观和价值观等的形成产生某些消极影响。基于此，高校思政教育者应当抓住这一信息时代发展的机遇，充分发挥微博对提升思政教育水平的重要作用，为高校思政教育效果的提升打下坚实的基础。

（一）微博对大学生的影响

微博，是一个基于用户关系的信息分享、传播以及获取的平台，用户可以通过电脑、手机等媒介更新信息，并实现即时分享。作为一种便捷的信息发布形式，用户可以利用微博向由人们的关系网络组成的公共空间发布信息，也可以通过微博获得自己关注对象发布的信息。与博客、SNS、即时通信等相比较而言，微博传播具有内容的微型化、传播的移动性、信息转发与评论的便捷性、交流结构的开放性、传播的碎片化、信息传播与社交有机结合等特点。微博的这些特性也影响了频繁使用它的大学生群体。

如今的大学校园，各种上网设备比比皆是，随时随地使用微博书写心情、感悟，读新闻，关注名人八卦，与网友互动等已成为大学生生活中的重要组成部分，微博对大学生的影响也日渐凸显。

1. 积极影响

（1）促进思维发展，有利于专业学习。在新浪、腾讯、网易等各大微博平台上，有政府官员开博发布信息，与百姓互动，积极搭建普通公民参政议政平台；也有影视明星、知名作家等发布个人动态，与粉丝互动，借以扩大个人影响力；还有公共知识分子频频发表"微言大义"；更有数不胜数的草根网民或积极围观，或个人宣泄。一时间微博世界众声喧哗，为大学生开阔眼界、发展思维提供了海量信息。大学生在使用微博的过程中，既可以充当普通网民，徜徉"博海"，也可以通过关注教育机构、教育名人的微博，获取感兴趣的信息，还可以通过加入教育类"微群"，与志同道合者切磋，在课堂外，借助网络交流获得专业发展上的提升。

（2）扩大交际范围，促进人际交往。互联网扩大了人们的交往范围。在这个开放的平台上，网民可以实现与世界上任何一个地方的另一位网民的互动交流。在微博平台上，大学生可以通过"关注"与"被关注"，建立与其他网民的互动关系。这位互动对象可能是近在咫尺的好友，也可能是远在异国他乡的陌生人。网络人际交往虽然带有一定的虚拟性，但也遵循一般的人际交往法则，所以，微博使用中的互动行为在扩大大学生交往范围的同时，也实践着人际交往的练习，并对现实世界的人际交往产生积极影响。

（3）满足心理需求，促进自身社会化。根据马斯洛的需要层次理论，个体都有社交、获得尊重等需要。大学生使用微博获得与好友及其他网友的积极互动，个人社交需要得到了满足，通过"微群"的应用，得到一般人际交往无法给予的归属感，这些都能满足其内在的心理需求，有助于维护其心理健康。高等教育阶段是大学生获得成长、完成社会化的重要阶段。所谓社会化是指个体由自然人成长、发展为社会人的过程，是个体与他人交往，接受社会影响，学习掌握社会角色和行为规范，形成适应社会环境的人格、社会心理、行为方式和生活技能的过程。微博囊括了海量信息、丰富的思想、缤纷的人际交往案例，足以为大学生的社会化提供实践平台，成为大学生完成社会化的促进力量。

（4）增强民主意识，提高社会责任感。在微博等自媒体普及以前，传统媒体具有充分的话语权。而现在，自媒体的发展创造了一个自由便捷的传播环境，平民作为新闻主体的地位大幅提升，其民主意识也有了很大的提高，一改被动接受的状态，逐步运用被赋予的话语权，参与到社会政治生活中。大学生普遍素质高，多数有浓重的爱国主义情怀，具有高度的政治参与意识，作为网络舆情的重要推动力量，在社会生活中主动承担起应有的责任。

2. 消极影响

（1）沉溺虚拟世界，影响人际交往。卡内基梅隆大学的罗伯特·克劳特和萨拉·基斯勒的研究表明，"更多的因特网使用与社会参与的降低有关，这种降低的幅度虽小，但在统计上具有显著性，与孤独感的增加有关，因特网的更频繁使用也与抑郁水平的提高有关。"诚然，微博在为大学生的日常人际交往提供有益补充的同时，也在一定程度上令其疏远了现实。有些大学生在网络虚拟世界中可以灵活应对各种交往问题，但到了现实世界却手足无措，甚至意图借助微博等网络应用，达到逃避现实的目的。

（2）信息污染影响科学价值观的形成，影响合理生活态度的确立。现有网络环境相对宽松，虚拟世界的价值观呈现多元化的特征，而把关人的缺席又在一定程度上加剧了网络表达失范现象。亟待确立科学价值观的大学生，面对汹涌而至的网络杂言，难免不知所措。微博在传播正能量的同时，也起到拜金主义、个人主义等消极思想传声筒的作用。思想上相对单纯的大学生，在日复一日的刷微博行为中，难免受到沾染，这为合理生活态度的形成设置了新的障碍。

因此，高校要加强监管，促进信息净化；要充分发挥教育功能，多渠道科学引导，科学认识微博等自媒体的发展普及，通过开辟多种教育渠道，实现对大学生的科学引导。通过思政和法律课堂教学，提高媒介素养和法律意识，强化社会主义核心价值观；通过社团活动，加强大学生的现实人际交往水平，提高集体归属感，弱化虚拟世界的影响；通过开设讲座、演讲及各种比赛，普及媒介知识，提高大学生的媒介素养。微博等自媒体的应用已呈无孔不入之势，大学校园也应与时俱进，主动接触自媒体，如以开设办公微博等形式引导大学生合理使用自媒体。

（二）微博视域下的高校思政教育

1.高校利用微博开展思政教育的优势

微博具有信息传播途径多、传递速度快、用户之间的交流互动强等特征，因此它一出现就受到了广大青年群体的欢迎。而对于大学生来说，他们的逻辑思维能力都比较强，在看待和分析事物的过程中有其独特的想法，因此对于微博这一新型的传播媒介也比较容易接受。在微博应用背景下开展思政教育活动，一方面可以有效地调动大学生的参与积极性，使思政教育活动呈现出一定的多元化特点；另一方面可以在一定程度上使思政教育内容更加丰富，与时代发展结合得更加紧密。

首先，微博使思政教育载体更加丰富和多样化。在互联网时代背景下，信息的传播具有快、准、广等基本特征，同样对于微博来说，其信息内容也比较简单，传播便捷，且信息量也比较大，符合大学生思政教育的基本要求。一些传统媒体也意识到了微博的发展潜力，纷纷开设微博平台，加大与微博用户之间的互动。

其次，微博使思政教育效果得到了一定程度的提升。不少高校纷纷开通官方微博，将思政教育有效融入信息发布、资源共享、互动交流等环节中。高校已经意识到微博在思政教育方面的作用，并在实践中通过微博进行思政教育活动。

2.微博对高校思政教育的挑战

微博时代，信息爆炸的速度呈几何式增长，大学生获取知识和各类信息的途径和速度大大提高，高校思政教育的环境发生了极大改变，不同的思想文化、理论观点和价值观念都可以自由传播，大学生的价值取向和意识形态也呈现多元化的特征，不利于主流价值观的形成。同时，微博上的一些不良信息也使得腐朽落后的意识形态和价值观念乘虚而入，大学生在政治信仰、价值观念、思想行为方式等很多方面，都受到了一定的影响。微博时代，思政教育工作者也不可避免地受到冲击，如何积极应对微博给思政教育工作带来的冲击，也是思政教育工作者不容忽视的问题。

（三）高校利用微博开展思政教育的策略

教育的关键是"以人为本"，高校思政教育工作的开展要以"学生"为中心，坚持"以人为本"的教育理念，充分利用微博在思政教育工作中的积极作用，着力应对微博对思政教育工作的挑战，不断完善和优化微博思政教育平台，切实提升思政教育工作水平。

1.更新教育理念

随着微博的发展和其影响的不断深化和扩大，高校思政教育工作的开展也迎来了一定的挑战和机遇。尤其对于一些思政教育者而言，挑战的到来使其心理负担增加，对微博在思政教育中的应用产生了一定的排斥心理。高校思政教育者应当及时更新教育理念，创新微博应用方式，切实发挥微博在高校思政教育工作中的作用。

首先，各高校应当加大对微博的重视，从思想观念上重视微博，了解和认识微博在各个学科应用中的情况，同时对大学生微博使用情况进行一定的调查，形成一个正确的"微意识"。

其次，各大高校的思政教育工作者应当充分利用微博这一新型的媒介，加强与教师、学生等的联系，提升自身的"微认识"水平，进而为微博在思政教育工作中的运用提供坚实的基础。

2.创设高校思政教育微博集群

对于高等院校来说，其思政教育工作的开展需要全体师生的共同努力。同样要想将微博应用于思政教育工作中，需要全校人员的努力，而这一目标的实现就必须不断完善和优化高校思政教育微博集群，提高高校思政教育的系统性和时效性。现阶段，部分高校已经开通了官方微博平台，腾讯网和腾讯微博开展了"全国高校新媒体发展论坛"，参与论坛的学者就"新媒体时代下高校发展与人才培养"之间的关系进行了广泛的讨论。通过这几年的发展，微博在高校思政教育工作中的作用越来越突出。但是目前专门关于思政教育专题的微博还比较少，高校应当结合自身的实际特点，建立思政教育专题性官方微博平台，站在全局发展的高度，开展思政教育工作。思政教育官方微博平台应当配备专门的人员进行管理，可由学校宣传部门人员，或者指定有一定的新媒体操作技术的思政理论课教师负责。同时，相关的工作人员还应当做好相关的微博资料内容查阅回复等工作，紧随时代发展潮流，紧扣时代发展主题，有效提升大学生思政学习水平，进而为高校思政教育效果的提升打下坚实的基础。

3. 建立线上线下相结合的思政教育机制

在重视微博视域下高校思政教育的同时，也不能放松传统思政教育手段的运用。微博的线上平台是高校传统思政教育手段的有益补充，其效果还需要线下思政教育的进一步强化和检验。在高校思政教育中，只有形成线上线下多种手段综合运用的机制，使线上微博思政教育与线下传统思政教育互动运用，才能形成思政教育的资源共享、优势互补、全方位覆盖，发挥思政教育的整体合力，提升高校思政教育的实效。

4. 加强队伍建设、制度保障

"互联网+"时代的高校思政教育工作，需要一支具备过硬政治素质、丰富工作经验、较高网络信息素养的教师队伍，主动参与到微博的传播、互动中去，丰富高校思政教育的资源和形式，保证思政工作的实效性；还需要从大学生中遴选出一批思想素质过硬、网络能力优秀的学生微博领袖，积极配合做好大学生舆论引导。同时，高校还应建立健全微博管理制度，规范大学生在微博空间的网络言行，加强对大学生微博的监管，营造高校和谐的微博环境。同时，还需要一定的物质保障，才能促进高校网络思政教育工作的不断发展。

二、QQ 在高校思政教育中的运用

（一）QQ 概述及特点

QQ 是腾讯公司推出的一种基于网络的即时通信软件。OQ 的功能比较完善，用户可以使用它与好友进行在线文字、语音与视频交流。此外，QQ 还有聊天室、网络游戏、传输文件、收发邮件、手机短信息服务等功能，拥有过亿用户的 QQ 已经成为国内网上常用的聊天和联络软件之一。QQ 的特点如下。

1. 高适用性

作为人们常用的即时通信软件，QQ 的注册用户已经超过 10 亿，同时在线用户突破

1亿，QQ已经成为网民的必备工具之一，上网没有QQ，就如现实中没有手机一样。用户如此集中的平台，是我们必须好好研究并加以利用的。

2. 精准、有针对性

QQ的特点是一对一交流及圈子内小范围的交流，而这种交流方式可以让我们对用户进行更加精准和有针对性地推广，甚至我们可以根据每个用户不同的特点进行一对一的沟通。

3. 易于操作及高效率

与其他营销推广方法的专业性和繁杂程度相比，QQ推广真的非常简单。只要你会打字、聊天，那就可以成为一名QQ推广高手。由于QQ推广的精准性与持续性，使得它最终的转化率要高于一般网络推广方法，为我们节省了大量的时间与精力，提高了工作的效率。

4. 持续性

由于QQ推广第一步是先与用户建立好友关系，所以我们可以对用户进行长期、持续性的推广。如网络广告，我们根本不可能知道是谁看了广告、他是男是女、叫什么名字，以及看完后有何感受。而在QQ上，我们可以明确地知道用户是谁，可以在第一时间获得反馈。

（二）QQ空间在高校网络思政教育应用中的价值审视

运用QQ空间进行网络思政教育，就是指教育者与受教育者之间借助这个现代化信息技术及其各种形式，进行相互交流、沟通，使教育者自身水平得到提高，更好地为教学、科研和社会服务，从而也有利于提高受教育者的思想道德素质。

1. 利用QQ空间有助于建立和谐融洽的师生关系

和谐融洽的师生关系是有效进行思政教育的重要条件。高校的扩招带来了学生数量的急剧增加，许多高校都出现了一个教师管理一百甚至几百名学生的局面。这就意味着师生的面对面接触和交流是相对有限的。虽然师生还可以通过电话、短信、电子邮件进行互动，而实际上，除非十分需要，学生一般不会直接联系教师。QQ空间是个人信息发布与交流平台，同时又其有严密的分级隐私设置，如可设置为对所有人开放，对QQ好友、关注友人开放，对指定的部分好友、回答问题的人开放，只对QQ校友社区的注册用户开放等，从这个意义上说，QQ空间就相当于半私密的个人日记本。现在要把它作为思政教育的平台，意味着向学生开放教师的心灵空间。通过空间文字及教师在空间的种种表现，学生可以接触到教师平时很少展示在他们面前的那一面，不仅可以全方位了解教师的思想和学识，同时还可以了解到教师和他们相通的一面。当教师以平等的身份出现在学生面前时，学生就会对老师产生认同感，师生间的关系也会日趋融洽，教师的所言所思就会真正得到学生的共鸣。

2. 利用QQ空间有助于增强大学生思政教育的针对性

对于大学生思政教育来说，提高思政教育的实效性的最有效措施就是加强教育的针对性，而全面深入了解学生是加强教育针对性的前提。QQ空间为我们提供了这种可能，它可以让我们随时直接了解学生所思、所想、所为。这是因为，QQ空间的一个突出特点就是能即显好友的空间动态，这就意味着师生在成为QQ好友后，随时可以通过空间文字来了解对方最近的情况。学生可以上教师的QQ空间浏览评论，教师也可以上学生的QQ空间浏览留言。与此同时，QQ空间属于半私密空间，一般只对好友开放，不是所有人都能浏览。学生的空间文字也不是专门写给教师看的，在这里不用担心因为讲了真话而招致打击报复，这有利于教师了解学生的真实想法。另外，在QQ空间里，由于大家基本都是匿名出现，师生又是平等的好友关系，学生完全可以放下各种心理顾虑，大胆阐述自己的看法和主张，教师也不再用扮演单纯"说教"的角色，而是站在与学生平等的立场上相互讨论，在讨论的过程中潜移默化地使学生受到教育，并增进师生交流。

3. 利用QQ空间有助于形成多元互动教育平台

从人们沟通交流的角度来说，QQ空间扮演了一个非常重要的角色，QQ空间的互动性使QQ空间最大限度地调动了所有交流者的积极性，实现了"思想寻找思想"的效率要求。教师可以利用QQ空间的优势，发布各种教育信息、上传个人的教学经历、发表自己的研究成果，运用生动的文字、形象的多媒体等手段吸引学生浏览教师空间，参与各种讨论和评论，在QQ空间里学生可以实现一种主动性、反思性、协作性和开放性的学习，可以从这里获取教师发布的相关教育信息，可以向老师提出疑问，可以与大家讨论进行协作学习等。教师可以通过引导，激发学生的思想碰撞与交流，促使学生个体接触到不同的文化观点、思想立场，从而使其不断澄清自我、完善自我，形成内涵更为丰富的自我。

（三）QQ空间应用于高校网络思政教育的途径探讨

QQ空间的出现和发展为拓展思政教育提供了新载体和新形式，给思政教育带来了新的机遇和挑战。如何最大限度地发挥QQ空间的优势开展大学生思政教育是当前高校思政教育工作者必须面对的现实的问题。

1. 正确引导大学生的思想和价值取向

现代社会竞争的压力越来越大，人们更习惯于通过网络来宣泄自己的情感，来表达自我。QQ空间及时便捷的互动性和灵活性让人们充分地表达了自己真实的思想，同时QQ空间具有的虚拟性也让一些网民可随意在QQ空间中传播错误且无聊的言论。因此，利用QQ空间开展大学生思政教育，要抢先占领QQ空间这个新兴阵地，通过宣传教育方式，为思政教育工作开拓新领地。思政教育教师可以通过建立教师QQ空间的方式，精选正面的资料放在QQ空间上与学生共享，起到正面宣传教育的作用。具体的宣传内容可以包括：首先是科学的世界观方法论宣传，使学生能进一步了解马列主义、毛泽东思想和中国特色社会主义理论体系以及党的路线方针政策。其次，应当针对市场经济条件下的社会热点和难点问题，针对网络中出现的带有倾向的问题进行思想引导。特别是，面对网络中出现的西方资产阶级世界观、价值观以及黄色流毒等有害身心健康的信息，要针锋相对，广泛传播科学、健康、向上的思想信息。

2. 鼓励学生在教师空间畅所欲言

在开放多样的网络环境中，大学生的主体意识、民主观念都得到前所未有的增强，思想活动的独立性、选择性、多变性、差异性等新特点在他们身上表现得极为突出。QQ空间可以突破时间和空间的限制，把思政教育工作的影响通过链接、共享加以延伸和扩展。因此，在网络思政教育中，教师应当主动改变传统思政教育相对封闭的教育模式，确立QQ空间的教育定位，采用各种方式鼓励学生进入教师空间，让师生交流成为常态。通过产生师生共鸣来获得预期的教育效果，并通过群体之间的沟通交流减少人们对思政教育的抵触情绪和防范心理。只有这样，QQ空间才不会沦为思政教育教师自娱自乐的工具，才能真正发挥网络思政教育阵地的作用。

3. 在更大范围内实现互动与共享

在QQ群里，教师们可以定期进行工作交流，工作中的亮点可以很快地得到大家的认同，好的经验也可以快速地得到传播和推广。教师还可以就自己碰到的问题进行交流，集思广益，找出最佳的解决方案，不断增强大家解决问题的能力。通过这个交流平台，教师们互相学习，共同提高，开阔了眼界，不再局限于自己的单干、闷干和苦干。此外，这个平台还可以增进大家彼此间的了解，有利于跨系、跨院、跨校间的合作。

总之，QQ空间作为网络新产品广受欢迎，只要思政教育工作者利用得当，不仅可以很好地增进师生的感情，而且完全可以使之成为一个很好的网络思政教育新阵地，为我们的立德树人教育目标的实现做出新贡献。

三、微信在高校思政教育中的运用

（一）微信在高校思政教育中应用的可能性

微信具有用户群体庞大、使用门槛及成本低、社交手段多样化和信息推送形式丰富等优势。高校应充分利用新媒体优势积极拓展思政教育的广度和深度，建立符合大学生身心特点和微时代特征的信息传递和交流模式。当前，国内各高校都创建了自己的官方微信公众平台，这些微信公众平台的运营实践极大地丰富了校园文化内容，改变了校园文化传播模式。这些微信公众平台针对学校师生及校友提供新闻资讯、教学管理、娱乐消遣等各类服务和信息。此外，高校各类社团、校园媒体、团委、学生会、院系等二级结构自行开通的微信公众号数量更不可小觑。

1.群体优势用户基数庞大，覆盖面广

微时代，高校思政教育应转变思维模式，丰富和创新教育模式、场景、手段和平台。微信作为一种新型社交媒体颠覆了传统思政教育垂直式的管理模式，改变了传统思政教育的场景，也改变了思政教育的信息舆论环境。以微信为代表的新媒体已经成为意识形态最新的"角斗场"。微信已经成为大学生进行社会交往、获取信息资讯的重要渠道，满足校—生、师—生、生—生等各类群体、各种形式的信息互换、情感交流和思想表达，能获得更大范围的关注度，渗透性更强。

2.功能优势——交互方式丰富多样，渗透度高

首先，沟通方式更为灵活、丰富。它支持文字、语音、图片和视频等各种形式信息的发送，可实现实时语音对讲和视频通话，为人与人的沟通平添了趣味性和娱乐性。相较于传统的沟通交流方式，这种全时性交互式沟通更鲜活生动。

其次，提供公众平台，支持群体在线互动。高校内各类社团、学生组织、管理机构及个人都可借助微信公众平台实现与特定受众的全方位交流和互动；提供多人聊天服务，可实现群内多人互动；实时语音对讲，共同分享视频、图片等信息资源。高校可以借此创建"微"班级，实现问题讨论、群聊开会和任务布置等班级管理信息的互通，实现"微"班级管理。

再次，功能多样，能满足各种需求。微信具有强大的社交功能，可满足大学生的社会交往需求；微信还具有满足学生日常生活需要的功能，如微信支付、转账、购物等。

最后，可根据个人需求选择性关注。大学生可以根据其喜好搜索订阅号或者扫描二维码等方式关注自己感兴趣的信息。高校应充分利用微信功能优势贴近大学生的实际需求，有的放矢地进行思政教育，使思政教育真正入脑、入心。

3.传播优势信息量身定制、定向推送,针对性强

从传播学视角看,高校思政教育是一种特殊的传播活动,它主要通过一定媒介向受体(受教育者)传播特定思想观念、政治文化观点以及道德规范等,通过这种有目的、有组织、有计划的教育和影响,促使受体形成社会发展所需要的观念和思想。思政教育是一个复杂、动态的过程,需要综合考虑传播过程中传播者、传播内容、传播媒介、受传者和传播目的等要素的协调与互动。微时代,微信公众平台为提高思政教育传播效度提供了有效、快捷的载体。高校微信公众平台可根据教育实际及大学生思维特征、个性化需求和实时思想动态编制信息并定时定向发送,实现"点对点"传播,保证信息从信源到受众的最大到达率,切实起到服务学生、引领思想、隐性施教、构筑价值观等作用。

4.成本优势——投入成本低,实效性强

传统思政教育主要依托理论课教学传授,辅之以第二课堂和校园媒体,投入成本较大,且受时空限制,教育效果不尽如人意。较之传统媒体而言,微信公众平台运营需要的人力、物力和财力较少,覆盖范围更大,效果更好。大学生只需对本校微信公众号进行关注,就可以随时随地接收相关信息,节约了时间和精力。思政教育工作者可借此开展活动、传递信息,随时随地发挥功效。

(二)微信在高校思政教育中应用的必要性

当前,各高校普遍认识到微信对大学生思想成长和塑造的重要影响力,纷纷通过学校官方、学院、团委、学生会等开设多个微信公众账号,用于学校或者学生工作的宣传、组织等。高校微信公众号的大爆发是伴随微信的广泛传播和高校思政教育观念的转变而发生的,高校应用微信开展思政教育乃大势所趋。

1.微信成为信息发布、交流的重要渠道

由于跨平台,通信成本低,沟通立体、私密、鲜活,时效性和功能拓展的特点,微信成为信息发布和交流的重要平台。手机沟通已成为现代人在忙碌和休闲中的重要沟通渠道,微信在实现即时通信功能的同时,还包含社交工具、支付、地图特别是观点发布转载的"朋友圈"等功能,能承载和传递大量的信息。通过链接跨平台的信息、网页形式和订阅等功能,微信成为现代社会信息快速发布、交流的通道。微信信息能够以丰富多样、图文影音并茂的方式传递给学生,并能通过简单的操作使学生轻松地了解、参与甚至实现互动。在高校受众群体多样化的形势下,微信已成为高校与学生间的重要纽带,能够明确地传递具有指向性和内涵性的思政教育内容。

2. 微信成为满足高校学生情感、个性发展和社交需要的工具

情感满足和个性发展是高校学生在关键成长阶段中必须受到关注和培养的方面。因此，如何在作为大学生重要社交工具的微信中渗入思政教育内容，是高校思政教育工作必须解决的问题之一。微信内容没有内容及形式的具体规定，能够满足大学生猎奇和自由的个性化心理发展需要，能最大限度地吸引大学生，对大学生的行为外化和心理内化产生影响。

（三）微信在高校思政教育中应用的机遇

1. 扩大思政教育的时效性与实效性

微信能够扩大思政教育的受众面，一条内容、一个新闻、一个案例等不仅是一个班级或者学院的学生能够了解、讨论的，通过发布及转发，而且能够以关注者为半径，实现高校大部分学生的信息接收。这样，对突发事件或者时事热点的教育不需要受到时间和地点的限制，可以即时将事件、要求教育内容等传递给学生，带给学生新鲜的一手消息。同时，采用微信这种普遍受到学生青睐和认同的方式进行思政教育，改变了传统的面对面教学方式，也降低了学生的心理压力，拉近了师生之间的距离，让学生更乐于自发、内在地接收思政教育内容。

2. 整合思政教育的内容与资源

以微信为渠道的思政教育能够对时事热点、热门评论、理论知识等做到更好的整合。如通过热门评论中人们对国际关系的点评，让学生明确中国目前面临的内外部情况，进而结合中国近现代史和国际关系等内容，实现对学生的思政教育。由此看出，通过微信可以从内容、形式上实现对思政教育内容、资源的更好整合，体现思政教育的时代性和新颖性，增强思政教育的吸引力。

3. 发挥思政教育主体的能动性

发挥学生的主体作用，改变学生对思政教育的消极态度是当前高校思政教育的难题之一。微信平台能够引导学生评论、思考并相互交流想法，师生双方在网络环境中处于相对平等的地位，在讨论中，实现对一些基本问题的澄清，达到思政教育的目的。

（四）微信在高校思政教育中应用的挑战

1. 微信对传统教育方式提出挑战

传统的教育方式成为中国社会教学工作中的典范，也是我国几千年发展过程中的一种传统，这种教学方式遵循的就是老师讲课、学生听课这样的模式，并没有在课堂教学过程中加入一些创新的元素，只是一味地进行讲课听课这样的循环。但是，随着互联网时代的到来，微信被人们广泛地应用，不仅成为人们聊天交流的通信工具，更成了学生追求非主流文化的主要渠道，更加确切地说，微信成了一种生活的方式。高校思政教学对于在校学生来说是非常乏味的，于是学生开始追求微信中的标新立异的非主流元素，摒弃了传统的教育方式，因此，微信给传统教育方式提出了巨大的挑战。

2. 微信对学生健康成长提出挑战

微信成为人们社会生活中必需的应用软件，智能手机的不断更新给人们的生活带来了很大的变化，也给学生带来了很大的影响。高校学生正处于刚刚成年的阶段，身心的发展都不是很健全，手机对于他们来说更是有效的消遣工具，微信的使用对于高校学生来说更是如鱼得水。他们没有一定的时间观念和自律能力，不能够严格控制自己使用微信的时间，导致了上课时萎靡不振，严重地影响了学生的健康成长。

3. 微信对高校思政教育工作者提出挑战

微信的使用不但可以使通信更加便捷，同时也可以改变教育工作者的工作进度。但是，就目前来看，高校思政教育工作者并没有利用微信这个便捷的软件来教学，还是利用传统的教学模式来教学，因此，微信对高校思政教育工作者提出了很大的挑战。

（五）提高微信在高校思政教育中应用实效性的对策

以微信为渠道进行高校思政教育已是大势所趋，如何提高其实效性是应用过程的关键问题。因此，可采取以下对策。

1. 在运营上增强微信内容及形式的吸引力与教育性

高校微信运营是高校微信发挥其作用的关键。微信订阅及关注度是体现一个微信账号受欢迎程度以及能在多大程度上、多大范围内受到关注的重要指标。高校微信账号的粉丝是有极限的，高校半径决定了粉丝数量。如何从内容和形式两方面入手，增强高校思政教育的受众面和有效性，是提高微信在高校思政教育中应用的关键。

首先，增加微信内容的知识性和趣味性，使受众愿读、能懂、敢说。微信内容是高校思政教育的核心和关键。新时期，思政教育内容应以时事热点、历史典故、重大会议或赛事、考研就业等学生感兴趣的内容为主，将思政教育与日常生活巧妙地联系起来，潜移默化地影响学生。

其次，微信形式要图、文、音、影并茂，提升互动性和吸引力。微信类似于网页格式，大部分内容推送只有简单的标题和图片，很多时候受众的第一印象就决定了是否要进一步了解这个信息。如，通过游戏活动或者竞赛抽奖等活动鼓励学生积极关注高校微信。

高校在思政教育的过程中，应做好信息的"外包装"，根据新时期大学生的心理特点与具体需求，将所想要传达的信息以最可能被学生接受的方式呈现，同时拉近心理距离，让学生愿意去了解、互动、交流，真正实现高校思政教育的价值。

2．在教育主体与对象上以微信为纽带增强双方的互动、沟通

（1）调整思政教育教师结构，增强微信管理素质。思政教育教师的素质和管理能力在一定程度上决定了微信的吸引力。高校应建立一支专兼职相结合，不同专业、年龄层次有梯度的思政教育队伍，加强其对微信的使用及管理能力，使其能够通过建立微信公众号、微信群组等方式，与学生开展交流沟通，积极推送、转发与思政教育和学生日常生活密切相关的内容，积极做好引导、解释、辅导、答疑、介绍等工作，从小事入手，切实解决学生的问题，关注学生的思想动态。

（2）提升学生的微信应用能力，引导其进行自我管理。微信作为一个网络平台，可以呈现纷繁复杂的信息。高校学生应提高自律能力和网络道德观念，合理使用微信。微信作为一个工具性事物，其价值最终是由使用者所决定的。高校学生应判别哪些信息是有价值的、是正确的，接收、转发正面信息和有积极的价值导向的信息，积极主动地参与高校思政教育素材或者活动的互动。如内蒙古医科大学团委官方微信组织的"我与国旗在一起"等活动，引导学生在互动中提升自己的社交和管理能力。

3．在组织与制度上有充分的监管机制和保障机制

以微信为渠道的思政教育还要依赖国家、学校等通过不同层次、不同渠道的机制和制度建设作为保障，以实现其常规化顺利实施。

（1）从物质、组织等方面给予大力支持。任何设想的实现最终需要一定的保障机制以确认其实施。高校应用微信进行思政教育需要必要的经费投入。微信运营中的各个环节包括硬件设备或者软件的信息发布、维护等均需要一定的经费支持，因此，应从国家、社会、高校等不同角度入手，采用不同的回馈方式，保障微信在高校思政教育中的运用。从组织层面上，将思政教育内容生动丰富、寓教于乐地应用于微信中，需要一整套组织机构的合理与配合，形成职责明确、协同规划的组织团队，通过工作小组的形式，充分调动不同岗位工作人员的聪明才智和积极性，实现高校思政教育的组织保障。

（2）建立政府、运营商、高校合力的监管机制。良好的制度是实施的保障。高校学生正处于由"他人管理"到"自我管理"的过渡期，在此期间，高校应最大限度地为学生提供积极正面的信息，减少有害的信息。高校在鼓励学生合理使用微信的同时，应建立合理的监控制度和反馈机制，优化微信功能，使学生通过微信真正获益，实现思想、心态的健康发展，让微信切实成为思政教育的有效载体。

第四节　新媒体时代高校思想政治工作的方法和途径创新

一、高校思想政治工作创新的必要性

（一）全媒体为高校思想政治工作带来的机遇

全媒体的互融共享为高校思想政治工作带来机遇。信息的共享，意味着教学空间的再度开放，这样就利于信息的及时收集和整理。同时，这种共享也是双向的，人们可以从网络上获取自己想要的信息，也会将自己知道的信息提供给他人，实现多层面的资源共享。网络资源的共享性也给我们的高校思想政治工作带来了机遇和挑战，提供了一个崭新的发展空间，在一定意义上克服了诸多以往传统教育的狭窄性弊端。从网络中我们可以了解到更多学生真实的思想动态，针对共性问题，可以更快地提供帮助和引导，树立良好的思想作风和理想信念，提高高校思想政治工作的时效性。

全媒体条件下的思想政治工作者注重自由、平等氛围的营造，这样可以更好地引导学生进行自我教育，在网络中，大家都以平等的地位进行对话，避免了传统的说教，主要以选择和引导的方式，逐步引导学生进行价值判断和理解。同时，在网络中，不受时间、地点等条件性因素的限制，可以自由选择自己方便的时间，更易于普及，易于被学生接受，同时也会相对减少面对面带来的尴尬和冲突，更具人情味和亲和力。

（二）全媒体为高校思想政治工作带来的挑战

随着全媒体逐渐应用于网络，新的情况出现在传统高校的教育方式上面：第一，校内外的网络会产生一定的影响，不仅减少了师与生相互接触的时间，还失去了规律性，造成时间、地点和环境都可以限制面对面教育的方式。师生之间往来或者单独进行交谈等都是受时间和地点限制的，怎样让时间、地点和事件的时效性有机结合，实际操作中存在一定难度，更不易教书育人者妥善把握。

再者，随着网络和信息化迅速的发展，想法、观念在学生里面也呈现出多元化的发展趋势，群体中的思想问题也会越来越严重。教育者的教育内容往往只能针对部分群体，面对多样化的问题，往往不能以点盖面，大大降低了解决问题的时效性和针对性。另外，全媒体环境下也对高校传统落后的思想政治教育提出了质疑和挑战。

第一，在教育理念上，无视学生根本需求。当今社会为大学生赋予了崇高的任务，有些学生却偏偏重视自身的价值，对肩上的任务熟视无睹，片面追求一时的利益。加之高校也不能正确的解读教育理念中关于价值观的相关要求，只是一味考虑社会需要什么，没有引导学生们去考虑社会责任，也没能达到理想的思想政治教育目标。

第二，教育方法形式没有创新，无法调动学生们的学习积极性。在课堂授课过程中，老师通常是照本宣科，没有方式可言。当代大学生自我优越感非常强，且思想和心理都比较叛逆，非常容易导致学生对这种方式产生抵触的心态，这样一来思想政治教育的目的就不可能达到了。

第三，教育实践过于注重灌输理论知识，忽略实践应用的重要功能。应该是理论和实践相统一。高校在思想政治教育工作中虽然经过了几次改革，也增加和关注了许多社会实践的内容，但在实际操作中还存在着比较多的问题，导致行为与认识不一致的问题出现，无法达到预期目的。

二、全媒体时代高校思想政治工作的方法创新

（一）全媒体时代思想政治教育方式方法更新

近几年，随着科技的进步、全媒体技术的发展，党和国家早已积极倡导有关大学生思想政治教育新的方式方法。诸如，中宣部和教育部倡导应用互联网信息技术，拓展教育空间、创新教学方法；要求建设关于形势与政策教育的专栏或网页，组织网上教学与讨论等。教育部倡导要建设好"大学生就业见习行动网"，强化网络思想教育功能；构建与用人单位间的"就业创业平台"；鼓励"牢牢把握网络思想政治教育主动权"，"积极开展网络思想政治教育活动"；深入实施"网络文明工程"开展网络道德方面的问题辩论、网页制作竞赛等。几年后，中宣部教育部又要求"探索符合教育教学规律和大学生特点的教学方法，提倡启发式、参与式、互动式、案例式、研究式教学"。同时，"重视发挥多媒体和网络等信息技术的重要作用，倡导在教学中使用新技术新手段，逐步实现教学手段现代化"，"形成网上网下教学互动、校内校外资源共享。"

由上可见，大学生思想政治教育方式方法的改革是与科学技术的进步亦步亦趋的；全媒体的发展和全媒体技术的广泛应用，催生着大学生思想政治教育方式方法的不断更新；在党和国家创新政策的倡导与支撑下，网络思想政治教育的观念开始逐步深入人心，互动

式合作交流、富有全媒体网络特点的思想政治教育方式方法开始打上了时代的烙印，并逐渐被推广盛行。

（二）全媒体时代思想政治教育方式方法的完善

其一，政策的激励。在开展大学生思想政治教育工作的问题上，中共中央教育部党组积极地鼓励"要大胆创新，不断探索大学生思想政治教育的新招、实招和硬招"。团中央更是明确指出："要创新大学生思想政治教育的内容、形式、手段和载体，不断提高思想政治教育的针对性、实效性和吸引力、感染力。"在党和国家创新政策的鼓舞和激励下，作者侧重从微观与实践创新的角度对大学生思想政治教育的方式方法提出一些建设性的意见。

其二，务实地开展实践创新。在"针对性""有用性"以及"实践性"原则的指导下，大学生思想政治教育方式方法的创新，务必做到心系学生，从宏观思考入手，力求"管用"。

第一，深化"实践锻炼法"。要应用全媒体技术，大力推行与学生的现在或未来利益紧密关联的系列专项情境模拟（也可以是网上模拟）或实践活动，诸如，模拟签订民事借贷合同，模拟订立租赁合同、购房合同或劳动合同、婚前财产登记；参加法院庭审旁听。要让大学生学会"在战争中学会战争"，学习和模拟公司的策划和筹办、模拟炒股，加强"四防"工作（即防盗与防骗、防扰与防伤）。

第二，强化"咨询辅导法"。心理咨询不能够"浅尝辄止"或"单打独奏"，而要根据学生的个体实际，综合运用心理咨询的方法为思想教育服务（包括食疗、水疗、体育疗法、感统与沙盘以及催眠训练等）。从某种意义上说，心理咨询就是思想政治教育的连体"孪生兄弟"。

第三，积极细化分类培训与专项指导。一把钥匙只开一把锁。首先要根据学生的实际进行需求分类，诸如健美健身、美容瘦身、创业（网店、营销、加盟连锁等）、理性消费、金融投资理财、交友、礼仪、国学、情感或家庭婚姻爱情、法务、严肃网络游戏、写作、琴棋书画等；接着开展专题讲座或举办俱乐部或会所等，让学生在自主选择的项目中愉快地接受教育。

第四，积极开展人生体验。根据学生的实际问题或情况，参考身体的因素，积极举办励志室内或野外强训、挫折体验（抗挫体验）或训练、成功体验、失败体验、破产体验、开展抗压力、抗干扰、失恋、失业体验，开展痛苦、人际关系紧张以及生命体验等，让自我教育在大学生的感受下不知不觉地进行，真正达到潜移默化的效果。本活动也可以与社会专业机构合作展开。

第五，创新职业教育服务机制。构建大学生职业教育的"全程动态指导服务体系"，成立专门的职业生涯设计指导机构，举办创业方面的分类专项培训与指导，诸如，开展网店与电商运营常识培训、开设"公考"与分类应聘技巧辅导等；通过全媒体技术及时与求职学生互动、及时动态了解和解决求职疑难，收集整理就业指导《问题集》，反思指导工作。要帮助大学生设计职业生涯：自己想做什么，能做什么，现在已经做了些什么，发展方向如何。要学会注意防范网络招聘骗局，要注意合同的签订、试用期、不被扣押证件物品等。

第六，构建大学毕业生的"终身跟踪服务体系"。要充分利用全媒体传播形态与全媒体技术，建设好与大学毕业生个人或用人单位保持联系的"常态联系与信息反馈制度"，跟进服务，"扶上马、送一生。"要构建校友的"回娘家"制度、构建针对重点人与事的"疑难问题综合协调服务制度"，构建校友的"回炉培训制度"，从根本上实现终身爱校教育。在实际的思想政治教育过程中，毅力是支撑的关键性力量，但这正是在对学生的未来发展负责，为学生的终身发展服务。

第七，加强思想政治教育危机管理。积极开展思想政治教育危机管理研究，开展女子防身、防骗术等专项教育培训活动；对"问题学生""热点或重点问题"实行"专家（含各学科教师）综合会诊与矫正制度"；师生共同构成"专项危机专业干预（救济）制度（队伍）"，让每个人都有事做；要强化危机管理意识，探索危机管理方式，制定危机管理预案。事前要全面了解学生的学习、生活与心理问题，即在新生入校的时候，通过问卷、座谈、查阅学生高中档案等方法了解和掌握一手资料；事中要及时汇报工作落实情况，积极协调处理相关问题；事后及时总结与反思。

第八，坚持具体问题具体分析的针对性原则。诸如，针对学生突发性问题，因为偶然性是必然性的结果，要注重平时对学生的观察、了解；针对学生网瘾问题，可寻找网络中的兴趣点与现实生活中的兴趣点的统一方法，在学生的学习、生活中激发其正能量；要大力应用案例教育心理厌恶疗法，大力开展实践活动、集体活动、严肃游戏，必要时进行强制性的戒瘾；要教育学生网上交友要慎重，要防止网络诈骗，参观监狱、戒毒所等。针对学生简单拼凑论文问题，可采取集体或者个别传授论文写作方法；针对牢骚满腹、迷失方向的学生，要抓住学生的闪光点切入，先将人群分类，再综合会诊，分类指导矫正，鼓励正常交往。针对重点、热点、常规性问题，包括婚姻爱情、职业方向、朋友等人际关系、经济贫困、攀比与高消费、求职、学习等，可先进行分类，进而采取针对性地指导方法。

具体来说，不仅要实现普遍指导和重点指导的有效结合，还要实现批量教育和零散教育的有效结合。针对网络文明问题，需要普及网络法规，反"水军"、不盗号、群发短信不带敏感字眼；要维护网络民主，组织开展与学生生活密切相关的集体活动，如辩论、拍摄"微电影"等。要想凸显出大学生的核心主体地位，就必须把教育内容和学生生存与发展紧密联系起来，让学生成为活动的组织者、领导者；要想充分发挥出教师的主体地位和主导作用，就必须把教师的教育教学与考核、激励与晋升等紧密结合起来。

（三）高校思想政治工作方法的人性化

用思想互动代替教师的单向灌输是非常必要的，也是非常有意义的。教师必须改变传统的落后观念，鼓励学生质疑和提出意见，并及时采纳学生们的建议，平等对待学生，对于他们的想法和愿望要予以尊重，明确问题并有效解决问题；所有的教学内容都应该在大学生能够达到的思想认识与可以进入的水平基础上进行教授；要给予学生参与权与知情权，以民主协商、讨论交流等方式来解决相关问题。不能只是让学生将自己的认识和意愿放弃，转而把所强调的内容被动适应，继而接受强调的内容和要求。

用事实说话代替简单宣传是人性化工作的一大特征。要和全媒体时代的为国内和国际共同关注的问题相结合，进而展开党的基本方针政策、基本纲要、基本路线、基本的经验教育，让学生从内心完全理解和认识到党与政府所实行的方针政策，在与党思想上高度一致，拥护党与政府制定的政策措施。要与感动中国人物、劳动模范、航天科技等活动相结合，大力推进开展拥护集体主义、反对个人主义，开展普及社会主义的思想教育，提倡爱国守法、明礼诚信、勤俭自强、团结友善、敬业奉献的基本道德规范。

（四）高校思想政治工作方法的现实化

在实际的高校思想政治教育过程中，要全面掌握就业问题、情感问题等大学生的现实情况，在此基础上加强全媒体的教育。由于大学持续进行扩招，导致我国的大学毕业生面临着非常严峻的就业形势，失业大学生越来越多。然而民生之本就是就业，就业涉及到国家利益，与社会密切相关，属于思想政治工作的重要任务。

因此，在这种情况下，必须借助全媒体的平台建立健全服务体系，扎实做好全方位的就业方面的相关指导工作，只有这样才能保证高校思想政治教育工作的有效落实。在这里需要把纠正媒体在大学生思想中的认识作为起始，提升媒体的操作技能，充分考虑学生的个体差异和性格倾向，对其就业提供可具参考借鉴价值的帮助和指导，因人而异，采取最适合学生的教学方法。要创建一个公共服务的立体化平台，利用该平台解决大学生的就业问题和其他问题，创建信息资源库收集就业信息，为将要就业的学生在就业方面提供更加及时和方便的人性化服务，从根本上提升大学生的就业率。

（五）高校思想政治工作方法的多样化

近年来，高校思想政治的工作者用尽力气完善传统教育模式，但是依然无法摆脱旧习惯产生的束缚，依然是比较单一和单调的方法。在全媒体的时代，崭新传播的方式和通讯手段以及传播媒介飞速迅速，大学生能够获得教育信息的方式不再是单一从学校教师口中得知，复杂社会的媒体、丰富的社会活动，包括手机媒体和网络媒体，也越来越普及，最终被年轻的大学生们接受。

然而，大学生在思想中表现出的多样性和复杂性，使得他们急切的对思想政治的工作提出要求，方式要由单一、单调走向多视角、多渠道，以增强思想政治工作的渗透性、趣味性和感染力。

多种形式的社会实践活动需要大学生克服困难，用乐观的态度对待人生，在培养他们吃苦耐劳和团队协作精神的同时，还要注意将被动型变为主动型，提升学生在活动中的积极性和主动性，最终提升学生们的思维创新能力。由于高校在从前思想政治的工作方面运用的方法不合理，导致一系列问题出现，且往往在出现问题以后，才开始采取补救措施，这种"亡羊补牢"式的经验教训值得我们深思。

对于思想政治工作来说，应该是主动式的，教师必须及时了解情况，起到先入为主、先声夺人的作用。在方法上面，要让学生从被动的接受式教育转向自我约束、自我评价、自我提升主动接收式的教育，从而让大学生能够接收优良的品德与科学的思想氛围熏陶与启迪，让思想政治的工作走近学生的生活、想法与学习实际。

（六）高校思想政治工作方法的时尚化

不可否认，之前高校的思想政治方面传统的工作方法曾经也起到过一定的作用，但是随着科学技术的不断发展，学校思想政治方面的工作也需要不断完善，必须做到与时俱进，尝试现代化的科技成果与管理方法，发挥出当代传媒的高效作用。

在生活方式与节奏不断变化的同时，师生思维方式也发生了明显变化，渐渐从狭隘不变而且封闭思维的方式向系统动态而且开放思维的方式转变。墨守成规、因循守旧，势必不会长远。需要认真学习哲学里面事物不断变化的这个基本原理，将高校思想政治方面的工作看为动态的一个过程，而且把管理学、社会心理学、健康心理学、甚至信息论、控制论等引入思想政治方面的工作中，从而将工作的方法从经验型转向科学型，从根本上提升思想政治教育工作效率。

（七）双向交流法

"双向交流"是全媒体时代高校思想政治工作的一大创新。一直以来，高校思想政治教育工作大多采用单向灌输的方法，即思想政治教育工作者将教育信息居高临下地传递给大学生的方法，不重视学生的感受和需求。其中的思想政治教育工作者就是教育主体，大学生就是教育客体。这样就很可能会出现大学生对教育内容排斥的问题，无法达到思想政治教育目的。随着社会开放程度的不断扩大以及现代传媒特别是互联网的迅速发展，社会信息、传播渠道和外部影响因素不断增加，大学生的视野和思路也变得更加开阔了。在这样的情况下，必须要求思想政治工作改进以往那种"我讲你听"的单向灌输方式，实行双向或多向交流的教育方式。全媒体时代，大学生可以通过网络直接与教师沟通和交流，如通过 email 可以把自己的观点、看法发送给教师；可以通过手机短信与教师交流自己的情感，甚至还可以通 QQ、微信等即时通讯工具直接与教师语音、视频对话等。对于网络交流来说，是存在一定匿名性和虚拟性的，学生与教师、学生与思想政治工作者之间的隔阂、距离减小，学生与教师之间可以敞开心扉、平等交流，最终形成思想碰撞。

（八）活动参与法

活动参与是思想政治工作行之有效的办法之一。传统的活动参与主要是听报告、讲座，主要是面对面的信息传播，而且往往是思想政治工作者对思想政治教育受体命令式的知识灌输。全媒体时代，为我们创新活动参与法提供了可能，可以组织学生感兴趣、喜闻乐见的活动来吸引大学生参加，提升大学生参与创新活动的主动性和积极性，最终达到思想政治教育的目的。例如，我们可以充分发挥校园电视台的作用，开展"创业之星""科研之星""励志之星"等评选活动，借鉴社会选秀中的合理因素，通过媒介功能的激发，真正让大学生参与其中，选出让大学生心服口服、真正具有号召力和影响力的优秀大学生代表，激励全体青年大学生成才，避免单纯地对先进人物的包装和宣传，进一步提升先进典型的教育和引导效果。我们还可以充分发挥校园广播的作用，深入到学生群体中，采集大学生的心声，让学生成为节目的参与者，通过节目策划和设计，把思想政治工作的相关要素深入到节目的创意和设计中，比如，对于高校青年志愿者活动的追踪报道，开展新时期大学生社会服务观和社会贡献方式的讨论，从根本上激发他们的情感共鸣和观念认同。

（九）引导疏导法

过去高校思想政治工作主要依赖上课、开会、座谈、通知等形式来开展，当今校园生活中，院校、班级甚至寝室的管理格局也被打破，仅仅依靠传统的教育管理方法，必然无法在短期内迅速、全面地掌握学生的思想动态，也无法有效开展思想政治工作。全媒体时代，我们可以充分利用手机、网络等全媒体形态，加强对学生的有效管理和正确引导。教师可以利用手机短信平台，把某一重点时政命题、社会关注热点通过手机短信的形式发送给学生，并与学生进行交互式的交流，通过不断地交流帮助大学生形成正确的判断。如遇到突发事件，还可以及时向学生"短信群"发短信，让学生在第一时间了解到正确信息，避免因信息传递不通而导致谣言流传的问题出现。全媒体时代，我们还可以充分利用网络优势，利用QQ群，把思想政治工作中的正确理念发布出去，发布思想政治工作的相关信息，利用心理咨询和服务交流平台引导学生正确处理人际关系，帮助学生解决疑难问题，促进学生健康成长。

（十）榜样示范法

在思想政治工作落实过程中，可以应用的方法是比较多的，榜样示范法是其中一种，应用效果比较好。榜样示范法是以正面人物的优秀品质和模范行为来影响思想政治工作对象的方法。其特点是通过榜样的言行，把高深的政治思想工作原理和抽象的道德规范具体化和简单化，使思想政治工作对象在对比中认识到自身的不足之处，从而转变思想观念和态度。传统榜样示范法中的榜样是无声的语言，而随着媒介的迅速发展以及媒介的有效融合，像雷锋、焦裕禄等优秀的榜样人物不仅仅只是以文字或口头传播的方式展现给大学生，还可以通过全媒体形态生动形象地展现给大学生，让大学生能更为直观地了解榜样人物的优秀事迹，树立起正确的人生理念。如，前段时间各大媒体争相报道的"杭州最美妈妈"，那是一个感动身边每一个人的故事。为什么能迅速成为一个典范受到社会的认同和赞美？一方面是因为故事本身的感人；另一方面就是这个事迹迅速被网络所呈现，不断地被新媒介形式所报道和转载。不仅用视频3D的形式模拟了整个救人的过程，而且迅速通过博客、微博等即时通讯工具传播到整个社会。类似这样的故事有很多，全媒体技术介入后，可以使得本来非常遥远的榜样人物离我们很近，使大学生在学习中看到自身的不足之处，进而转变思想观念，这对大学生后期学习和成长是非常有利的。

三、全媒体时代高校思想政治工作的途径创新

（一）通识课程途径创新

如今的大学生被全传媒重重包围，全传媒在大学生思想观念方面、行为模式方面、文化生活与心理状态方面均能造成很大影响。如果不存在能选择、解读与有效的进行信息传播的媒介素养，大学生处于媒介时代看着海量而且庞杂媒介的信息之时就会表现的不知所措，从而淹没于媒介信息。因此，生活是处于媒介文化制造出的仪式与景观里面的，我们一定要"掌握生存"。在高校，开设一门媒介素养的教育通识课程是非常必要的，不断可以提升大学生媒介素养，还是学生终身学习必然的要求，是培养有独立的批判与思考能力

的、有素质的、眼光远大的知识分子学生的需求。我国中小学媒介素养教育还处于缺失状态，存在的问题也比较多，如果在接触大量新媒介信息的同时无法正确分辨信息，就会导致大学生价值体系混乱，最终导致一系列严重的问题出现。将媒介素养教育作为高校的通识课程，培养大学生媒介素养紧抓媒介技术、媒介素质、人文素养这些方面，从而培育大学生能够正确的认识媒介与创造性的使用媒介方面的能力，这样同时补充和完善了高校在思想政治的教育与人文素质的教育。

（二）校园媒体途径创新

媒介素养的教育不单单是一类技能或者知识教育，而是一种能够完善整体大学生素质教育的方法，因而不仅要实施必要的课程，而且要把课堂扩展到课外，在课外各类活动里积极引导大学生进行媒介素养实践。交流与沟通是媒介的本质，学校可以让新闻媒体、有名人士、有名记者、新闻人物等进入校园为大学生授课，和大学生进行面对面的沟通和交流，或者制作一些节目，或者合作进行新闻报道，和校外媒体良好合作，使得大学生们能够接触媒体方面第一手的信息资料，全面认识媒介。

大学校园作为文化广泛进行传播的地方，媒介资源是非常丰富的。校园的网络、校园报刊、宣传的橱窗以及校园广播站等各类媒体，规模虽然比较小，但是能够提高与培养大学生在媒介素养方面的能力，是非常重要的实践基地。在实践校园内传播媒介知识的过程中，不仅可以让大学生掌握媒介特点、媒介性质以及运作的流程等基本知识，还能让大学生了解传播媒介信息需要掌握的知识与技能，形成优良健康的媒介批判意识，掌握合理使用媒介资源的方法，最终促进大学生全面发展。

总的来说，加强校园媒体途径创新十分重要。强化校园内舆论的传播与文化设施的建设，充分地发挥出校园内媒体拥有的独特优势功能，提供一个健康、良好的文化媒介氛围，利于大学生的健康成长。

（三）社会媒体途径创新

基于终身教育的性质，融入大学生媒介素质的培养中也是非常重要而有意义的课题，学校教育只是人们在获取知识过程中的一个版块和场所，应有效结合学校、家庭和社会等多方力量，开展多种形式的教育活动，为学生营造良好的学习氛围。

首先，对于各级的领导和教育工作者以及媒介的工作人员等教育主体来说，必须采取有效的教学方法，增强大学生在媒介素养方面的认识。政府需要和社会上的组织以及媒体机构联合，从而获得相关有效资源，建构出完善且成熟的媒介素养培育体系，为提高大学生在媒介素养方面的素质奠定坚实基础。

其次，对于媒体机构来说，要充分发挥出自身的资源优势，每年选择一些特定的时间开放，让学生进入参观，观看到媒介信息制作的过程；媒体机构或者社会上的组织也要加大相关知识的宣传力度，让学生掌握识别媒介信息的方法。相关新媒体部门应该及时采纳大学生对于媒体的意见，让大学生们参与媒体的规划，从这个角度来增强大学生对信息优良的鉴别能力，最终建设出真正高素质、高质量的媒体。

再次，通过校园媒体开办大学生喜闻乐见的栏目。从大学生这个层面上看，办好大学生喜闻乐见的栏目，是一种很直接的途径，还是一种比较有效的方式。如今，大学生的知识水平都比较高，且非常乐于参与活动，加之对媒体的互动性要求很高，大学生媒体消费的角色不可小觑。校园媒介要抓住这个大好时机开展适合学生、受学生欢迎的媒介栏目，这样一定可以大幅提升大学生的活动参与主动性和积极性，最终产生较高的经济效益和社会效益。

最后，针对当前大学生媒介素养的现状，加强对大学生媒介素养教育的理论研究十分必要。针对大学生媒介素养教育的理论研究来说，必须由政府主导，学校、媒体和社会组织等多重组织参与。比如，定期召开相关课题研讨会、组建媒介素养兴趣小组等，积极推动大学生新媒体素养教育相关系列活动的正常开展。

（四）网络媒体途径创新

相关调查结果表明，目前大学生主要的消遣工具是手机和电脑，用这些工具进而导致学生自我堕落的现象是比较常见的。所以，通过这些大学生本身就喜欢的工具对其网络素养进行加强，可以说是一个亮点。对于校方来说，完全能够在原有的计算机基础上对网络素养的知识进行充实，这样大学生在学习计算机技术的时候也能逐渐增强网络素养，可谓是一举两得。利用网络提升大学生的沟通和交流能力十分必要，利用如聊天群、SNS社区网站、网上即时通信工具等，加强大学生相互之间的联系，这也是倡导健康生活以及合理利用网络媒体的王道。同学之间仅仅加强沟通是不够的，还要实现学生和社会的有效沟通和联系。针对高校来说，在进行网络素养教育的实践中，可以选取一些本来就具有较高网络素养的一些学生，发挥他们的引领和辐射功能，以他们为榜样积极带动周围人，从根本上落实好媒体素养知识传播和推广工作。只有这样，才能在推动我国媒体素养发展的基础上提升大学生利用网络进行沟通和交流的能力，丰富大学生们的实践活动，提升大学生们的媒介素养和综合素质。

（五）网络作为高校思想政治工作的新途径

网络已经全方位地进入到了大学生的日常学习和生活中，如何更好地引导大学生建设性地使用网络，尤其如何运用好网络这个思想政治教育平台，是摆在全体高校思想政治工作者面前的重要课题。

1. 实现思想政治理论课的课堂互动和课下互动

对于高等学校来说，一方面要充分利用全媒体网络技术，促进思想政治理论课教学工作的有效落实，通过网络实现对多媒体课件的广播、点播和直播，实现课堂教学的双向交流。同时，也要利用全媒体技术，将文字、声音、图像等媒介元素有效融合在一起，运用网络进行思想政治理论课教学，增强理论教学的吸引力和感染力，提高思想政治理论课教育的实效性。另一方面，高校也要主动利用全媒体技术，将思想政治理论课的教学视频、课堂直播、教学答疑等教育内容通过校园网有效传输，学生可以在寝室、图书馆等随身观看教学内容，扩大教学内容的覆盖面和辐射面，最终增强思想政治教育的吸引力和影响力。

2. 加强网站建设，提高思想教育的实效性

各种网站、网页已经成为全媒体时代信息的重要传输者，成为影响大学生思想行为的重要力量。高等学校必须加强思想政治工作专题网站建设，特别是建设具有社会主义先进文化特征的红色网站。通过网站建设，集中体现时代精神和价值观念，融政治性、思想性、教育性于一体，内容丰富、形式活泼，将可读性、服务性、应用性、权威性和指导性有机结合起来，针对一些大学生关注的重大命题和敏感性问题，对学生进行全面地引导，释疑解惑。要精心设计思想政治教育的理论和工作方案，改变传统的说教为主的教学方式，最终通过应用学生喜闻乐见的方式，实现润物细无声的教学效果。而且还可以在网站上开展电影巡展、时代楷模评选、高校改革成绩巡展、大学生创业典范展示等主体活动，通过主体活动的开展，进一步增强网站的影响力和号召力，提高网站思想教育的实效性。通过网站上各种讨论平台的架设，在师生之间开展民主平等的对话，做到以理服人、以情感人、以行化人，克服现实生活中常见的教育者一味地批评教育而导致学生消极对抗的抵触情绪和逆反心理，从根本上提升思想政治教学效率。还可以尝试将党课课堂建在网上，增强党课的覆盖面，尝试通过点击率来评比优秀党课，积极探索新的党校上课模式，促进党课内容变革，使大学生党校教育更贴近大学生，获得更好的教学效果。因此，我们必须积极采取多种现代科技手段建设网站，增强网站教育的感染力和吸引力，提高网站思想教育的实效性。

3. 加强 BBS 管理，提高思想政治工作的针对性

如今的大学生乐于在 BBS 上发布消息、发表看法，他们大胆直率的流露自己的思想、宣泄自己的情绪，这些真实具体的写照，为增强高校思想政治教育工作的针对性提供了重要依据。首先，高校可以充分利用 BBS 建立思想政治工作舆情监测和疏导机制。高校思想政治工作者必须把思想工作的阵地转移到网络上来，可以采取"疏堵结合，交流沟通"的办法，密切关注 BBS，积极参与学生的讨论，随时对校园和网络上出现的难点、疑点问题作出判断，合理解释和澄清事实，及时发现、处理突发性事件。建立网络舆情疏导机制，把学生关注的焦点问题、重大事件的处理结果通过网络及时传递给学生，以学生为本，与学生开展互动式交流，避免引发不必要的误会和正面冲突，用正确的、健康的思想文化占领网络阵地，切实帮助大学生树立正确的价值观、人生观和世界观。

另一方面，可以依托校园 BBS 建立"红客网络队伍"。学工部门要积极建立一支学工部门、宣传部门、团委、政治辅导员、学生党员、学生骨干组成的"红客网络队伍"，学工、宣传部门要及时删除和屏蔽 BBS 上违反国家方针政策和学校规章制度的错误信息；对一些苗头不好的帖子，则要迅速分析帖子设计事件的性质、真相，不能简单地删除帖子，应积极与处在网络另一头的学生直接对话，用事实和真相引导学生，必要时进行解释和说明，迅速形成正确的舆论导向，以免事态扩大和激化。学生党员、学生骨干则要积极活跃于 BBS 各个论坛版块中，及时掌握网络动态，收集有关素材，及时反馈给相关部门，最终作出研判。

4. 建立网上学生组织，引导学生发挥三自作用

充分运用网络优势，在网上建立"as"群、网上社团、网络党校等，主动把大学生思想政治工作的触角扩展到网络，渗透到网络交流中，引导学生掌握自我教育、自我管理、自我服务的方法。如，班级"9A"群就是班级信息的交互性场所，可以克服课堂教学的时间限制，而且还打破了传统意义上的班级概念，教师应该充分运用 QQ 群开展思想政治工作，通过传递正确信息，和学生有效沟通和交流，帮助学生解决学习中的相关问题，从根本上保证思想政治教育工作的有效落实。

5. 手机作为高校思想政治工作的新途径

如今，手机的使用在大学生群体中越来越普及，手机已经成为大学生日常生活和学习的必备工具，承担着沟通联络、信息交互等职能。伴随着 3G 和 4G 手机的引入，手机已经成为集语音通信和多媒体通信相结合，并且包括图像、音乐、网页浏览、电话会议以及其他一些信息服务等增值服务的新一代移动通信系统。通过手机平台提供的资讯成为大学生价值观念、行为方式的重要影响源之一。一些落后的、腐朽的思想和文化，一些反社会主义、反马克思主义的论调、消极思想文化的渗透以及各种违反社会公德的信息等都通过手机短信途径大肆传播，对大学生思想政治教育提出了严峻挑战。手机平台成为高校思想

政治工作急需拓展的平台和占领的阵地。

一是打造学生"短信群"。现在的大学校园，随处可见"拇指一族"，大学生是手机短信最活跃、最积极的参与者。高校思想政治工作者必须合理利用手机短信传播信息，将短信作为与学生沟通的情感纽带，即时了解和洞察学生的学习、生活和思想动向。高校各级思想政治工作者可以就某一重点时政命题、社会关注热点以手机短信的方式与大学生开展交互式的沟通，通过交流和沟通，帮助大学生解决传统高校思想政治工作受时间和场域限制带来的交互空间的局促问题，形成无空间限制的全天候思想政治工作平台。一旦遇到突发事件，教师要及时向学生"短信群"发短信，让学生在第一时间了解到正确信息，避免因信息传递不通而导致谣言流传。在日常生活中，思想政治工作者还利用手机短信编写一些人生励志、心理疏导、生日祝福、节日问候等短信发送给特定的学生，有利于贴近学生、亲近学生，改善师生关系，使学生感受到学校的人文关怀，提升学生学习的主动性和积极性，在潜移默化中受到良好的思想政治教育。

二是积极尝试举办"手机党校"。可以整合手机短信资源，搭建"手机党校"短信平台，定期向大学生党员发送手机党课教育短信。以实现党员教育的无缝对接和全覆盖，及时将党的理论知识、党建工作的最新动态等信息传达给广大学生党员，有效发挥出党员的先锋模范作用。

三是在3G手机推广较多的地区，高校思想政治工作者还可以通过制作精美图片和视频等方式，将媒介案例、媒介现象纳入到思想政治工作的内容中去，不断丰富大学生思想政治工作的教育素材，向广大青年学生传递正确的政治观念、社会主义核心价值和健康向上的人生态度和生活理念等。

6.电视作为高校思想政治工作的新途径

当前，电视已经成为大学生重要的信息接收的重要媒介。一般高等院校的学生寝室都已经配备电视机，近年来，东部地区有些条件相对较好的高等院校的多媒体教室的建成率也明显提升。但不可否认，电视仍然停留在大众信息平台的层面，电视作为大学生思想政治教育的途径的相关职能仍然有待开发，媒介素养教育所带动的对于电视素材案例的批判性接受、建设性使用的创新路径有待进一步探索。

目前，很多高校都已经建立了校园电视台，播放高校日常办学动态以及大学生新闻等。高校电视台已经成为校内重要的宣传舆论阵地，紧密围绕高校工作，为高校的改革与发展提供精神动力、思想保证和舆论支持，达到了"内聚人心，外塑形象"的目的。2010年6月8日"高校电视台联盟"实习基地在北京718传媒文化创意园揭牌，已有40多所高校的校园电视台加盟。

在新的历史时期，我们要进一步发挥好高校电视台的大学生思想政治教育职能。要通过高校电视台，及时宣传党和政府的政策主张，宣传学校的办学方向、办学策略，及时报道大学生群体中涌现的先进典型，更好地发挥高校电视台在大学生思想政治工作中的主流平台作用。新时期的高校电视台可以在生动性、贴近性上做好文章，通过生动性、贴近性的强化和拓展更好地扩大其在大学生群体中的影响力和覆盖面，从根本上优化思想政治教育效果。生动性就要求高校电视台摆脱传统的相对僵化的节目形式，过于注重说教的内容传递方式，更好地关注大学生群体的认知规律、身心特色、审美趋向，根据他们的关注热点有针对性地创作节目。在形态上，更加贴近大学生群体的接受习惯。比如对于相亲节目火暴，部分大学生参与相亲节目炒作的社会现象，高校校园电视台可以通过电视辩论的形式，让广大青年学子全面深刻分析相亲节目中存在的一些积极向上的因素，比如个性的合理展示，勇于面对挑战和逆境的人生态度，包容豁达、敢于尝试的优秀品质等，并且引导大学生掌握有效规避相亲节目低俗化炒作带来的消极影响的方法。比如，对于享乐主义、拜金主义的摒弃，对于掩饰身份、以出格言论带动社会炒作的不良倾向等。运用媒介素养的理论知识，学会批判、扬弃和建设性使用社会媒介案例资源。通过电视辩论的形式，从表面的社会现象中分析和挖掘内在的规律性特征，充分激发大学生的参与、辩论热情，让青年大学生从内心感知、认同典型媒介案例所孕育的正确的价值观判断，而不是课堂简单的对或错的直接判断，从直接结果呈现转向注重过程教育。比如，对于涉日游行事件，高校电视台可以通过专家沙龙、专家访谈等形式，让青年大学生深刻认识到怎样才是真正的爱国，如何正确看待中日关系，如何避免被国内外敌对势力利用等，既要充分把握大学生的情绪热点，又要进行有针对性、有说服力的分析和论证。要充分发挥媒介覆盖面广、针对性强的优势，通过组织大学生党员骨干收看收听、延伸讨论等方式，优化思想政治教育效果。另外，针对高校电视台来说，要避免单纯的对先进人物的包装和宣传，进一步优化先进典型的教育和引导效果。

（六）广播作为高校思想政治工作的新途径

相比于电视，广播具有更强的便利性和适应性。广播不受场所限制，可以随时随地收听。社会广播有着相对固定的受众群体和专业类别，要发挥广播思想政治教育功能立足点在校园广播，且广播频道向大学生群体拓展是电台类型化发展的必然趋势。高校校园广播台的主体是在校青年大学生，他们参与广播节目的创意策划与制作，捕捉青年大学生关注的热点，陶冶大学生的情操，丰富大学生的业余生活。这种在高校校园内部无线广播的模式，不需要大学生配备专门的收听设备，学校现成的教学硬件配备、定期播出的模式使广大青年大学生始终处于"被收听"状态中，校园广播发挥着氛围熏陶的作用。在新的历史时期，要充分发挥高校校园广播媒介在思想政治工作中的作用，其立足点就是要提升节目的制作水平和加强广播主题的创意和设计。目前，高校广播主要集中在国内外重要时事新闻、校园新闻与娱乐信息播报上，其节目内容的选择、节目形式有待进一步创新和提高，节目主持人和节目制作队伍素质都有待进一步提高。一方面，高校校园广播要吸收思想政治教育的要素进入到相关节目设计中，同时，通过精品化的节目设计实现对青年大学生的感染力，实现青年大学生被动收听向主动收听、主动参与的有效转变。比如，对于校园先进人物和事迹的持续追踪和关注等，对于校园新闻和热点事件的持续关注等，校园广播的编播队伍要深入大学生群体中间，采集大学生一线的声音，吸收大学生一线的观念，让他们真正成为节目的参与者，通过深入大学生中间捕捉节目素材和热点的扎实工作态度；通过良好的主题创意和设计，让高校思想政治工作的相关要素深入到节目的创意和设计中，比如，对于高校青年志愿者活动的追踪报道，开展新时期大学生社会服务观和社会贡献方式探讨，激发他们的情感共鸣和观念认同；要大力提升大学生校园广播采编队伍的素质，通过精品化的节目制作，不断提升校园广播的节目制作水平，提升其在大学生群体中的感染力和号召力，通过高校校园广播增强思想政治教育功能，提升思想政治教学效率。

大量的研究结果表明，在全媒体时代，高校的思想政治工作是非常重要的。全媒体时代的到来，为高校思想政治工作的机制创新提供了良好的契机。高等学校要全力帮助思想政治教育工作者们提高他们的新媒体素养，提高他们对全媒体的运用能力，以便他们能够更好地理解和把握新媒体传播规律，为进一步提高专业化水平、掌握新媒体的话语权、抢占新媒体舆论阵地创造良好条件。

积极构建规范的校园网络舆情监控机制、及时准确的校园网络舆情汇集分析机制、健全有效的校园网络舆情引导机制、科学灵敏的校园网络舆情预警机制以及快速高效的校园网络舆情应急处理机制，及时应对各种网络突发事件，化解舆情危机，消除不良影响，共同营造文明健康的校园网络文化环境。因此，在现代高校的精神文明建设方面，进行全媒体时代高校思想政治工作的机制创新研究十分必要。

第八章

全媒体时代高校思政教育教师队伍建设

第一节　我国高校思政教师队伍建设现状

一、高校思政教师队伍建设取得了比较显著的成绩

高校思政教师队伍经过数年的建设，成员素质明显提高，涌现出一大批求真务实、精于业务、勤于育人、乐于奉献、锐意进取和勇于创新的先进典型。整体上看，目前高校思政教师队伍的本质和主流是好的。在政治上，绝大多数高校思政教师热爱党、热爱祖国、热爱社会主义，政治信念坚定，政治态度鲜明，对重大问题有着清醒的认识；在工作上，绝大多数高校思政教师思想活跃、善于探索，并且不畏清贫，无论在哪种环境下，都能坚守岗位，认真履行教书育人的光荣职责，把大学生思政教育工作的圆满完成视为自己生命价值的重要体现，充分发挥自己的工作热情和创造力；在心态上，绝大多数高校思政教师思想比较稳定，具有一定的亲和力和凝聚力，对工作和前途充满信心。可以说，这是一支政治素质、思想素质、业务素质和心理素质等各方面都比较过硬的、精干高效的队伍。在长期的思政教育过程中，高校思政教师在全面贯彻党的教育方针，提高学生政治思想道德素质，促进高校改革和发展，维护学校和社会稳定等方面都发挥了不可替代的作用，为我国社会主义建设事业培养了大量人才，并为促进我国物质文明建设、精神文明建设和政治文明建设做出了突出贡献。

"问渠那得清如许，为有源头活水来。"正是一批又一批高校思政教师的辛勤工作，逐步形成了高校思政教师队伍的深厚积淀和光荣传统，这些传统为每一位高校思政教师指明了前进的方向，并使后来者于潜移默化中学到了许多基本的社会工作方法和为人做学问的本领。但是也应注意的是，随着国际国内环境的变化和高等教育事业的快速发展，高校思政教育工作的环境、对象、内容和任务都发生了深刻变化，思政教师队伍建设也出现了许多亟待解决的新问题。

二、高校思政教师队伍建设存在的问题

（一）队伍结构不合理

由于传统原因和现实因素，目前高校思政教师基本上以大学本科学历为主，且多数是留校学生，学历普遍偏低，思政教育专业毕业的寥寥无几，与高校改革和发展的需要不相适应；多数高校思政教师参加工作后没有经过专门、系统的岗位培训，专业单一，缺乏科学管理知识和思政教育专业技能，因而分析和解决新形势下出现的新问题的能力比较弱，常常出现工作滞后的现象；多数高校思政教师不能有的放矢地结合自己的工作性质博览群书、储备知识，造成知识面狭窄，缺乏思政教育工作的针对性和穿透性，不能及时根据形势的变化和学生的实际，更新和储备知识，拓展新的知识域和知识面。上述种种原因导致高校思政教师面对学生中出现的一些热点和难点问题，难以站在理论高度予以释疑解惑。特别是在当今知识经济初见端倪的形势下，面对学生对新知识、新科技强烈的学习愿望，缺乏有力的引导，不能把大道理讲实，小道理讲正，深道理讲透，歪道理讲倒，使自身的影响力、说服力、凝聚力受到了削弱，难以真正成为大学生思想上的引路人。

（二）教师队伍不稳定

目前，各高校有相当一部分思政教师，特别是青年思政教师，对从事思政教育工作缺乏应有的热情和坚定的思想基础，缺乏相应的系统理论知识与正确的认识。往往是组织安排的多，心甘情愿的少；借作"跳板"的多，长期安心的少。近几年，随着高等教育改革的不断深化以及高校竞争机制的引入，相当数量的高校思政教师开始担心所从事的思政工作会影响自己今后的发展，或担心年龄大了届时转岗困难等，从而思想压力大，后顾之忧渐甚。同时，市场经济带来了社会利益的再分配，从事能够直接显现经济效益工作的人，得到了与其付出相对应的收入，相反，那些从事能够带来社会效益而经济效益不突显工作的人，得到的收入常常与其付出不相称。高校思政教师属于后者。无论他们怎样夜以继日地操劳，无论怎样地付出，收入仍然是老样子，加之工作本身又存在许多问题，旧的一套

难以取得实效，新的办法还在摸索、探寻之中，致使一些高校思政教师不安心、不尽心、不热心做学生的思政教育工作。于是，一部分人时刻准备转岗，一有机会就"跳槽"从事行政管理或教学工作，还有一批年龄小的思政教师选择报考研究生，走"曲线转行"之路，致使高校思政教师队伍不稳定，师资流失现象十分严重。

（三）教师职责不明确

部分高校领导存在重教学科研，轻思政教育的现象，对思政教育工作的科学性、重要性及规律性认识不足，对思政工作是否要专业化与职业化，认识上有片面性，甚至认为其工作虚而不实，华而不硕，导致高校思政教师在职责和任务上很不明确。用一位思政教师的话来说他们既是教师又是干部，"但往往是教学科研队伍的软肋，是干部队伍的另类"。高校思政教师在工作职能上承担事务性工作比较多，思政教育职能发挥不够，甚至成为办事员、勤杂工和保姆，"两眼一睁，忙到熄灯"，真正花在本职工作"导"上的时间和精力并不多。同时，高校思政教师受所从事专业的限制，在工作成果讲评、科研课题确定、学科带头人评定等方面都处于劣势，使之与其他专业课教师相比，科研能力相对薄弱，科研成果较少，所以尽管他们尽职尽责、勤奋努力，但在职务晋升、职称评聘中仍落后于同期毕业从事教学和科研工作的同学，从而影响其工资收入及住房等方面的待遇。与其他专业课教师相比，高校思政教师往往有一种"二等公民"的感觉，这种状况势必影响其工作积极性，进而影响整个思政教师队伍的建设。

由于高校思政教师多数为留校生，他们只是从其师长身上学到了高校思政教师是如何做的，根本没有机会领略其他学校的工作方法，因而工作没有新思路和新方法，无法注入新的活力，新创造、新文化很难形成；同时留校的高校思政教师，面对的是自己的领导、老师和师弟师妹，工作受束缚，不能放开去做，对老师和领导唯命是从，对师弟师妹放纵宽容，容易形成小团体，致使学校政令不通，工作难以开展。

（四）少数高校思政教师理想信念淡薄

根据中国教育信息网提供的数据，一项对河北大学、河北科技大学、邯郸大学、河北师范大学等八所高校140名高校思政教师的调查显示：有34.5%的高校思政教师认同"社会主义与资本主义将逐步走向融合"，51.6%的高校思政教师认同"私有制是未来社会发展的趋势"。由此可以看出，在国际国内政治经济状况发生新变化的形势下，一些高校思政教师淡化了自身对正确理论的学习，对马克思主义的信仰产生了动摇，是非观念不够鲜明，立场不够坚定，理想信念淡薄。因此，在思政教育工作中，一些高校思政教师很难引导学生树立正确的世界观、人生观，更有甚者在学生面前随意发表个人不正确的观点，不注意给学生带来的影响。此外，一些高校思政教师对政治缺乏热情，对申请入党也不积极，意识形态淡漠，远离政治，不能给学生做出表率，这些势必也会对大学生的思想产生不利的影响。因此，如何加强理想信念教育是高校思政教师队伍建设亟待解决的重大问题。

（五）部分高校思政教师敬业和奉献精神下滑

由于人生价值取向失之偏颇，功利主义倾向趋于严重，一些高校思政教师在个人与集体、奉献与索取、理想与现实的矛盾中陷入误区，片面追求个人利益，一切以自我为中心"大利大干，小利小干，无利不干"，甚至有的高校思政教师利用高校可自由支配时间较多的有利条件，在校外从事兼职，无暇顾及学生的思政教育工作，无心开展有利于学生健康的各项工作，对学生的思想动态不闻不问，对学生的日常生活漠不关心，这样必然会损害高校思政教师在学生中的良好形象，其工作效果也可想而知。

第二节 新时期加强高校思政教师队伍建设的重要性

一、国际国内形势的变化对高校思政教师提出了更高的要求

新形势下，高校思政教师队伍建设所处的环境已经发生了很大的变化。从大环境方面看，国际政治经济新秩序正在形成，我国社会主义建设事业正处于崭新的发展阶段；从小环境方面看，高校各项改革正在稳步向前推进，德育教育全球化、学校管理自主化、知识传输信息化、办学体制市场化、相互竞争激烈化、教育对象复杂化正成为新时期高校的显著特点。面对新形势、新任务、新要求，高校思政教师要更好地适应时代发展的需要，完成自身肩负的历史使命，勇敢应对各类挑战。

当前国际国内政治经济格局正在发生重大变化，致使高校思政教师队伍建设面临着一系列新情况和新问题。

（一）经济全球化对高校思政教师提出了更高要求

国际政治经济格局的变化，最集中体现在经济全球化趋势中。经济全球化对各国的意义在于使各个国家都尽可能在整个世界范围内，进行本国资源的最佳配置，获得最佳的经济效益。对广大的发展中国家来说，要实现经济跨越式发展，就必须参与经济全球化。这

与其说是一种理智的行为，毋宁说是一种唯一的选择：如果不参与，必将走向末路。但是当今经济全球化是从资本主义的扩张和资本主义生产方式的变革中日渐形成的。它一方面有可能使各国实现资源的更优配置；另一方面由于发达国家在各方面所处的优势以及霸权主义的作用，很容易使发达国家与发展中国家之间产生不公正、不公平、不合理的分配导致世界范围内经济两极分化现象的加剧。同时，世界经济全球化趋势与政治格局变化之间有着紧密的互动关系。一些发达国家利用经济全球化的优势地位，企图进一步改变世界政治格局，把经济一体化看作"西方化"。这样，对发展中国家来说，在经济全球化的竞争中，面对世界政治格局的急剧变化，如何维护国家主权、国家利益、国家安危具有更重要的意义。当今国际政治经济格局的这些新变化，对人们思政素质的培养提出了更高、更新的要求。所培养出的人，一方面要能够了解经济全球化的走势，能够适应和参与经济全球化的运作；另一方面又要能够深刻理解世界经济政治格局变化的性质及趋势，能够冷静应对这一变化过程中可能出现的各种不同的复杂局面。从人的素质角度看，既要有现代科技、运营管理等方面的知识和素质，也要有维护国家主权、维护国家利益和国家安全的政治素质，以及热爱祖国、热爱集体、热爱社会主义的思想素质，这些不仅是高校思政教师队伍建设面临的新内容，而且是必须加以解决的新课题。

（二）市场经济对思政教育工作的冲击使教师面临新挑战

我国市场经济制度的确立使社会发生了翻天覆地的变化，这一制度的确立必将带来经济成分和经济利益的多样化、收入分配方式的多样化、社会生活方式的多样化等多方面的变化。同时，也必然带来社会上一些人观念上和行为上形形色色的不同表现，比如，社会上一些与马克思主义、社会主义相悖的言论时有出现，有的公开鼓吹"全盘西化""多党制""议会民主""私有化"等，有的公然违法乱纪，做出危害国家和人民利益的事。这些错误观点和行为通过各种途径涌入学校，对教师和学生难免产生消极的影响，使部分教师和学生对一些基本理论产生模糊认识。拜金主义、功利主义思潮冲击着身居"象牙塔"内的高校思政教师，传统的重义轻利教育观念在一波波思潮的裹挟下渐渐退缩，代之以重利轻义。因此可以说，在以经济建设为中心的社会发展时期如何正确认识和处理经济与政治、经济发展与思想道德升华、经济增长与人的全面发展之间的关系，成为高校思政教师需要潜心研究和探讨的重大课题。

（三）精英教育向大众教育转变使高校思政教师的工作难度增加

自 20 世纪 90 年代末期高校开始扩招以来，高校在校生人数迅速增加，高等教育由精英教育逐步向大众教育转变。高等教育的大众化，使学生入学时的基本素质相对有所下降。原本在精英教育时代被排斥在大学校园外的学生，一些在中学里没有养成良好学习习惯、学习目的性不强，甚至厌学的学生纷纷涌入大学校园；同时，学生中的独生子女越来越多，他们的学习适应性、生活自理能力极差。这些无疑给高校思政教师的工作增加了难度，并对高校思政教育提出了新的要求。

特别是近几年高校在校生人数出现了较大数量的增加，给高校教学、管理、后勤等工作带来了更大的压力，提出了更多考验。为保证教学、生活的秩序，维护高校的稳定与发展，增强学生思政教育工作的实效性，建设一支政治素质好、工作扎实的高校思政教师队伍势在必行。

二、应对现代科学技术发展对传统教育模式的冲击

现代科学技术的迅猛发展以及由此引发的社会生产力的巨大变化，在极大地丰富社会物质财富，扩展人类生活空间，改善人们生活质量的同时，也深刻地影响着人们的意识形态。人们易于产生崇尚物质力量而轻视精神力量，热衷物质创造而忽视政治方向，关注物质世界而忽视自身修养等倾向。由此应该看到，在现代科学技术迅猛发展的条件下，伴随着网络信息文化的出现，人们的传统思想、传统习惯和传统操作方式在方方面面都会受到巨大而深刻的影响，生产方式、生活方式和思维方式，也将面临重大变革。这必将改变传统的教育模式和人才培养方式，给高校思政教师队伍建设带来新的挑战。

（一）传统思政教育模式已不适应新时期人才培养的需求

长期以来，高校思政教育工作往往采取以正面灌输教育为主的教育方式，对形形色色的社会思潮往往采用"堵"的应对办法，禁止学生接触，让学生处于封闭状态；管理手段也局限于开会、谈话等正面接触的方式。但随着知识经济和信息时代的到来，信息技术迅猛发展，网络文化、多元化文化渗透到社会方方面面。学生的生活空间、交流空间处于开放状态，学生的选择范围、交流手段不一而同，并且学生的思想问题经常与心理问题、政治问题交织在一起。故而那种单一的思想教育方式、简单的管理手段已经很难再解决学生的思想问题了，也无法教育、引导学生健康成长。也就是说，过去形成的防御型、任务型、被动型的思政教育管理模式，严重影响和制约了素质教育的实施与效果，已不再适应新时期人才培养的需求。

（二）网络技术的发展要求改变传统的人才培养方式

21 世纪是一个高度信息化的时代，其主要特征是信息网络化。信息技术的蓬勃发展使经济全球化、政治多极化、教育国际化的趋势变得更为突出。网络信息技术在全球的迅

速扩散，使人类社会面临着一场全方位的、意义深远的革命。当前，互联网已将大学生置于一个广袤无垠的网络空间中。调查显示，大学生上网比例高达100%，网络以其开放性、互动性和迅捷性等优势赢得了大学生的普遍青睐和追逐。大学生正经受着前所未有的影响与冲击，他们的世界观、人生观、道德观和生活方式日益受到网络的影响，大学生对"网上冲浪"更是趋之若鹜、乐此不疲。网络的互联性彻底改变了人们被动接收信息的方式，实现了信息的双向交流，调动了学生学习的积极性，提高了教育效果；网络的开放性丰富了思政教育的资源和视野；网络的迅捷性可以使高校思政教师及时发现学生中存在的思想问题，并采取措施加以疏导。信息网络的出现以及其在教育领域中的运用，给高校思政教育工作的手段、方式、条件、效果乃至教育价值观都带来了全新的变化和发展。因此，更新传统的教育方法、管理手段，创造全方位的教育环境，充分利用先进的技术手段特别是网络技术，多方位了解大学生的思想，提高他们的政治敏锐性与鉴别力，对他们进行科学有效的引导、教育和管理，显得愈发重要。只有这样，才能扩大思政教育工作的覆盖面和实效性，才能应对好信息技术的发展给学生思政教育工作带来的严峻挑战。

（三）网络信息的多样化使思政教育的原则受到极大冲击

可以说，信息网络是发达资本主义国家在政治、经济、文化和思想意识形态上进行新殖民主义扩张和精神污染的重要渠道。早在20世纪60年代中期，马歇尔·麦克卢汉就曾预言："信息的即索即取能创造更深层次的民主，计算机网络将带来民主的复兴。"此言论虽过于夸张，但由于技术等方面的原因，目前互联网上95%的信息是英文信息，再加上西方发达国家网站多，上网信息量大，因而访问量也更大。于是，西方发达国家就利用信息资源的垄断优势，向不同意识形态的国家，特别是向实行社会主义制度的国家大肆宣传、兜售资本主义的政治观、价值观和道德观以及腐朽思想和生活方式，在网络上推行新的文化"殖民扩张"政策，腐蚀他国优良的文化、道德、传统以及人民的理想信念。网络文化对"网民"思想的影响是在不知不觉中产生的，是通过潜移默化的方式影响"网民"的政治取向、道德观念、人生价值和文化素质的。而大学生正处在好奇心强、求知欲旺盛，易于接受新鲜事物的年龄阶段，因而极容易受到这种思潮的影响，受其蒙蔽，迷失方向，最终导致对本国优秀传统文化的淡漠或遗忘。这种利用网络进行的政治势力扩张要比武力达到的效果强大得多、便捷得多、阴险得多。西方国家的意识形态和文化通过网络加剧渗透，对于思想较为单纯的大学生来说，无疑是一场严峻的考验，很容易引起他们政治观念的淡漠和民族意识的淡化。可以说，网络的发展给育人环境的可控性造成了极大的影响。网络文化的发展使人们接受事物的环境完全处于开放状态。过去由于信息技术不发达，大学生能够接触信息的方式主要是报纸、电视、广播，学校和高校思政教师可以对这些载体传递的信息进行取舍，将不正确的、不恰当的信息删除，甚至可以直接参与信息的制作。而当前在国际互联网上，以声情并茂的形式和各种一扫传统的新奇手段传播的不健康甚至是下流庸俗的信息比比皆是，这给尚不谙世故是非辨别力不强的大学生带来了极其有害的影响，也给从事思想教育的高校思政教师的工作带来了更大的难度。

（四）网络交际使人际交往产生新的障碍

在网络中，上网者的行为常常是在"世外桃源"的环境下进行的，人与人之间的交往不是面对面、实实在在的交往，而是在虚拟的环境下进行的，人人都可在网络中乐自己之所乐，想自己之所想，做自己之所做。因此，过多地与网络打交道，必然会影响和改变大学生的生活方式，使之产生新的人际障碍。长此以往，难免造成性格孤僻冷漠、人际关系淡漠、人际交往疏远，产生新的心理困惑。比如，现在有的大学生长期沉迷于网络之中，经常脱离班级和集体，陷入疏懒、空洞、倦乏的心理亚健康状态；有的沉迷于网上交友或网络游戏，对现实社会中的人和事淡漠，即与网友"天涯若比邻"，与同学和老师却"比邻若天涯"；有的面对瞬息万变的现实社会不知所措，有的甚至连国家大事都不予关心专意留心花边新闻、小道消息等。如此这般，导致大学生无法安心学习，甚至出现心理问题。

三、加强高校思政教师队伍专业化建设的需要

（一）顺应我国高等教育发展的趋势要求

随着我国科教兴国理念不断深入人心，高等教育已成为国家科技进步、经济发展的重要支撑。近年来，我国高等教育快速发展，呈现出五大发展趋势。第一，发展方向大众化。由于我国经济的快速发展，民众对高等教育的需求日趋旺盛，经过连续多年的扩招，我国的高等教育已由"精英教育"走向"大众化教育"。第二，办学方式多元化。一是办学体制多元化；二是投资渠道多元化。第三，办学模式市场化。由于市场经济体制的确立，高校价值的确认越来越注重社会的认可。高校的毕业生要接受社会的严格挑选，高校的科研成果同样要接受市场的严格选择，高校正从"象牙塔"走向社会，并最终完全融入国民经济的主战场。一些高校的专业设置、招生就业越来越考虑社会的需求。高校与高校之间、高校与科研院所之间、高校与企业之间的分割正在被打破。第四，办学途径国际化。随着科技的不断发展和经济全球化步伐的加快，特别是加入世贸组织后，我国高等教育得以更加广泛地参与到全球范围内的教育服务竞争之中。国内高校与国外高校、研究机构间的国际交流合作空前活跃。第五，办学手段信息化。信息技术的应用与普及较早地在

高校得以实现。现代信息技术渗透到了高校教学、科研的每一个环节，并彻底改变了传统的教学模式，大幅度提高了教育资源的利用效率，多媒体教学、数字化校园、网上大学已被人们所熟悉，我国高等教育正全面走向信息化。

（二）高校思政教师队伍的专业化建设还不能适应发展的要求

自20世纪90年代末高校实行扩招以来，一方面高校在校生人数大大增加，学生数量突发性膨胀，新生素质下降，大学教育资源紧缺，贫困生增多；另一方面，取消年龄、婚姻等入学条件限制导致生源复杂。同时就业市场化，学生成为高等教育的"用户"和"消费者"，大大改变了其对原有大学教育和学生工作的态度和评价。学生有较强的平等意识、公民意识、法律意识，他们比以前更关注自身的合法权益，比以前更懂得运用法律来保护自己的权利。因此，高校思政教育的强度、难度明显增加。尽管高校思政教师队伍一直在进行着专业化、职业化的建设，但仍存在着职责不清、素质不高、结构不合理、管理不规范、流失严重、队伍不稳定和出口不畅等弊端，这种状况远远不能适应高等教育发展的要求。因此，必须加强高校思政教师队伍专业化、职业化的建设。

（三）高校思政教师队伍建设专业化的内容及要求

高校思政教育工作是一项育人工程，既有自身的规律和特点，又有很强的专业性。高校思政教师是思政教育工作最直接的承担者，其队伍建设必须实现专业化，这是由大学生的特点和形势发展所决定的，是适应思政教育新形势的客观需要。

所谓专业化是指经过专业培训的专门人员专门从事某项工作并不断提高的过程。高校思政教师队伍建设专业化，不仅仅指一般狭义上的专业化，即高校思政教师要成为以学生思政教育工作为职业的专业型人才，还包括广义上的专业化，即高校思政教师应该面向职业生涯规划、心理咨询、就业指导等方面，向专家学者方向发展。这就要求高校思政教师必须要承担一定的教学和科研工作。有条件的学校要对高校思政教师进行教学培训，安排他们承担思政教育理论课、形势政策课或人文类公共选修课的教学，同时学校应鼓励高校思政教师结合自身工作，积极申报思政教育或党建课题，承担一定的科研工作，从而使高校思政教师在教学、科研的磨砺中，不断充实自己、完善自己、发展自己，逐步实现向专家型的跨越。

高校思政教师职业化建设不仅要研究高校思政教师的职业"出路"，更应着力研究如何增强思政教师岗位的职业吸引力，如何增强他们工作的事业感、成就感，如何构建他们职业的人生价值。同时，也要逐渐破除高校思政教师"出路在于转行"的观念，逐步完善高校思政教师"岗位成才""岗位发展""岗位奉献"的激励机制，建立包括考核、奖惩、晋升等在内的一系列思政教师培养长效机制，从而强化高校思政教育工作的职业化。

所谓职业化，就是建立高校思政教师职业的准入机制，严把进门关，选拔高质量的人才进入到高校思政教师队伍中来；建立高校思政教师职业培训机制，通过岗前培训、调研学习、学历学习等各种形式，加强对高校思政教师的培养，在工作实践中提高高校思政教师能力；建立高校思政教师职业考核机制，明确其职责，根据高等教育发展的需要和大学生的特点对高校思政教师进行定期的考核与淘汰；建立高校思政教师职业晋级机制，对考核中表现优异的高校思政教师要积极向学校组织部门推荐，使其成为党政后备干部培养对象，在学校选拔干部时优先考虑，从而吸引一大批优秀人才加入学生思政教育工作行列。

四、高校思政教育工作需要有较强的时代感和更强的针对性

（一）当代大学生的思想特点要求高校思政教师改变传统思维方式

当前，大学生群体已经发生了新的变化，他们中多数是独生子女，成长于改革开放的新时代，对生活的体验和感受，对个人在社会中的定位，对事物的看法和认识都具有鲜明的时代气息。当代大学生的特点是锐意进取、蓬勃向上、勇于创新、乐于表现、富有正义感和人生追求。他们有着强烈的"成人感"却缺乏生活自理能力，有争强好胜的自我表现欲却常常显得急功近利，渴望获得成功却缺乏应对挫折的心理准备，希望他人善待自己却缺乏协作和奉献精神，追求高品质生活却缺乏艰苦创业的精神，在待人处事时往往表现得过于幼稚，以自我为中心，缺乏责任感，任凭感情用事。针对当代大学生的特点，高校思政教师应改变传统的思维方式，转变工作理念，创新管理模式，与时俱进，牢固树立"育人为本，德育为先"的理念，树立"一切为了学生，为了一切学生，为了学生一切"的理念，使其工作可近——以情感人，可信——以理服人，可亲——以诚待人，可行——贴近实际、实践育人。

（二）新时期要求高校思政教师的工作具有更强的针对性

随着高等教育大众化时代的到来，当代大学生的不良习气有所增加：重学习轻修养，致使思想道德素质与科学文化素质发展不平衡、不协调；重理论轻实践，致使理论与实践相脱离，束缚和阻碍了自身的成长和发展；还有重个人成才轻社会需要，重自身价值轻社会价值等。在处理树立远大理想与艰苦奋斗的关系上，由于当代大学生是在改革开放和社会主义现代化建设时期成长起来的，他们没有经受过战火硝烟的洗礼，没有经过建国创业艰难的历练，没有经历一穷二白的磨砺，他们有的是从学校到学校的简单阅历，是更加优越的生活条件，是对开放时代外面精彩世界的片面了解，是父母亲朋的娇惯和宠爱，根本

不懂得艰辛创业、艰苦奋斗的含义。他们富有理想，向往未来，但不了解国情，对建设富强民主文明的社会主义国家缺乏深刻认识，缺乏长期艰苦奋斗的思想准备，缺乏面对挫折百折不挠的坚强意志。因此，如何针对学生思想实际，融入新的教育模式和教育理念，用自己的好思想、好品格、好作风有的放矢地开展思政教育工作，是每一个思政教师都必须解决好的重要的现实问题。思政教师必须要充分契合当代大学生思维活跃，对新事物、新思想接受能力强的特点，主动贴近学生的思想实际，对其进行针对性的教育，才能切实增强思政教育的实效性。

第三节　加强高校思政教师队伍建设的总体思路

一、加强高校思政教师队伍建设的目标要求

高校思政教师队伍建设，要以邓小平理论和"三个代表"重要思想为指导，认真贯彻中共中央关于加强和改进高校思政教育工作的精神，以《中华人民共和国教师法》《中华人民共和国高校教育法》和中宣部、教育部《关于进一步加强高等学校思想政治理论课教师队伍建设的意见》（教社科〔2008〕5号）为依据，以着重培养高校思政教师骨干为重点，坚持依法治校，深化改革，优化结构，促进发展的方针，遵循搞活、创新、高效的原则，建立有利于高校思政教师合理配置和优秀人才脱颖而出的有效机制。

当前和今后一个时期，高校思政教师队伍建设的目标是：适应国际国内政治、经济体制变革的需要，适应新形势下做好青年大学生思政教育工作的需要，打破传统思想观念的束缚，树立竞争意识，形成能上能下、能进能出的公开、平等、择优的用人机制；树立开放的观念，促进教师合理有序流动，资源共享；树立队伍构成多元化的观念，使队伍保持较强的活力；建立健全高校思政教师队伍建设的机制体系，优化高校思政教师的学历结构、年龄结构、职称结构，提高队伍的整体素质，完善选拔聘任制度，加强培训，科学考核，公正评价，确保队伍稳定健康发展，从而推进高校思政教师队伍建设的科学化。

二、新时期高校思政教师队伍整体素质要求

提高高校思政教师队伍整体素质，构建符合时代要求的、具有自身特征的高校思政教

师队伍，是开展高校思政教育工作的迫切要求，是新形势下加强高校思政教师队伍建设的关键所在。高校思政教师是高校思政教育工作的策划者和执行者，他们的价值取向、精神风貌和思想道德水准等整体素质直接影响着学生的素质培养。因此，作为高校思政教师必须具备政治、品德及能力三项核心素质，其中，政治素质是做好工作的前提，品德素质是有力保障，能力素质是基本平台。

（一）政治理论素质

政治理论素质是高校思政教师必备的首要素质，是高校思政教师的灵魂，也是高校思政教师的法宝和力量源泉。思政教育本身是一项综合性很强的社会实践活动，有其内在的规律和理论体系，并与其他理论相关联，因此，高校思政教师必须具备相应的政治理论素质，才能做好本职工作。

当前，经济发展虽然呈现一体化、全球化和信息化趋势，但意识形态领域的竞争，不仅没有消失反而更加激烈和隐蔽。西方发达国家由于资产阶级革命经历了相当长的历史阶段，没有文化侵略和经济压迫的双重威胁，科技领域的领先优势和民众民主意识的相对稳定使他们不存在被他国演变的可能。尽管如此，他们仍然十分重视对高校教师的政治素质要求，旨在通过教师努力把学生培养成为在思想、政治、道德等方面适合统治阶级需要的人才。而广大发展中国家由于经济技术和科学文化落后，在技术资本大举进攻面前，很容易被西方国家潜移默化地演变过去。因此，我国高校思政教师必须加强理论研究，深刻领悟党的基本路线、方针和政策，从而真正做好大学生的思想政治教育工作。高校思政教师必备的政治理论素养如下：

1. 鲜明的政治立场

高校思政教师必须具有鲜明的政治态度、坚定的政治立场和较高的政治理论素养。坚持四项基本原则，坚持改革开放政策，自觉拥护党的领导。任何时候、任何场合都要自觉地坚持社会主义政治方向，始终站在人民群众的立场上，在政治上与党中央保持一致，做一名思想坚定、头脑清醒的社会主义的捍卫者和引路人。

2. 坚定的理想信念

理想信念是人们所追求和向往的目标，是政治立场和世界观的集中反映，也是人们的精神支柱和力量源泉。崇高的理想信念会激发人们的热情，振奋人们的精神，鼓舞人们的斗志，帮助人们形成良好的道德情操。实现共产主义是我们党的最终目标，也是人类社会历史发展的必然方向。新时期高校思政教师只有坚定社会主义和共产主义信仰，立志为社会主义、共产主义事业献身，才能把本职工作和历史发展趋势结合起来，才能产生自豪感和使命感，才能使学生真正"诚学之，笃信之，躬行之"，从而收到良好的思政教育效果。

3. 牢固的法治观念

高校思政教师必须具有牢固的法治意识、坚定的法治观念、明了的法治行为。这是时代的需要，也是高校思政教师的职责要求。中国传统文化中存在人治而非法治的思想，民众的法治观念比较淡薄，人治思想比较严重，几千年的人治习惯直到今天仍大有市场。但是，从人治走向法治是中国社会发展的必然趋势，为此，中国共产党将依法治国、建设社会主义法治国家确立为领导人民治理国家的基本目标之一。这样，社会主义法治教育也就成了高校思政教师工作的重要内容之一。高校思政教师要对学生进行法治教育，自己首先要学法、知法、守法，以法治的眼光、法治的立场，分析问题、解决问题。只有这样，才能使学生树立法治意识，接受法治教育。

（二）品德素质

品德是人们在社会生活中共同遵守的行为准则，"德为师之本，师者需高德"。在大力实施"以德治国""以德治教""以德育人"的新形势下，提高高校思政教师的师德水平，直接关系到高校思政教育的成效和大学生素质的提高，影响到高校培养社会主义事业接班人历史使命的完成。高校思政教师良好的道德品质和作风，如热爱本职工作、乐于奉献、以身作则、吃苦在前、享乐在后等，有利于促进师生之间的理解和相互信任，有利于建立良好、和谐的师生关系。因此，高校思政教师必须具备良好的品德素质，具体包括：

1. 崇高的思想品德

高校思政教师应该树立国家利益、民族利益高于一切的观念，摆正个人利益、集体利益、民族利益和国家利益的关系；应具有强烈的事业心和责任感；能够运用辩证唯物主义和历史唯物主义的基本观点，观察问题、分析问题和解决问题；能够旗帜鲜明地抵制和反对唯心主义的思想和行为。有了这样的思想品德意识，才能更好地开展思政教育工作。

2. 爱生敬业精神

爱生敬业精神集中表现为大公无私、先人后己、甘为人梯、乐于奉献，在工作上表现为认真负责、踏实肯干、勤奋敬业、不畏艰难，在业务上表现为精益求精、刻苦学习、积极进取、勇于开拓。崇高的爱生敬业精神是高校思政教师的神经中枢，敬业爱生之德是做好学生思政教育工作的动力。为此，高校思政教师应牢固树立"为了一切学生"的理念，真心实意地关心、爱护每一位学生，做学生的知心朋友和心理辅导者，关心学生的思想、学习和生活，了解其性格特点、兴趣爱好。做到对优秀生立足于促，对中等生立足于导，对后进生立足于帮，注重发掘每个学生身上的亮点，并善于扩大、创造机会让学生展示个

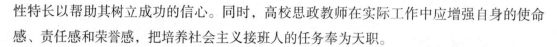

性特长以帮助其树立成功的信心。同时，高校思政教师在实际工作中应增强自身的使命感、责任感和荣誉感，把培养社会主义接班人的任务奉为天职。

3.完美的人格形象

高校思政教师要以完美的人格力量影响大学生。教师的人格形象对学生是一种"不求而至，不为而成"的潜移默化的教育，"其身正，不令而行；其身不正，虽令不从"，即是高校思政教师为人师的威望和人格的力量所具有的教育作用。我国历来把教师视为完美人格和优良道德的化身。"学高为师，身正为范"一向是我国传统文化对教师完美人格的要求。

因此，高校思政教师必须努力打造完美的人格，以自身最佳的师德境界、师德规范和师德行为成为遵纪守法，践行师德的模范，为青年大学生作出表率。

（三）能力素质

高校思政教师应具有吸取新知识、新思想、新观念的学习能力，以及创新和驾驭现代科学技术的能力。具体包括：

1.理论与实践相结合的能力

高校思政教师必须具有理论联系实际的能力。只有把马克思主义理论与现实生活中出现的新情况、新问题紧密结合起来，与国内外政治经济形势、改革开放和建立社会主义市场经济的实际情况及学生的思想实际紧密结合起来，才能使高校思政教师的思政教育工作具有更强的针对性和吸引力。新时期大学生的思想具有复杂性、多变性的特点，要有的放矢地开展思政教育就必须善于运用马克思主义的观点和方法，深入实际，深入大学生之中，善于接触、观察、分析大学生和社会环境，及时归纳总结经验，得出正确结论，并使之上升为理论，用以指导新的思政教育工作。

2.创新能力

近年来，不论是发达国家还是发展中国家，都非常强调人的创新意识和实践能力，这是时代发展的要求，也是国际竞争的要求。国与国之间的竞争，归根到底是人才创造能力的竞争。创新是一个民族进步的灵魂，是国家兴旺发达的不竭动力。同时，创造性人才的培养、创新能力的开发主要依赖于教育，更依赖于教师。教育的最终目的不是传授已有的东西，而是发展、创造新的事物。这就需要高校思政教师具有创新意识、创新精神和实践能力。为此，新时期高校思政教师的思维方式需要进一步从封闭走向开放，从静态走向动态，从经验走向创新，从形而上学走向辩证思维，注重思维方式的广阔性和前瞻性。只有这样，才能做好思政教育工作，开创高校思政教育工作的新局面。

3.运用网络技术的能力

网络技术的飞速发展，形成了独特的、以信息网络技术为基础的网络传媒。网络传媒所传递的信息好坏并存，这既给大学生的思政教育工作带来了众多机遇，也带来了巨大的挑战，增加了新时期高校思政教育的难度。全媒体时代要求高校思政教师具有较强的驾驭网络技术的能力，因为只有掌握了网络技术的主动权，才能牢牢地占领网络思政教育的阵地。

4.运用英语交流的能力

作为新时期高校思政教师，要想从网络上获得有价值的信息，或者利用网络宣传马克思主义理论和党的基本路线、方针、政策，扩大对大学生进行思政教育的影响力，在网络中占领思政教育的制高点，就必须懂得英语。同时，大学生的思政教育是在开放的国际国内环境中进行的，需要与世界各国进行交流与合作，以借鉴和吸收其他国家高等教育以及一切人类文明的优秀成果。因此，高校思政教师必须具有较高的英语运用能力。

三、加强高校思政教师队伍建设的对策

（一）领导重视，确保队伍健康稳定发展

高校领导要从政治高度认识高校思政教师队伍建设的重要性，要从实施人才强国战略的高度重视高校思政教师队伍的建设工作，要把高校思政教师队伍建设提高到关系社会稳定和学校发展，关系到学校培养后备干部、未来学科带头人的高度来认识，彻底改变以往对高校思政教师形成的偏见；要创新工作机制，加大培养和激励工作力度，落实各项政策保障，提高思政教师岗位对优秀人才的吸引力，让思政课教师特别是青年教师的创造活力竞相迸发、聪明才智充分涌流。

高校党委书记和校长要切实承担起加强高校思政教师队伍建设的责任，既要把这支队伍作为当前思政教育工作的一支重要力量使用，又要将其作为未来党政领导干部和教学、科研、管理干部队伍的后备力量精心培养。为此，各级学生工作领导要经常深入到思政教师的工作和生活中去，了解他们的实际情况，听取他们的意见，了解他们的心声，帮助他们解决实际困难，使他们能以旺盛的精力投入到思政教育工作中去；学校应制定合理的分配制度，根据思政教师的劳动特点量化工作，实事求是地承认其应得的利益，提高他们的工资水平，设立思政教师岗位津贴，制定相关政策改善思政教师的住房条件，为其解决后顾之忧，使之能够全身心地投入到思政教育事业中去；要创造良好的工作环境，设立思政教师专门办公室，配备必要的工作设施，提供便利的工作条件，以确保思政教师工作的良

好开展；同时，各学校要统筹规划高校思政教师队伍建设工作，研究队伍建设方面的具体政策与措施，制定高校思政教师队伍建设的中长期规划，以确保队伍健康稳定发展。

（二）完善机制，以事业凝聚人心

加强思政教师队伍建设的主要目标，就是要努力建设一支政治强、业务精、纪律严、作风正的高水平的思政教师队伍。要根据思政教师的工作职责和任务，在选聘、管理、培养和发展等方面，采取有力措施，明确相关政策，逐步完善机制，使他们工作有条件，干事有平台，发展有空间，以最大限度地调动思政教师的积极性和创造性，形成以事业凝聚人，以制度促进建设的局面，吸引更多的优秀人才加入思政教师队伍中来。同时要在明确目标和政策要求的前提下，坚持实事求是、分类指导。研究型大学、教学型大学和高职高专院校情况有所差异，同一类学校情况也有所不同，要因校制宜；要坚持专职与兼职相结合，形成"专职为主、专兼结合"的格局；坚持相对稳定与合理流动相结合，既完善政策以事业留人，又畅通出口鼓励合理流动，使队伍建设在动态中保持相对稳定，逐步构建一支长期从事思政教育工作的专业化、职业化队伍。

（三）严格选拔，确保队伍结构合理化

思政教师的选聘必须坚持"高进"原则，这是思政教育工作的现实要求，也是提高高校思政教师工作适应性的基本要求。各级领导要从源头抓起，按照德才兼备、专兼职相结合、年轻精干的原则，从优配备思政教师。要按照教育部的相关要求，确保大学生和思政教师人数 200：1 的最低配比（即每 200 名大学生至少配备 1 名思政教师）。可以采取从本校各专业品学兼优的本科以上毕业生中选用一批学生，适当从外校思政专业毕业生中引进一批学生，两相结合的办法，这样对开展思政教育工作大有裨益：一是本校毕业生既熟悉本专业特点，又了解校情和系情，进入角色快，有利于结合专业学习开展思政教育工作；二是外校思政专业毕业生具有一套系统、现成的思政教育理论，工作起来得心应手，并能与本校留校懂专业的思政教师形成互补结构，更有利于培养高素质的大学生。选聘时应在党委统一领导下，采取公开招聘的方式，组织、人事、学工及院系领导要积极参与、严格把关，注重知识结构、学历结构，坚持多渠道重点考察其科学判断形势，把握育人方向，组织管理，预防应对和处理突发事件及语言文字表达等方面的能力，同时选聘时还要考虑有利于思政教师队伍的专业化、职业化建设，有利于队伍后备干部的培养和选拔以及将来向教学、科研岗位的合理分流等，确保队伍结构的合理化。

（四）明确职责，确保合力育人

高校思政教师职责泛化，已经成为制约队伍建设和发展的重要因素。随着高等教育的快速发展，学生对教育、管理和服务工作有了更高、更广的诉求。高校在学生教育、管理和服务等方面，应该构建一种适应时下要求、符合发展趋势的体制和机制，以进行相关职能的合理分化，制定出内容清晰、范围恰当、目标较为明确的高校思政教师岗位职责，对高校思政教师进行科学定位。就发展趋势而言，建立专业机构，强化服务职能是方向。同时，高校思政教师工作职能从"消极防御、管理至上"向"主动引导、服务至上"的转变也是一种必然趋势，这是高校思政教师职责确立和定位角色的基本依据。各高校应结合自身的实际，在思政教师队伍建设中，确保思政教师职责明确、定位准确，充分体现"术业有专攻"，切实保证合力育人。

（五）加强自身修养，提高竞争和创新意识

时代的发展与进步对高校思政教师的业务水平和综合素质的要求越来越高。高校思政教师作为高校思政教育的骨干，不仅要有渊博的学识，更要有高尚的人格、强烈的竞争意识和开拓创新意识。

作为高校思政教师，首先，应加强马克思主义理论，尤其邓小平理论和"三个代表"重要思想以及科学发展观、习近平新时代中国特色社会主义思想的学习，在掌握基本原理及精神实质上下功夫，提高自身的政治素质和理论水平，自觉运用马克思主义的立场、观点和方法解决学生中存在的问题，真正成为学生政治上的领路人；其次，要注重对学生心理健康的研究，应养成读书习惯，多听有关专题报告，多接触社会，通过理论和实践的结合，提高专业化水平；再次，要加强对新知识、新技能的学习，扩大知识面，增强工作的影响力、说服力和凝聚力；最后，工作中应树立较强的竞争意识，敢于同他人竞争，在竞争中求生存，在竞争中求发展，在竞争中展示才华，做到努力把握时代脉搏，开拓创新，敢闯敢冒险敢尝试，善于发现新规律，创造新成果，在开拓进取中谋求发展。在当前竞争激烈的年代，高校间存在着生源竞争、师资竞争、人才竞争等多种竞争，高校思政教师作为人才队伍的重要组成部分，同样存在着竞争，因此高校思政教师必须努力学习，让学习成为习惯，把学习当成一种生活方式，加强自身修养，提高竞争意识，开拓创新。只有这样，工作起来才能得心应手，才能适应时代的要求。

（六）加强培训，提高整体素质

加强培训是提高高校思政教师队伍整体素质的必要保证。因此，各级领导应加以重视并给予相应政策，按照超前式、开放式、动态式的培养模式，建立和完善思政教师培养制

度，设立专项培养经费，制定倾斜政策，采取有效措施做好高校思政教师的各类培训。

首先，确定培训的重点。培训以中青年高校思政教师为主，旨在培养出一批具有影响力的中青年骨干高校思政教师，并通过滚动式培养，使他们成为新世纪活跃在思政教育工作中的带头人。为此，要制定切实可行的培养规划。培养规划要考虑现阶段和未来一段时间内，国际国内形势变化的趋势、大学生的思想动态、高校思政教师队伍的现有素质等综合因素，有针对性地加以制定并实施。要注意思考培训的内容，要以丰富高校思政教师工作中所涉及的现代科学文化知识、管理知识、计算机网络知识为主，按照"需要什么学什么、缺什么补什么"的原则，从实际出发，有计划地安排培训。同时，培训要注意解决广大师生关注的热点、难点及焦点问题。

其次，要建立和完善高校思政教师队伍的培训保障体系。教师资格认定、职务晋升与聘任应统筹考虑，凡未参加培训或培训考核不合格的新教师，不得认定教师资格，不得聘任专业技术职务。要设立或增加高校思政教师培训专项经费，专门用于高校思政教师的培训进修，有条件的高校还可以成立高校思政教师培训进修基金，加大高校思政教师思政教育工作经验交流的经费投入，保证高校思政教师骨干每年都能外出参加有关学术会议，开阔视野，进而为高校思政教师开展思政教育工作铺设道路。

再次，对高校思政教师的培训要凸显专业意识。重点加强对思政教育专业发展前沿信息的介绍，使高校思政教师关注与自身工作有关的学科发展动态，以便提高他们相关的理论水平和开展调查研究的能力，鼓励他们在教育、培训和总结经验的基础上，申报、参与课题研究，使他们能更好地从理论上把握青年大学生的思想特点和成长规律，更有效地加强和改进高校思政教育工作，从而切实建立起教育和业务知识培训的质量保障机制。

最后，要坚持业务口径与综合培训、在职培训与脱产学习、普遍提高与重点培养相结合的原则。可以根据思政教师素质结构特点，采用多种培训方式，如开展经验交流和学习活动，聘请专家学者举办专题讲座等；可以在普遍提高的基础上，把有培养前途的思政教师输送出去攻读思政专业研究生，以此提高思政教师的学历层次和知识水平。

（七）规范管理，完善激励机制

高校思政教师作为高校教职工中的"特殊群体"，他们的工作介于党政之间，同时又属于教师队伍的一员，一直处于多头管理状态，属于"谁都管得着的一群"，这在一定程度上加深了该队伍"地位低下"的感觉。要改变这种状况，规范管理应是一个努力方向。建立一个直接由党委副书记领导的组织机构，全面负责思政教师的队伍建设、管理与考核、业务培训、学生日常事务管理和理论研究等，可以大幅促进思政教师管理工作的规范化、明确化、专职化。

为调动高校思政教师工作的积极性，应进一步探索并建立一整套行之有效的高校思政教师考核办法和指标体系，使考核工作制度化、规范化、科学化。对高校思政教师考核时，要充分认识到高校思政教师既是教师又是干部的特点，以是否有利于学生的全面发展，是否有利于发挥学生教育的"整体效能"为标准，要坚持平时考核与年终考核相结合，坚持领导考核与学生评议相结合，定性考核与定量考核相结合的原则，具体可以从学生的思想状态、日常管理、组织建设、中心工作、工作创新、竞赛奖励和学生评价等几方面进行考核，并将考核结果作为聘任、评优、奖惩和晋职的重要依据。

在规范管理、科学考核的基础上，进一步解决好高校思政教师在工作中责、权、利的统一问题，建立科学规范的激励机制，从而从根本上提高思政教师工作的积极性，并把高校思政教师队伍建设纳入科学的轨道。具体措施为：一是进一步完善高校思政教师专业技术职务评聘办法，建立符合高校思政教师工作特点的评审体系。在评审过程中，要充分考虑思政教育工作实践性强的特点，不能只看科研论文，应注重工作实绩，要注意考核思政素质、政策理论水平，要注意淡化"身份"评审，强化岗位评审、择优评审，注意聘后管理和考核。二是加大校内分配制度改革。要建立以岗位业绩工资（津贴）为主的分配激励机制，强化分配的激励功能，使高校思政教师的实际收入高于本校相应职级教师的平均收入水平，从而激发高校思政教师立足本职工作、建功立业的热情和信心，使热爱思政教育工作的高校思政教师的工作积极性更好地发挥出来，使高校思政教师职业能够吸引和留住优秀人才。

（八）拓宽发展空间，确保合理分流

拓宽高校思政教师发展空间是一个现实问题，也是能否吸引优秀人才加入并保持思政教师队伍稳定的根本所在。因此，应在保持学校总体规划和高校思政教师队伍发展方向相统一，学校利益、部门利益和高校思政教师个人利益相统一的基础上，积极为高校思政教师拓宽发展空间，谋求较好的出路，确保其合理分流。为此，应根据工作需要、本人条件和志愿，制订并实施高校思政教师培养计划：或作为骨干进一步加以培养，继续留在思政教育工作岗位；或输送到教学、科研或管理岗位。对那些政治素质好、业务能力强、有发展潜力的中青年高校思政教师骨干，应重点培养，具备条件的，积极向上级组织部门推荐、输送，使之得以根据工作需要逐步提拔到领导岗位。同时，鼓励高校思政教师申报相应的专业技术职务，竞争行政领导职务，或在职攻读硕士、博士学位，申报教研、科研项目等，这样既可以使思政教育工作渗透到教学中，更好地为教学、科研服务，也可以培养多才多能的高校思政教师，拓宽其发展空间，确保其合理分流。

另外，要尽快建立思政教师从业资格考核制度，建立完整的职业升迁体系和与职业升迁体系配套的工资报酬体系及与职业升迁体系相适应的培训体系。

全媒体环境下，大学生接受知识和获取信息的渠道增多，而当今高校思政教师队伍在应对这种变化时略显局促。因此，需要创新思政教师队伍建设，以积极回应全媒体环境给高校思政教育带来的影响与挑战。"开放式"教学的教师队伍不仅仅是指教师本人的思想观念和思维方式的多元化与开放性，还指教师队伍结构的开放性，是不拘泥于现今教师队伍结构的教育资源的重组与优化。这就要求高校不断创新人才引进机制，积极吸收校内外优秀的教育人才资源，扩大思政教师队伍，形成一支年龄结构合理、知识覆盖面广、教育资源丰富、教育方式灵活与多元的思政教师队伍，以更好地完成全媒体环境下对大学生的思政教育工作。

参考文献

[1] 许霞，谭忠毅. 高校思政教育教学实效性研究 [M]. 西安：陕西旅游出版社, 2020.

[2] 秦艳姣. 全媒体环境下高校思政教育新探索 [M]. 北京：北京工业大学出版社, 2020.

[3] 向宜. 新媒体环境下高校思政教育 [M]. 沈阳：辽海出版社, 2019.

[4] 李娟. 全媒体环境下高校思政教育改革创新研究 [M]. 北京：北京工业大学出版社, 2020.

[5] 胡绍红. 大学生思想政治教育研究 [M]. 北京：研究出版社, 2020.

[6] 陈金平. 多媒体时代高校的思政教育研究 [M]. 北京：北京工业大学出版社, 2020.

[7] 陈安琪. 寓生态文明于高校思政教育的创新研究 [M]. 北京：北京工业大学出版社, 2020.06.

[8] 刘珺，彭艳娟，张立军. 社会主义核心价值观与高校思政教育工作理论创新研究 [M]. 北京：新华出版社, 2022.

[9] 黄河，朱珊莹，王毅. 高校思政课程实践教学探究 [M]. 长春：吉林大学出版社, 2021.

[10] 王邵军，王莉莉. 新时代高校实践思政教育创新研究 [M]. 北京：经济科学出版社, 2021.

[11] 谈娅. 新时代高校思想政治教育创新研究 [M]. 重庆：西南师范大学出版社, 2021.

[12] 张锐，夏鑫. 大数据时代高校思政工作创新研究 [M]. 北京：北京工业大学出版社, 2020.

[13] 范福强. 高校思政教育与大学生择业的研究 [M]. 延吉：延边大学出版社, 2022.

[14] 傅莹. 新媒体时代高校思政工作创新 [M]. 汕头：汕头大学出版社, 2019.

[15] 陆官虎. 高校课程思政工作建设研究 [M]. 长春：吉林大学出版社, 2022.

[16] 张丹绮，高超. 全媒体时代下大学生思政教育创新探索 [M]. 吉林出版集团股份有

限公司 , 2019.

　　[17] 寇进 . 全媒体环境下高校思政教育创新研究 [M]. 延吉：延边大学出版社 , 2022.

　　[18] 崔岚 . 高校思政课程建设与大学生人文精神培养 [M]. 北京：北京工业大学出版社 , 2020.

　　[19] 秦世成 . 全媒体传播环境与高校思想政治教育 [M]. 北京：首都师范大学出版社 , 2018.

　　[20] 钟燕 . 新媒体视野下大学生思政教育创新探索 [M]. 天津：天津人民出版社 , 2022.

　　[21] 黄滟珺 . 高校思政教育现代转型策略探究 [M]. 长春：吉林摄影出版社 , 2020.